LA MEMORIA DEL TESTIGO

NECESIDAD DE REFORMA LEGAL Y JUDICIAL DE LA PRUEBA TESTIMONIAL

Camaño, Fabián
La memoria del testigo: necesidad de reforma legal y judicial de la prueba
Testimonial. - 1ª ed. - Buenos Aires: Deauno.com, 2009.
370 p.; 21x15 cm.

ISBN 978-987-1581-11-5

1. Ensayo Jurídico. I. Título
CDD 340

© 2009, Fabián Camaño
© 2010, Deauno.com (de Elaleph.com S.R.L.)
© 2010, Luis Videla, edición literaria

contacto@elaleph.com
http://www.elaleph.com

Para comunicarse con el autor: fabiancamano@gmail.com

Primera edición

ISBN 978-987-1581-11-5

Hecho el depósito que marca la Ley 11.723

Dedico este libro
A mi amada esposa Caty.
A mis hijas "Mimí"; "Pochi"
y el pequeño "Nanito"
principal motor de mis acciones.

A mis padres Elcie y Hugo,
especialmente a mi madre,
porque desde pequeño confió, y estimuló
mis aspiraciones intelectuales.
A todos mis hermanos,
especialmente a Marcela Rosana.

Al doctor Eduardo Horacio Conde,
extinto magistrado del foro jujeño,
excelente juez y mejor persona.

ÍNDICE

PALABRAS PREVIAS

EL PRESENTE TRABAJO, *destaca un proceso de investigación lle-vado a cabo por el autor en sus estudios forenses en el ámbito del Proceso Penal, tomando como punto de partida la realidad judi-cial del lugar de su práctica profesional, en la provincia de Jujuy.*

Los puntos de vista aportados en el desarrollo conceptual, ubi-can la obra en un plano de análisis teórico de la capacidad de la memoria y sus defectos o "pecados", para luego tomar estos ele-mentos como una herramienta útil en el análisis práctico –en tér-minos de contenido dogmático–, orientado a las implicancias legales y su reflejo en la valoración jurisprudencial de un aspecto probatorio sustancial del proceso penal continental, como resulta ser la prueba de testigos.

Estos puntos de vista no han de ser tomados como definitivos, sino como la aproximación a una propuesta legislativa de reforma procesal, enmarcada en un momento de transición para la activi-dad judicial penal local, representada con la sanción de una re-forma al Proceso Penal de Jujuy, que adopta el mandato constitu-cional del paradigma acusatorio.

El contenido de la publicación posee aspectos de estudios de mayor envergadura que habilitan la discusión en un estado medio de opinión reflejado en la captación de aportes de autores de reco-nocida solvencia en la materia forense, y medios de publicación gráficos-electrónicos, que aportan índices estadísticos que susten-tan la conclusión de la obra.

Cabe agregar a modo de reconocimiento, la tarea iniciada por el abogado Fabián Camaño, quien inicia con esta obra sus pasos en la actividad investigativa, brindando su aporte desinteresado al ámbito de opinión judicial y académico el que además –en opinión de quien esto escribe–, resulta novedoso en el ámbito del derecho procesal nacional o, al menos, no había sido tratado con tanto detenimiento con anterioridad por autores nacionales.

ROBERTO MARCELO SAVIO CRAVERO

SS DE JUJUY, MAYO DE 2010

INTRODUCCIÓN

EL PRESENTE TRABAJO tiene el objetivo de analizar y demostrar, con evidencia científica comprobable, la urgente necesidad de una reforma integral de las leyes de fondo y procedimiento, sobre la forma en que se recibe, analiza, preserva y valora la prueba testimonial.

Así, he decidido dividir esta obra en tres etapas claramente diferenciadas; división que surge de un simple razonamiento lógico que podría ser resumido por medio del siguiente silogismo.

Premisa mayor: Los seres humanos; son los únicos seres vivos que pueden brindar la prueba testimonial, puesto que hasta el día de la fecha no se ha recibido declaración a los monos, perros, ni otros seres vivos.

Premisa menor: Toda prueba testimonial; basa sus dichos o declaraciones en la capacidad de memorizar o recordar los hechos o acontecimientos que la persona ve, escucha o percibe de algún modo.

Conclusión: Toda persona o ser humano basa sus dichos o declaraciones en su capacidad de memorizar los hechos o acontecimientos que ve, escucha o percibe.

El sencillo silogismo trascripto *ut supra*; permite verificar; la importancia fundamental que tiene la capacidad de memoria del ser humano, como causa eficiente de los recuerdos, en que se basa el testigo, cuando declara como tal en sede judicial o policial.

Por ello es que dividido este libro en tres partes: a) Una primera de análisis de la capacidad de memoria como tal; b) A continuación, el objeto de análisis son los defectos o pecados de que puede adolecer o sufrir la memoria de cualquier persona; c) Por último, se hace referencia a las implicancias legales y jurisprudenciales que ha tenido la memoria y la prueba testimonial en los diversos sistemas judiciales –en especial el argentino, y el norteamericano–, para terminar con una breve conclusión respecto de la obra.

Vale mencionar que hasta el momento la memoria, como piedra fundamental o basamento principal de la prueba testimonial, casi no ha sido objeto de análisis, ni crítica en el derecho de nuestra nación, a excepción de puntuales y muy escasas referencias de carácter general, como las que realiza Alsina, a quien nos remitimos en el capítulo respectivo.

También, debo reconocer la influencia que ha tenido en la realización del presente libro el hecho de haber leído el trabajo llevado a cabo por una institución norteamericana denominada "The Innocence Project".

A título de ejemplo, cabe mencionar que desde el año 1989, dicha entidad ha logrado la liberación o exoneración de más de doscientas cinco personas, la mayoría de las cuales había sido condenada como autores de delitos graves (homicidios, violaciones, robo a mano armada, etcétera), incluyendo a cincuenta y tres que habían sido condenados por homicidio, lo que pone en evidencia la falibilidad del sistema de justicia norteamericano.

También me ayudó la circunstancia de haber leído sobre la vida de personas que han transcurrido mucho tiempo encarceladas injustamente, y en cuyas causas judiciales, la mayoría de las condenas se basaron en pruebas de testimonios que, a la postre resultaron ilegales, porque mediante pruebas de ADN se demostró que los presuntos responsables, no habían cometido el delito del que se lo acusó y por el cual se los condenó.

Pese a que los testigos oculares de dichos casos judiciales habían identificado a los condenados como autores de los respectivos delitos, *a posteriori*, y mediante el empleo de evidencia concluyente, se lograría demostrar que eran inocentes y no habían tenido participación alguna en la comisión de los delitos de los que fueron acusados, y hallados culpables.

He de mencionar, entre otros, a la experiencia sufrida por Jeffrey Mark Deskovic, quien pasó más de dieciséis años detrás de las rejas en la prisión Estatal de Elmira, por un crimen que no cometió. Deskovic fue condenado como autor del delito de homicidio y violación en perjuicio de una muchacha de nombre Ángela Correa, quien fue asesinada en fecha 15 de noviembre del año 1989 y que era alumna del mismo colegio del acusado, quien apenas la conocía.

La exoneración de Deskovic se logró luego de muchos años de lucha y esfuerzos. Sin embargo, pese a haber sido liberado, aún no logró una adecuada inserción en la vida cotidiana. Su vida ha sido retratada, y escrita en varios artículos publicados por el prestigioso diario norteamericano "The New York Times".[*]

Dicho articulo destaca entre otras cosas que, Deskovic jamás vivió solo, ni rentó departamento alguno; jamás votó; no pudo asistir al funeral de su abuela, quien ayudó en su crianza y educación; no pudo asistir a la boda de su mejor amigo y jamás pudo hacer el amor con una muchacha antes de ser encarcelado.

Ahora bien, si en los Estados Unidos, con el avance tecnológico que dicho país posee en cuestiones de interrogatorio de testigos, pruebas de ADN, conservación de elementos de prueba, vehículos, armas; etcétera; y con la preparación que recibe el personal policial a fin de conservar la prueba o evidencia de todo tipo de delitos, se ha logrado demostrar que se produjeron condenas injustas y que la mayoría de esas condenas injustas se basaron en pruebas testimoniales.

Por analogía es bastante razonable e igualmente posible que suceda lo mismo en nuestro país. Máxime si tenemos en cuen-

---

[*] Ver la edición de fecha 25 de noviembre del año 2007, con nota de Fernanda Santos.

ta que, en comparación con los Estados Unidos, en la República Argentina las fuerzas de seguridad casi no tienen recursos para combatir el delito, ni cuentan con personal efectivamente capacitado para cumplir su rol, y es de público conocimiento que la mayor parte de las pruebas de selección de policías –al menos en la Provincia de Jujuy– se basan en el amiguismo político o relaciones de amistad o influencia política con el poder de turno.

Sobre la base de lo expuesto estimamos que en nuestro país también deben dictarse múltiples condenas injustas de personas inocentes y, por ello, es probable que existan personas que aún siendo inocentes, hayan sido encontradas culpables por nuestro sistema judicial.

Por otro lado, igual que en los Estados Unidos, entre nosotros el prejuicio, el racismo y la injusticia, son una triste realidad. Si hiciéramos un paneo exploratorio en las cárceles de nuestro país, comprobaríamos que la gran mayoría de las personas que están detenidas son pobres, personas sin recursos, "cabecitas negras"**, analfabetos, con poca o casi ninguna instrucción.

Lo mismo acontece en los Estados Unidos, país en donde una gran mayoría de los presos, son de raza negra, mestizos, latinos, mexicanos o descendientes de ellos e, inclusive, indígenas.

Otra cuestión objeto de análisis, fue determinar fue cuál sería el costo económico que le podría acarrear al estado nacional y provincial, la mejora de los sistemas de recepción y conservación de la prueba. En especial de la realización de pruebas de testigos y de la conservación de la escena del crimen.

Nuestros políticos locales siempre hacen responsable de su inacción a la falta de recursos, mientras se perpetúan los males sociales que aquejan a nuestra sociedad. Sin embargo, el costo

---

** Término peyorativo que designa a los mestizos o descendientes de aborígenes que habitan nuestro suelo.

económico de mejorar los mencionados sistemas no tiene impacto o significación alguna dentro del presupuesto provincial, y menos aún en el de la Nación.

No obstante, aunque el costo de las mejoras propuestas resultara excesivo, no se comprende por qué no emplean el mismo argumento cuando se solventan los gastos de obras faraónicas como son, en el caso de nuestra provincia, las mejoras realizadas en la zona del acceso a la ciudad de San Salvador de Jujuy o el desmesurado costo en la construcción del puente que comunica el Barrio de Ciudad de Nieva con los Perales, y esto por citar sólo un par de ejemplos de gastos que no redundan en beneficio de la sociedad en su conjunto, sino que benefician a unos pocos y postergan las necesidades más apremiantes de la mayoría.

Téngase en cuenta que con simples mecanismos y equipamiento no muy costoso, el sistema judicial podría mejorar de manera radical. A título de ejemplo ofrecemos las siguientes propuestas, que no son originales sino que han sido adoptadas por muchas legislaturas locales en los Estados Unidos y en otros países del mundo, además de ser mencionadas expresamente por parte de la organización "The Innocence Project": a) Preparación y entrenamiento adecuados del personal policial encargado de realizar las entrevistas y preguntas a los testigos oculares, a fin de evitar preguntas capciosas, indicativas o sugestivas; b) Filmación o grabación de las entrevistas de los testigos, para asegurar el adecuado derecho de defensa de los imputados, y buscar la verdad real de lo acontecido; c) Filmar o fotografiar adecuadamente las ruedas de reconocimientos, haciendo constar en las actas respectivas las expresiones y el grado de seguridad puesto de manifiesto por el individuo que realiza el reconocimiento; d) Filmación de la escena del crimen, la autopsia y la recolección de los indicios en debida forma, para así posibilitar la prueba de ADN posterior; y e) Eliminación de la prueba de "informantes", que no ofrece seguridad alguna sobre la veracidad de sus dichos, entre otras sugerencias puntuales.

Como puede advertirse, el costo del equipamiento requerido (filmadoras, máquinas fotográficas, grabadores, cursos de capacitación) y la capacitación del personal policial o judicial no parece ser demasiado significativo para el presupuesto que maneja la provincia, y menos todavía para el presupuesto nacional.

Por todo lo expuesto, y para concluir, estimamos que hemos de probar a través del presente trabajo –en el cual han tenido influencia sobresaliente los estudios del doctor Daniel Schacter y de la doctora Elizabeth Loftus; sin olvidar los aportes de Wells, de las legislaturas norteamericanas y de "The Innocence Project"–, que en nuestro país se impone una imprescindible y necesaria reforma del modo en que debe de recibirse, conservarse, analizarse y valorarse la prueba de testigos y no sólo para el proceso penal –en el cual está en juego la libertad del ser humano–, sino también para los fueros Civil, Comercial, Laboral y Administrativo.

Además, han sido muy importantes los aportes realizados por prestigiosos programas periodísticos norteamericanos sobre la existencia de numerosos casos de condenas erróneas (Ver programas periodísticos televisivos y por la prensa escrita tales como: 60 minutes; The Oprah Show; Times Magazine; The Charlie Rose Show; y muchos otros, en donde se han referido a la cuestión de condenas injustas).

Cabe mencionar también, al film documental producido por Jessica Sanders denominado "After Innocence", del año 2005, recientemente exhibido por el Canal Infinito. Sobre dicho trabajo fílmico la crítica ha sostenido: "... Calmo, deliberado y devastador, el documental «After Innocence» de Jessica Sanders confirma muchos de los peores temores sobre la debilidad del Sistema de Justicia Norteamericano. Al examinar los casos de siete hombres erróneamente condenados como autores de delito tales como homicidio, y violación, que fueron exonerados años más tarde, gracías a prueba de ADN, el film refuerza los sentimientos de duda mientras se siguen juicios criminales de alto perfil. La búsqueda de justicia en estos casos muchas veces parece ser secundaria, al drama de competitivos abogados y el feroz deseo de fiscales de ganar a toda costa para proteger sus reputaciones. Como muchos de nosotros, los jueces, abogados y fiscales habitualmente continuan su camino sin admitir errores. Mirando las entrevistas de aquellos afortuados, que han logrado ser exonerados, es imposible no ponerse en su lugar, y pensar como puede sentirse uno si los mejores años, décadas o la vida misma se ha perdido a causa de una condena erronea... Tres hombres en la filmación –Calvin Willis of Louisiana; Wilton Dedge de Florida y Nicholas Yarris de Pennsylvania– estuvieron presos por más de dos décadas; el Sr. Yarris pasó la mayor parte del tiempo en confinamiento solitario. La película observa los tres años de lucha que permitieron la liberación del Sr. Dedge en agosto del año 2004; en donde el Estado de Florida se opuso a su liberacón, porque las muestras de ADN tomadas no eran admitidas como pruebas porque la ley las prohibia...”*

Con el agravante de que en no todos lo casos, quedan rastro de prueba de ADN, que pudieran permitir demostrar la inocencia de las personas injustamente encarceladas, por lo que en dichos supuestos es más necesario aún reformas en la recepción, y preservación de la prueba de testigos.

Una reforma que consiga evitar los costos de eventuales demandas indemnizatorias que podrían plantearse en contra Estado nacional o provincial; pero más que nada para lograr una verdadera resolución justa de las causas judiciales, antepo-

---

*** Ver comentarios de Stephen Holden, publicados por el New York Times, de fecha 21 de octubre de 2005 según artículo “Highlighting a Tragic in the Criminal Justice System”. Sitio web
http://movies.nytimes.com/2005/10/21/movies/21afte.html?_r=1&pagewanted=print.

niendo como prioridad insoslayable las garantías, derechos y deberes que nuestra Constitución Nacional y Provincial garantizan su letra y espíritu.

Fabián Camaño, Octubre de 2009

1. CONCEPTO

DANIEL SCHACTER, NOS brinda un concepto muy detallado e insuperable (en mi opinión) sobre lo que la memoria es, al que –por su brillantez y veracidad– adherimos, por ello hemos decidido transcribimos textualmente.

Dice el autor mencionado que: "... Sabemos en la actualidad con cierto grado de certeza, que nuestras memorias no son piezas de datos o información que se graban fríamente, y se recuerdan en forma análoga a como lo hace una computadora Más importante aún, ahora conocemos que la memoria no es una sola y única facultad de la mente, tal y como antes se concebía. En vez de ello, la memoria se compone de una variedad de sistemas y procesos distintos y disociables...", para luego concluir que: "... Lo que nos ha sucedido en el pasado, determina el modo en que afrontamos nuestra vida a diario, las memorias son recuerdos de cómo hemos experimentado hechos concretos, no son las replicas exactas de esos acontecimientos específicos. Las experiencias son codificadas por las redes del cerebro, cuyas conexiones han sido influenciadas por previos encuentros con el mundo. Este conocimiento preexistente influencia poderosamente el modo en que se incorpora y almacena la nueva información, lo que a la vez contribuye en la forma, calidad y naturaleza, de lo que se ha de recordar *a posteriori* sobre el evento concreto..."[1].

Este concepto, nos da también, una explicación muy somera sobre el porqué de los pecados o defectos que a menudo presenta la memoria de los individuos (Tema analizado en otra

---

[1] Shacter, Daniel L., Searching for memory. *The Brain, The Mind, and The Past.* Basic Books. A member of the Perseus Books Group, 1996, págs. 4 a 6.

sección del presente trabajo, al momento de hablar sobre los pecados o defectos de la memoria).

Por ello, cuando hablamos de memoria, hacemos referencia en realidad, a la construcción elaborada por el cerebro (no al reflejo fiel de un evento experimentado con anterioridad) de una persona, en el que influyen tanto los recuerdos del pasado, como las actuales influencias presentes que operan en relación con dicho individuo.

Dice al respecto Schacter "... Una experiencia pasada es construida sobre la base de las influencias que operan en el presente, en igual medida que a la información que se posee del pasado..."[2]

La memoria, implica pues, una compleja función o facultad del cerebro de las personas, que podría ser dividida o analizada, en tres etapas, bien diferenciadas.

Etapas de la memoria

Las etapas –en que todos o casi todos los estudiosos de la memoria coinciden–, son las que se mencionan a continuación:

a) En primer lugar la etapa de la Adquisición o Codificación de la información. Esta función es la de aprehender el material en primer lugar. Cumple la función de grabar los datos (Según Schacter sería: "... El procedimiento por el cual se transforma algo que una persona mira, escucha, piensa o siente un una memoria o recuerdo"[3]);

b) La etapa de la Conservación (*Storage*), o acumulación (significa mantener o conservar la información en el

---

[2] Shacter, Daniel L., op. cit., pág. 8.
[3] Ibíd., pág. 42.

cerebro hasta el momento en que es necesitada o requerida);

c) La etapa del Recordar (*Retrieval*), esta función consiste en encontrar el material o información dentro del cerebro y/o de los recuerdos que se poseen sobre alguna situación concreta, y traerlo al recuerdo o memoria, cuando es necesario.

Como regla nemotécnica para recordar estas tres funciones cerebrales, que implican a la memoria, el autor Higbee –a quien tenemos muy presente en la presente sección de nuestro trabajo–, hace referencia a las "tres R del recordar": *Recording* (que en inglés es sinónimo de grabar), *Retaining* (es decir retener o acumular, o conservar la información), y *Retrieving* (*Retrieval*: es decir sinónimo de recordar o traer a la memoria los datos o información acumulada en el recuerdo).

Haciendo una analogía, de las tres funciones de la memoria, el autor mencionado, compara a las tres funciones de la memoria, con las funciones que se realizan en un archivo.

Funciones de la memoria

La primera función (o sea la de grabación de los datos) sería análoga a anotar en un papel, la información o datos, la segunda función, sería análoga a incorporar la información en una carpeta, y la función posterior sería la de acomodación y ordenación de la carpeta (que contiene los datos o información) en un archivo específico.

La tercera función (recordar la información grabada, y archivada) sería la de ir hasta el archivo, y extraer la carpeta con las anotaciones realizadas.

Consideramos, que las analogías, o imágenes visuales que emplea dicho autor, son por demás didácticas en cuanto a las funciones que cumple la memoria.

2. TIPOS DE MEMORIA

PROCESOS QUE IMPLICA LA MEMORIA

EXISTEN AL MENOS dos procesos involucrados en la creación de la memoria, las denominadas memorias de corta duración, y las memorias de larga duración.

¿Qué significan cada uno de estos conceptos? A las memorias de corta duración se las denomina memorias primarias (*primary memory*), y memorias trabajadoras (*working memory*, aunque para otros autores, este concepto hace referencia a un subsistema que trabaja a favor de la memoria de corta duración), en tanto que a las memorias de larga duración también se las llama memorias secundarias (o *secondary memory*).

Las memorias de corta duración (denominadas así porque en la mayoría de los casos duran unos pocos segundos o instantes para luego desaparecer), se analizan porque hacen referencia a la cantidad de elementos u objetos que pueden ser percibidos de una sola vez, es decir a cuanto puede atender una persona de una sola vez.

Estas memorias se olvidan rápidamente. Se ha demostrado, que la información que se graba en las memorias de corta duración, se olvida en treinta segundos o menos tiempo aún de haberse incorporado la información.

Un mecanismo empleado para retener la información en este tipo de memoria, consiste en reiterar continuamente los datos o información (*rehearsal*), que a la vez sirve, para transferir dicha información a la memoria de larga duración.

Las denominadas *working memories*, sería una especie de subsistema que retiene un porcentaje mínimo de información por un corto periodo de tiempo (valiéndose de otro subsistema llamado *phonological loop*).

Evidencia científica ha demostrado, que casi todas las personas, no pueden recordar más de siete ítems, u objetos a la vez.

AGRUPACIÓN DE DATOS O CHUNKING

Este término (en inglés) sería una especie de análogo, a nuestro vocablo español "agrupación", o "asociación".

Justamente, un modo de incrementar la capacidad de información que puede ser retenida en las memorias de corta duración, consiste en la agrupación o aglutinación de objetos (*Chunking*), para facilitar su posterior recuerdo (de dicha información).

Así por ejemplo, cuando tratamos de recordar el número telefónico de un celular (que en nuestro país –en especial en la zona de Jujuy–, son de al menos nueve dígitos), es más fácil recordar el número completo, si lo agrupamos en tres grupos de tres dígitos cada uno.

Es más fácil recordar, por ejemplo, el número 155-123-530, agrupándolos de a tres dígitos, que el número 155123530 íntegramente.

BENEFICIOS Y/O UTILIDAD DE LAS MEMORIAS DE CORTA DURACIÓN

Sin perjuicio de las aparentes debilidades, y/o imperfecciones que presentan las memorias de corta duración (limitada capacidad de almacenaje de información, escasa durabilidad, etcétera), este tipo de memoria tiene muchísima utilidad, las que han de ser analizadas *a posteriori*.

El hecho de que las memorias de corta duración se olviden rápidamente y/o no dure demasiado, es en realidad algo muy beneficioso y útil, pese a que se crea lo contrario.

En caso contrario (si recordáramos todo tipo de información que en algún momento incorporamos al cerebro) la memoria estaría abarrotada de información inútil, y a las personas les resultaría casi imposible concentrarse en algo en particular o seleccionar información útil.

La memoria de corta duración nos ayuda a mantener nuestra actual imagen del mundo que nos rodea, indicándonos qué objetos están en el exterior, y donde podemos encontrarlos.

Además es útil para retener resultados intermedios, hasta tanto pensamos en como solucionar problemas posteriores o de fondo.

Sirve para retener los objetivos o planes que se están tratando de cumplir en el momento, nos ayuda así a guiar las conductas tendientes a lograr ese fin.

Nos ayuda a mantener las conversaciones, reteniendo la información necesaria para continuar con el diálogo.

¿QUÉ ES LA MEMORIA DE LARGA DURACIÓN?

La memoria de larga duración, es aquello de lo que hablamos, cuando hacemos referencia a la memoria o recuerdos sobre alguna situación o información adquirida, y es aquello que buscan mejorar las técnicas de mejoramiento de memoria.

Son los recuerdos que perduran en el cerebro, es la información que persiste durante el transcurso del tiempo.

La mayoría de los autores dividen a las memorias de larga duración en tres diferentes tipos:

a) Memoria Procedimental o de procedimiento (*Procedural Memory*): Implica recordar cómo hacer algo (habilidades tales como tipear una máquina o la capacidad para resolver algún problema). Este tipo de memoria nos permite adquirir hábitos y/o diversas habilidades.

b) Memoria Semántica (*Semantic Memory*): Es la habilidad de recordar información fáctica o sobre hechos (tal y como la capacidad de recordar los significados de las palabras y conceptos), que no tenga relación o conexión con lugar o tiempo alguno, es decir que no recordamos cuando aprendimos y/o donde aprendimos tal y/o cual información, ni la relacionamos con ningún evento específico.

c) Memoria Episódica (*Episodic Memory*): Es la facultad de recordar eventos y/o personas pero relacionados con un acontecimiento especifico (tal y como la primera cita que tuvimos con alguna persona, o el lugar en donde se conoció a tal y/o cual individuo, el momento en que se rindió la ultima materia para lograr algún titulo académico, etcétera).

¿EXISTEN DIFERENCIAS ENTRE LAS MEMORIAS DE CORTA DURACIÓN, Y LAS MEMORIAS DE LARGA DURACIÓN?

Existen muchas diferencias entre las memorias de corta duración y las memorias de larga duración, entre las cuales podemos mencionar a las siguientes:

a) Los cambios nerviosos que tienen lugar en el cerebro, son diferentes en las memorias de corta duración, en relación con las memorias de larga duración;

b) Las memorias de corta duración, implican un proceso que puede ser fácilmente interrumpidos con otras actividades, en tanto que los procesos empleados en las memorias de larga duración no se pueden interrumpir con facilidad;

c) Las memorias de corta duración tienen limitada capacidad de almacenar datos (según la mayoría de los estudios científicos, tiene capacidad de almacenar hasta

siete ítems), en tanto que la capacidad de almacenaje de las memorias de larga duración es casi ilimitada;
d) La capacidad de recordar en las memorias de corta duración es automática, en tanto que los problemas para recordar información sólo afloran en las memorias de larga duración;
e) Algunas drogas y enfermedades pueden afectar a las memorias de corta duración, sin afectar a la memoria de larga duración, y viceversa.

RELACIÓN ENTRE LAS MEMORIAS DE CORTA DURACIÓN Y LAS MEMORIAS DE LARGA DURACIÓN

Podríamos –para sintetizar– decir que la información sigue el camino, o proceso que a continuación se explica.

En primer lugar la información se incorpora o ingresa al cerebro por medio de la memoria de corta duración,

En las memorias de corta duración la información, puede tener tres resultados posibles:

a) O bien, no es codificada, es decir, no ingresa al recuerdo, y por ello es olvidada; o
b) Puede que los datos sean codificados, y/o memorizados, y por ello esa información pasa a formar parte de la memoria de larga duración; o
c) También puede suceder, que la memoria sea recordada de inmediato, y por ello, sea recordada *a posteriori*.

Así también, la memoria de larga duración, puede tener dos resultados posibles:

a) Se puede producir una falla en la capacidad de memorización, y por ende la información puede ser olvidada;

b) O bien, esa información puede ser recordada más tarde, y por ello, los datos son recordados.

En base a lo expuesto, podemos decir, que la información ingresa por la memoria de corta duración, para luego transformarse en una memoria de larga duración (si se la recuerda *a posteriori*).

Las memorias de corta duración, poseen poca capacidad de acumulación de datos, y además para poder transferir esa información o datos a las memorias de larga duración, dichos datos deben ser codificados de algún modo (de lo contrario la transferencia es imposible). Para concluir podríamos decir que la memoria de corta duración actúa como una especie de filtro de información que *a posteriori* se ha de convertir en memoria de larga duración.

¿SE PUEDE MEDIR LA CAPACIDAD DE MEMORIA DE UNA PERSONA?

Sí. Existen tres formas de medir la capacidad de memoria de una persona, a saber: 1) Le podemos decir a esa persona, que nos diga, todo lo que recuerda sobre algún hecho concreto, o información especifica; 2) O bien le podemos solicitar al individuo que escoja de un grupo de elementos, el objeto o elemento que ha visto con anterioridad; y 3) Por último, también es posible solicitarle (al sujeto) que lea nuevamente alguna información, y así poder verificar, con cuanta rapidez o facilidad aprende el material. Lo que ha de servir de indicio para saber cuánto recuerda dicha persona.

Estos tres tipos de mecanismos de medición de la memoria, se denominan respectivamente, recordar (*recall*), reconocer (*recognition*), y nuevo aprendizaje (*relearning*).

"Recall" o Recordar: Mucha gente se refiere a *recall*, cuando hablan sobre recordar algo, y/o algún tipo de información, que fue adquirida con anterioridad. Recordar implica buscar los recuerdos o memorias sobre algo en concreto.

Una persona que no puede recordar algo, puede llegar a hacerlo, cuando se le dan pistas, o alguna clave, a esto se lo denomina recuerdo con ayuda (*aided recall*).

"Recognition" o Reconocimiento: Puede que una persona no pueda recordar alguna información o datos, pese a que se le den pistas, o claves para hacerlo.

En este caso se puede emplear al reconocimiento (*recognition*) como medida de la capacidad de memoria de dicho individuo.

Cuando reconocemos algo, tomamos conciencia, de que el objeto nos resulta familiar, y/o que lo hemos visto con anterioridad.

El test o prueba que se emplea para *recall* es diferente al test empleado en el *recognition*. Así, en el primero de los casos la pregunta que se formula es la siguiente: ¿Cuál es el ítem u objeto?

En el caso del test de reconocimiento (*recognition*) la pregunta es la siguiente: ¿Es este el ítem u objeto?

Un ejemplo típico del reconocimiento, son las preguntas con elección múltiple (*multiple choice*). Como por ejemplo: ¿Cuál de las siguientes ciudades es la capital de la República Argentina? Opciones: a) Lima, b) Santiago de Chile, c) Buenos Aires.

El reconocimiento es mucho más fácil que el recordar algo, porque no debemos de buscar la información en nuestra memoria, sino que la información nos es dada, y lo único que debemos hacer es identificar algo que hemos aprendido con anterioridad.

Este tipo de método utilizado para verificar la capacidad de memoria de una persona, es el que habitualmente se emplea en materia penal, cuando se hacen las ruedas de reconocimiento de personas.

Nuevo aprendizaje (*relearning*): Puede que una persona no pueda recordar algo, ni siquiera empleando pistas o claves, e inclusive puede que no pueda reconocer algo.

Sin embargo, existen mecanismos para verificar si tiene algún tipo de memoria sobre el evento. El último mecanismo posible es el denominado re-aprendizaje.

Supongamos que se ha medido el tiempo que una persona ha demorado en aprender alguna información por primera vez, si la segunda vez que se lee esa misma información, y/o se intenta estudiar nuevamente algún dato el tiempo que se demora en realizar la misma tarea es menor, esto es evidencia, de que existe algún tipo de memoria sobre la información aprehendida.

Es el caso de las personas que conocen algún tipo de idioma extranjero, el cual no ha sido practicado por mucho tiempo, sin embargo, si esa persona retoma el estudio de dicha lengua extranjera, en muchos casos casi de inmediato recuerda con facilidad la información que se aprendió con anterioridad.

¿QUÉ SIGNIFICA EL FENÓMENO DE TENER INFORMACIÓN EN LA PUNTA DE LA LENGUA?

El fenómeno de tener información "en la punta de la lengua" (*The tip of the tongue phenomenon*), es la experiencia, consistente en tener la sensación de poder recordar alguna palabra, rostro o nombre específico, pero que *a posteriori*, no logra concretarse.

Uno está seguro de que conoce la palabra, rostro o nombre del objeto o la persona, pero está incapacitado de recordarla en el momento específico en que trata de hacerlo.

Ese tipo de sensación es más común de lo que una persona se imagina, así, a veces ocurre que uno mira el rostro de algún actor, o político muy conocido pero, no recuerda el nombre de dicha persona, aunque por ejemplo recuerde adónde trabaja o el caracter que el actor representó.

Existen algunos experimentos realizados, para tratar de estudiar las causas de este fenómeno, y se ha logrado demostrar, que dicho fenómeno es más común en las personas mayores (adultos mayores), que en las personas jóvenes.

Según Daniel Schacter una de las posibles explicaciones del fenómeno analizado, es que el sujeto que trata de recordar la información, tiene o puede recordar alguna porción de la información deseada; pero no puede lograr recordarla por completo. Otra posible causa del fenómeno es la sensación de familiaridad que tiene el sujeto, con las pistas o claves, que ayudan a recordar la información.[4]

Como conclusión del fenómeno analizado, y su relación con la memoria puede concluirse (siguiendo a Higbee) lo siguiente:

1) La memoria no es un solo y único proceso, sino un proceso de grados, y funciones. No se recuerda algo por completo como tampoco se ha borrado en forma íntegra todo el recuerdo sobre alguna vivencia. Se puede recordar una parte de algo, sin recordar el todo.

2) Las memorias no son como una especie de máquina de sacar fotos. La memoria no es como un duplicado de la información exacta que se adquirió o aprendió, si no que la memoria es un proceso de reconstrucción de las vivencias experimentadas por el sujeto. Que NUNCA es idéntico al fenómeno objetivo.

3) Las palabras pueden ser grabadas en la memoria de modos diversos: En sentido auditivo, en sentido visual, en sentido de significado.

4) Existe una diferencia entre accesibilidad y existencia de la información que se busca.

---

[4] Daniel L. Schacter, Searching for memory: The brain, the mind, and the past, Basic Books, 1996, 25.

La existencia de los datos o información, se produce cuando una persona sabe que conoce la respuesta (aunque en el momento concreto, no puede acceder a dicha información tal y como sucede con el fenómeno de los datos en la punta de la lengua).

En tanto que la accesibilidad implica poder acceder, o manifestar la información que se busca.

¿LA MEMORIA TIENE UNA SITUACIÓN O UBICACIÓN MATERIAL DENTRO DEL CEREBRO?

Según la opinión de Schacter, basándose en investigaciones científicas, y en el empleo de un aparato denominado PET (*Positron Emission Tomography*), o sea de los tomógrafos que miden la emisión de positrones.

Si es posible encontrar una ubicación material dentro del cerebro, del lugar, en donde residen o se encuentran los recuerdos y/o la memoria de una persona.

De acuerdo a las últimas investigaciones el hipocampo (*hippocampus*) sería el espacio o ámbito del cerebro en donde estaría ubicada la capacidad y/o facultad de memorizar información.

Ello sobre la base de estudios realizados sobre pacientes con daños en esas regiones del cerebro, y la severa pérdida de memoria que esas personas experimentaban a causa de los daños.

El mencionado autor (Schacter), hace mención al científico alemán Richard Semon, un famosísimo psicólogo nacido en Berlín en el año 1859, que además fue autor de un trabajo de gran relevancia para el estudio de la psicología cognitiva.[5]

Semon acuñó el nombre de "mneme", para hacer referencia al proceso fundamental que sirve para la memoria heredada y la memoria de todos los días.

---

[5] Shacter, Daniel L., op. cit., pág. 57 y subsiguientes.

Ese vocablo se elaboró sobre la base de la denominación de la diosa griega de la memoria, llamada "Mnemosyne".

El mencionado psicólogo y autor inventó varias palabras en relación con la facultad de memoria, así por ejemplo creo la denominación "engraphy", para hacer referencia al proceso de codificación y/o de incorporación de información al cerebro, también el nombre de "engram" para hacer referencia a los cambios perdurables que se producen en el sistema nervioso cuando se adquiere nuevo conocimiento o información, y que sirve para preservar el efecto de la experiencia vivida por el transcurso del tiempo.

Como también es creador del término "ecphory" empleado para denominar al proceso de activación de la recuperación de la memoria.

Pero otra gran invención de dicho autor, fue, el tema de las asociaciones y las claves en cuanto a la gran ayuda que prestan (ambos elementos, asociación y claves) a la capacidad de memorizar información.

Según Semon, si al momento de incorporar información el individuo crea grandes asociaciones, este hecho, es recordado con más facilidad *a posteriori*.

Sin embargo, esta no es la única clave, para mejorar la capacidad de memoria, si no que es más importante aún, elaborar claves, o pistas, para recuperar más fácilmente la información que se incorporo al cerebro. Aquí reside la verdadera originalidad del trabajo del notable estudioso alemán.

3. MITOS SOBRE LA MEMORIA

HIGBEE ENUMERA DIEZ de los más importantes mitos que existen sobre la memoria:

a) La memoria es una cosa;
b) Existen secretos infalibles y sencillos (de fácil aprendizaje) sobre una buena memoria;
c) Existen formas fáciles de recordar información;
d) Algunas personas estaban atrapadas en malas memorias;
e) Algunas personas están bendecidas con memorias fotográficas;
f) Algunas personas o son muy jóvenes o muy viejas, para mejorar sus memorias;
g) La memoria en sentido análogo, de manera parecida a los músculos, mejora con el ejercicio;
h) Una memoria bien ejercitada jamás olvida nada;
i) El recordar demasiado, puede entorpecer su mente;
j) La gente sólo emplea el diez por ciento de su capacidad o potencial mental de memoria.

Corresponde pues analizar, todos y cada uno de estos mitos, para poder explicar si estos (mitos) son reales y/o falsos.

a) La gente habitualmente habla sobre la memoria, como si fuera una cosa u objeto tangible que se posee. Como por ejemplo: Cuando se dice que fulano de tal, posee una memoria fotográfica.

Sin embargo, la palabra o el término memoria, hace referencia más a un proceso, que a una estructura, o cosa externa, y/o elemento tangible.

Si bien se conoce, que este proceso tiene asiento en el cerebro, no existe una sola parte, o un sector único del cerebro, en donde tenga asiento la memoria, sino que se ha demostrado con evidencia científica, que algunas funciones o tipos de memoria, tienen o se producen con mayor habitualidad en algunos determinados sectores del cerebro. Sin que exista certeza total al respecto.

Por ello, es más apropiado considerar a la facultad de la memoria como un proceso, más que como una cosa u objeto.

En consecuencia, y para concluir, podemos decir, que este mito, es irreal, o al menos (en el mejor de los casos) sólo es parcialmente cierto (en el sentido de la facultad de memorizar, o recordar información) tiene asiento geográfico, en el cerebro de una persona.

b) ¿Existe algún secreto, o formula mágica para tener una memoria prodigiosa? ¿Se puede hacer alguna sola cosa, y/o tomar algún tipo único de sustancia que mejore notablemente la memoria de una persona?

Con toda seguridad podemos afirmar, que esta es una afirmación falsa o al menos una expectativa poco realista. Es posible mejorar la capacidad de memoria de una persona, pero no es cierto, que sea sencillo o fácil lograr dicho objetivo.

c) No existe ninguna forma, es falso en absoluto. El proceso de aprendizaje, y de memorización de información, es arduo y difícil (tal y como lo dijimos en el acápite anterior). Además los principios psicológicos del aprendizaje son los mismos (cuatro pautas básicas).

Se ha demostrado, con evidencia, que las personas con alto o bajo nivel o coeficiente intelectual, con idénticas técnicas de estudio, poseen similares aptitudes y/o capacidades de aprendizaje.

El aprendizaje de información implica el estudio de técnicas comunes, y básicas, que bien aplicadas ayudar a mejorar la capacidad de estudio y recuerdo de información.

d) Falso. Lo que sí existe, son memorias ejercitadas y memorias no ejercitadas (para diferenciar memorias que emplean técnicas de estudio y/o mejoramiento de desempeño o no).

Salvo el caso de personas, que han sufrido algún tipo de problema de salud grave (por ejemplo, la extirpación de secciones del cerebro, etcétera), en general la capacidad de memoria es semejante en la mayoría de las personas.

e) En principio la mayoría de los científicos no creen que este mito sea real. A excepción del fenómeno conocido como "eidetic imagery". En estos casos excepcionales (muy raros por cierto), sí existen algunos tipos de memoria, que pueden recordar más detalles con precisión.

Sin embargo, las memorias de personas normales, y/o comunes bien entrenadas (con las técnicas de memorización adecuadas), pueden lograr efectos impresionantes, en cuanto a la capacidad de memorizar información o datos sobre algo en especial.

f) El mito de edad es parcialmente cierto. En el sentido de que las personas muy jóvenes (niños menores de tres años) adolecen de la madurez de órganos y de las funciones necesarias para tener capacidad de memoria y aprendizaje. Se ha demostrado con evidencia científica, que las personas menores de tres (3) años, casi no pueden grabar recuerdos del pasado.

g) Falso. Según las investigaciones científicas más serias no existe evidencia suficiente para demostrar que la practica o ejercitación de la memoria per se, pueda ayudar a mejorar el rendimiento de esta. Es más importante lo que se hace durante la practica de la memoria, que el tiempo destinado a la practica.

h) Falso. La ventaja de una memoria ejercitad es que se recuerda lo que se desea recordar, y una persona no desea – necesariamente– recordar todo lo que le sucede a diario. Aun una memoria muy bien entrenada, olvida cosas o eventos, o conocimientos que desea recordar.

i) Falso. Por el contrario, cuanto más se sabe sobre algún tema o cuestión, es más probable, que ese conocimiento más profundo, ayude a mejorar el rendimiento de la memoria. Así, cuanto más se sabe sobre una cuestión, es más probable incrementar el conocimiento novedoso atinente.

j) Falso. No existe evidencia científica que demuestre el porcentaje de memoria que se emplea, del potencial que se posee. Lo que sí se sabe con algún grado de certeza, es que, las personas no logran llegar a emplear la cantidad total o potencial de la capacidad de memoria".

LOS SIETE PECADOS DE LA MEMORIA (THE SEVEN SINS OF MEMORY)

Cómo la mente olvida y recuerda
(*How the mind forgets and remembers*)

Introducción y explicación:

Razones por las cuales se analiza y estudia la obra en cuestión:

Esta es la denominación que recibe un brillante trabajo del Doctor Daniel Schacter –notable psicólogo norteamericano–, muy famosa a nivel mundial, en la cual se detallan las dificultades, afecciones y/o imperfecciones que la memoria sufre a diario (él autor estudiado los denomina pecados de la memoria, con el fin de hacer una analogía de dichos defectos o imperfecciones de la memoria, para con los pecados capitales, que también son siete).

El Doctor Schacter, es el jefe del departamento de psicología de la muy prestigiosa Universidad de Harvard, con asiento en la ciudad de Boston, Estado de Massachussets, en los Estados Unidos de Norteamérica.

Es un psicólogo con fama y prestigio en el ámbito mundial, por sus investigaciones sobre la memoria. Su fama ha trascendido las fronteras de los EEUU, porque merced a sus trabajos, ha sido entrevistado en múltiples oportunidades por los programas periodísticos más importantes del mundo, tal y como Charlie Rose (De la televisión americana); o Eduard Punset (En la televisión española).

En dicha obra, el autor, explora la naturaleza de las imperfecciones de la memoria, la nueva forma en que se puede pensar dichos defectos, la posible ubicación material (dentro del cerebro) de cada uno de los pecados de la memoria, y como se podrían reducir los efectos nocivos que presenta la memoria.

Según un informe publicado en la prestigiosa revista de noticias norteamericana "Newsweek", en el año 1998, la memoria se ha vuelto la principal preocupación de las personas ocupadas y estresadas.[6]

Así, por ejemplo, comenta Schacter que las citas o encuentros que se planean habitualmente no son recordados (salvo que sean agendados), el olvido de lentes o anteojos es común, lo mismo que las llaves que se extravían (es común que las personas olviden las llaves de los vehículos dentro de estos. Me incluyo especialmente en este grupo, ya que al menos una cinco veces he debido recurrir a algún cerrajero para que me abra la puerta de mi vehículo particular, por haber olvidado las llaves puestas, a veces incluso en contacto), la imposibilidad de recordar nombres de personas cuyos rostros nos resultan familiares, todas estas fallas de la memoria, son comunes en los adultos ocupados que día a día trabajan, en este mundo actual.[7]

Absolutamente todas las personas podemos distorsionar o modificar los hechos o eventos acontecidos en el pasado. E inclusive se ha probado, que las actuales influencias (sociales,

---

[6] Schacter, Daniel L., The Seven Sins of Memory (How the mind forgets and remembers). Houghton Mifflin Company, pág. 2.
[7] Ibíd., pág. 2.

educativas, afectivas, etcétera) influyen en el modo en que se recuerdan hechos sucedidos en el pasado.

En su obra Schacter, comenta un experimento llevado a cabo por parte del psiquiatra Daniel Offer (dependiente de la Northwestern University), y sus colaboradores. Estas personas les hicieron diversas preguntas a sesenta y siete personas de aproximadamente cuarenta años de edad; sobre la opinión que estas mismas personas tenían sobre algunos temas puntuales, cuando eran adolescentes.

Entre las preguntas que se le realizaron a estos adultos, podemos mencionar a las siguientes: ¿Sus padres lo estimulaban para practicar deportes? ¿Alguna vez recibió castigo físico como disciplina?, ¿Fue útil la religión en su vida, cuando era adolescente?.

Las respuestas recibidas por dichos profesionales, fueron muy interesantes, en razón de lo disímil de las mismas; en relación con lo que con anterioridad estas mismas personas habían respondido, a iguales preguntas.

Ello teniendo en cuenta porque las mismas preguntas les habían sido formuladas, a estas mismas personas, pero treinta y cuatro años antes, cuando eran adolescentes[8].

Reiteramos que las respuestas brindadas por estas personas, cuando eran muy jóvenes, tenían muy poco en común, es decir casi ninguna semejanza con las que se dieron a los investigadores, como adultos a los 40 años de edad.

Por ejemplo, a la pregunta sobre si habían recibido castigo físico en algún momento, en la adultez sólo un treinta y tres por ciento de las personas recordaron haber recibido algún tipo de castigo físico.

En tanto que a la misma pregunta, siendo muy jóvenes las personas respondieron (Casi un noventa por ciento 90% de los entrevistados) que efectivamente habían recibido castigo físico por parte de sus progenitores.

---

[8] Shacter, Daniel L., op. cit., pág. 3.

Cabe mencionar que de adultos menos del 40% de los entrevistados, recordó haber sido estimulado por sus padres para realizar actividades físicas; sin embargo; de adolescentes casi el 60% afirmó que recibió estímulo paternal para practicar deportes.

De igual modo, la respuesta, brindada de adultos mayores sobre la utilidad de la religión, era muy distinta a la que las mismas personas dieron de jóvenes. Asi sólo un 25% de los adultos estimo que la religión le fue útil; pero de jóvenes casi el 70% de los entrevistados afirmó que la religión le fue importante en sus vidas.

Todo esto, no hace sino demostrar, la falibilidad de la memoria, y el cambio que pueden experimentar las formas de recordar eventos del pasado, con el paso del tiempo.

Schacter propone dividir a las imperfecciones (A los que él denomina "pecados") de la memoria en siete transgresiones fundamentales, los que denominada del siguiente modo[9]:

a) Transitoriedad de la memoria (*transience*),
b) Ausencia, olvido y/o distractibilidad (*absent mindedness*),
c) Bloqueo (*blocking*),
d) Atribución equivocada (*missatribution*),
e) Sugestibilidad (*suggestibility*),
f) Prejuicios (*bias*),
g) Persistencia (*persistence*).

Las tres primeras transgresiones, o pecados –transitoriedad, distractibilidad, y bloqueo– son de omisión.

El autor los denomina *pecados de omisión*, porque en todos estos, se produce un defecto, o incapacidad de recordar un evento, hecho, conocimiento o idea. Se omite, no se pueden recordar los eventos, las ideas y/o la información del pasado.

---

[9] Shacter, Daniel L., op. cit., pág. 4.

La transitoriedad se refiere a la pérdida o debilitamiento de la memoria por el mero transcurso del tiempo; la distractibilidad o ausencia, se produce porque la mente esta distraída con otras actividades, y no presta la adecuada atención a la información o hechos que percibe, y que *a posteriori* necesita recordar.

En tanto que el bloqueo, implica una frustrada búsqueda de la información que se desea recordar, sin que sea posible o factible acceder a dichos datos o conocimientos.

Los otros cuatro pecados en los que incurre la memoria son de comisión. Es decir, cuando hablamos de atribución errónea, sugestibilidad, prejuicio y persistencia, existe algún tipo de recuerdo o memoria sobre el evento, pero, o bien esta memoria es incorrecta, o bien resulta indeseada para el sujeto.[10]

A modo de muy breve explicación, hemos de comentar, que el pecado de atribución errónea, consiste en atribuir como causa de un evento, a un suceso que no es el verdadera gestor o generador real, es decir a una causa falsa. Este pecado es muy relevante desde la perspectiva legal.

La sugestibilidad se refiere a memorias sobre recuerdos o hechos que han sido implantados, o inducidos, y que resultan de preguntas sugestivas o indicativas. También tiene muchísima relevancia jurídica.

En tanto que el pecado del prejuicio refleja la poderosa influencia que tienen nuestras actuales creencias, o conocimientos sobre cualquier evento, en relación con el modo en que recordamos experiencias del pasado.

Habitualmente, se rescribe el pasado sobre la base de las actuales creencias, o vivencias, las que tienen una influencia enorme.

El último de los pecados analizados por Schacter, se denomina la "persistencia", que consiste en recordar en forma repetida eventos o información altamente estresante, y que las personas desearían poder olvidar.

---

[10] Shacter, Daniel L., op. cit., pág. 5.

Este tipo de imperfección de la memoria es tan grave que, en algunos casos puede llegar a provocar la muerte de una persona. Por ejemplo el caso de Donnie Moore, citado por el autor, quien fuera un muy conocido beisbolista norteamericano que a raíz de un evento que le provocó un trauma a nivel mental, se deprimió y terminó cometiendo un homicidio y posterior suicidio (situación que será comentada oportunamente).

¿En qué consiste cada uno de estos pecados? Hemos de realizar una explicación lo más concisa y precisa posible, haciendo hincapié en sólo algunos de ellos en el capítulo correspondiente (es decir, en los capítulos específicos escritos sobre cada pecado en especial), en donde además se ha de analizar la posible ubicación espacial del lugar (dentro del cerebro de las personas) en que podría hallarse la facultad mental alterada, y las posibles soluciones que pueden darse para tratar de solucionar o atenuar los efectos de dichos yerros de la memoria.

¿Porque estudiamos esta obra? Sencillamente, porque la memoria es el objeto principal de estudio del presente trabajo, las características de la misma, los tipos de memoria, las virtudes, debilidades, etcétera.

También es objeto de estudio en el presente trabajo, la prueba testimonial (Recordemos que el testigo basa sus dichos en la memoria que tiene del evento percibido), *ergo*, la memoria es el eje central en torno del cual gira nuestro libro.

Para asi poder demostrar las debilidades, la falibilidad e imperfecciones a la que todo tipo de memoria es susceptible, por ello, resulta necesario realizar una amplia y minuciosa revisión y análisis de la prueba testimonial.

Asi el estudio de los pecados de la memoria, es decir las imperfecciones o fallas que esta presenta, resulta muy importante para poder analizar cada testimonio, y así poder dejar de lado, y/o desacreditar aquellos dichos que incurran o impliquen la comisión de alguno de los pecados de la memoria analizados por la presente.

Pero además, demuestran que todo tipo de memoria (Incluso de las personas más cultas y estudiosas) es susceptible de presentar defectos, o imperfecciones.

1) El pecado de la temporalidad y/o transitoriedad de la memoria (*The Sin of Transcience*)

En el capítulo primero de su obra "Los Siete Pecados de la Memoria"[11], el doctor Schacter, analiza al pecado de la transitoriedad de la memoria, es decir la pérdida o disminución de la memoria debido al transcurso del tiempo.

Según Schacter, el primer pecado consiste en la pérdida de la memoria por el paso del tiempo, agregando que el primer científico que se encargo de investigar este fenómeno fue el psicólogo alemán Hermann Ebbinghaus.

Corresponde recordar que fue dicho notable investigador, quien pudo demostrar (utilizándose a sí mismo como conejillo de indias) que el esfuerzo de recordar sílabas escogidas en modo arbitrario, diariamente (aunque se lo hiciera habitualmente) inexorablemente resulta en la perdida de memoria sobre dicha información, por el paso del tiempo.[12]

El notable autor alemán notó la rápida pérdida de la memoria durante los primeros tests. Asi nueve horas después de estudiar las palabras, perdía la capacidad de retención de casi el 60% de los ítems previamente estudiados. Pero, luego de casi un mes, la pérdida era de casi el 75% de la información adquirida.

Esto demuestra que a los pocos instantes, minutos u horas de adquirida la información, la memoria recuerda detalles, quizá hasta precisos del evento, pero a los días, semanas, o meses los recuerdos gravados en la memoria dejan de ser específicos,

---

[11] Shacter, Daniel L , The Seven Sins of Memory. Houghton-Mifflin Company, 2000, págs. 12 y ss.
[12] Shacter, Daniel L., op. cit., pág. 13.

para ser genéricos y sobre lo que habitualmente sucede; es decir; que influye la lógica. Asi resulta fácil ver como puede cometerse el pecado del prejuicio.[13]

Luego se pregunta el autor, si existe alguna vinculación entre la temporalidad de la memoria, y la edad de las personas.

La evidencia científica ha demostrado que los adultos mayores de 60 años, tienen más dificultad, que las personas jóvenes para recordar información. Asi se ha logrado acreditar que el paso del tiempo provoca la pérdida o disminución de la capacidad de retención de información (En especial luego de los 40 años de edad). Además incluso la instrucción, influye en la capacidad de memoria, asi por ejemplo un estudio holandés citado por Schacter, reveló que las personas instruidas tienen menos posibilidades de sufrir de Halzeimer.[14]

Schacter, menciona un famoso caso de la ciencia médica, individualizado con las iniciales HM. Sobre una persona que había sufrido la remoción de partes internas del lóbulo temporal de ambos lados del cerebro, para tratarse de epilepsia incurable, luego de dicha cirugía la persona quedó bien de la afección por la cual se lo sometió a cirugía (Epilepsia); excepto que no podía recordar ninguna información o dato posterior a la cirugía. Asi por ejemplo, si comía algo, luego no recordaba ni siquiera que había comido. Esto sirvió de evidencia de la relación de causalidad que existe, entre la temporalidad de la memoria, y algunas partes del cerebro.[15]

Para poder demostrar la afirmado *ut supra*, los investigadores emplearon una herramienta conocida como FMRI (Functional Magnetic Resonance Imaging), o sea, una resonancia magnética funcional de imágenes; que tiene la función de detectar los cambios que se producen en el cerebro, a través de la cantidad de sangre empleada por las distintas partes del cerebro. Se de-

---

[13] Ibíd., págs. 16 y ss.
[14] Shacter, Daniel L., op. cit., págs. 19, 21.
[15] Ibíd., págs. 23, 24.

mostró que se activa alguna función del cerebro, si se produce el mayor ingreso de sangre en dicha porción del órgano.

El mismo autor explica lo que acontece en el cerebro, a los pocos segundos de haber percibido un evento, o haber incorporado información.

Explicación que podríamos reducirla a lo siguiente: lo primero que acontece es la aparición de la memoria de corta duración (*short term memory*), luego de lo cual se produce el nacimiento de la memoria de larga duración (*long term memory*). Ambos conceptos serán en su momento explicados, por lo que remitimos para su comprensión a los capítulos respectivos.[16]

A su vez, según la mayoría de los estudiosos de la memoria, se distinguen dos tipos de memoria de larga duración:

a) La memoria sobre episodios o eventos concretos (*Episodic Memory*); y

b) Memoria Semántica (*Semantic Memory*. En este último supuesto se trata de un tipo de memoria que permite recordar una experiencia acontecida, en determinado lugar y tiempo, o sea que se trata de un tipo de memoria que permite adquirir o recordar eventos o conocimientos en general, sin hacer referencia a un hecho concreto.

Sin perjuicio de ello, el autor, analiza un tercer tipo de memoria:

c) Memoria que interviene entre el momento en que se percibe un evento, y la transformación de dicho recuerdo en una memoria de larga duración, denominada como memoria trabajadora o en formación (*working memory*).

---

[16] Shacter, Daniel L., op. cit., pág. 27.

Este tipo de memoria (*working memory*) permite la retención de pequeñas cantidades de información (en la mente) por un periodo corto de tiempo. Por ejemplo: cuando alguien está leyendo, o tratando de estudiar algo, este tipo de memoria (*working memory*) es la que retiene ese tipo de información para luego tratar de memorizarla, permitiendo así que sea incorporada en forma permanente.[17]

La denominada "working memory" permite la adquisición (si se hace un esfuerzo por retener la información que se incorpora) de memorias de corta duración, para transformarlas en memorias de larga duración. Sin embargo, para que el sistema funcione, se necesita ir desechando en forma constante aquella información que no se utilice o no desee incorporar como recuerdo permanente.

Todos los seres humanos experimentamos este tipo de memorias transitorias (*transience*). El ejemplo que cita Schacter es el de solicitar al operador del servicio telefónico (generalmente una máquina que brinda información) que brinde datos y/o el numero telefónico de una persona determinada. Así pues, si no se anota dicho numero en un papel, o en una agenda o en cualquier otro lugar (para poder retener dicho dato) es muy probable que luego de terminada la información brindada sobre el numero telefónico pertinente –y si no se anotó la información en algún lugar–, este sea olvidado casi de inmediato de la memoria.[18]

O bien, durante una charla o conversación con un conocido deseamos realizar algún tipo de comentario que resulta atinente a la cuestión debatida –pero por respeto lo callamos hasta que el interlocutor termine su alocución para luego acotarlo–, y luego por lo general, cuando efectivamente podemos darle la información o dato de interés, nos olvidamos de cuál era la cuestión a debatir.

---

[17] Ibíd., pág. 28.
[18] Shacter, Daniel L., op. cit., pág. 28.

La denominada "working memory" posee una parte o sección denominada *phonological loop*, que permite mantener pequeñas cantidades de información lingüística en el cerebro, mecanismo que sería una especie de sistema esclavo que auxilia o asiste al ejecutor central de la memoria trabajadora (*working memory*).

Justamente este sistema orquesta o dirige la fluidez de información dentro y fuera de la memoria de larga duración, pero por la gran cantidad de información que es incorporada en el sistema, necesita del auxilio de un sistema (*The phonological loop*) que brinda capacidad de almacenaje extra para palabras, dígitos y otros elementos del lenguaje.

Otra importante causa de olvido o imposibilidad de recordar un hecho, es lo que sucede a los pocos segundos posteriores al nacimiento de una memoria.

Así, el sólo hecho de pensar o hablar acerca de algún suceso, permite que este sea recordado con posterioridad. Por el contrario, la falta o inexistencia de charlas o conversaciones, sobre el hecho o información incorporada provocan o determinan un rápido olvido de la información. Asi lo han demostrado estudios científicos, cuando se experimenta un hecho, se producen complejos cambios químicos en las conjunciones de las neuronas, con el paso del tiempo estas modificaciones se disipan, a menos que se refuercen con esfuerzos por tratar de recordar la información adquirida.[19]

Por último, corresponde mencionar que según estudios realizados, luego de un año o varios años posteriores a un evento determinado, se pudo demostrar que sólo se puede llegar a recordar algunos hechos muy vagos, pistas, o información no específica sobre los hechos o recuerdos, como la única información disponible en la memoria (la doctora Loftus, realizó un trabajo muy interesante al respecto).

---

[19] Shacter, Daniel L., op. cit., págs. 31, 33.

Finalmente el doctor Schacter, indica algunas pautas, que se consideran como muy importantes para tratar de reducir la transitoriedad de la memoria, entre las cuales menciona a las siguientes:

1) Empleo de reglas nemotécnicas, en especial imágenes visuales;

2) Realizar preguntas sobre la cuestión que se está tratando de recordar –es una de las técnicas empleadas por los actores de cine, televisión o teatro; como por ejemplo: ¿Qué deseo recordar?; ¿Cómo es el rostro de las personas?, etcétera.

3) Algunos (sin evidencia importante que sustente dicha aserción), sostienen que tomar periódicamente un producto denominado "gingko biloba" ayuda a mejorar la capacidad de memoria sobre los hechos o información concreta.

Sin embargo, el Dr. Daniel Schacter, aconseja mejorar las técnicas de codificación de información, en vez de tomar el famoso "ginkgo biloba".[20]

Otros autores aconsejan el consumo de una sustancia conocida como "phosphatidylserine", o PS, como ayuda memoria; o bien el consumo de hormonas femeninas (estrógeno) para las mujeres menopáusica que tienen problemas de memoria; pero también existen investigaciones científicas que aseguran que existen genes de la buena o mala memoria –esto sin embargo traería grandes problemas éticos.[21]

Como podemos advertir, para el hombre común a quien se destina la presente obra (además de estudiantes de derecho, abogados, jueces, etcétera), el proceso de adquisición de información (sean conocimientos teóricos, o hechos concretos que han sido presenciados –testigos), es un proceso muy difícil y complejo, que jamás ha sido analizado a excepción, en forma aislada e imprecisa en nuestra bibliografía jurídica sobre la prueba de testigos.

---

[20] Shacter, Daniel L., op. cit., pág. 36.
[21] Ibíd., pág. 37.

2) El Pecado del olvido y/o distractibilidad (*The Sin Of Absent Mindedness*)

El capítulo segundo de la obra del doctor Schacter, se refiere al pecado del olvido o distractibilidad (*absent-mindedness*), el que consiste en los lapsos de falta de atención en que incurre una persona, que se convierten en dificultades para recordar la información que se busca incorporar durante esos momentos.

Se trata de información o datos que, o bien jamás fueron incorporados o codificados en la memoria, o que se encuentran en la memoria, pero resulta imposible de recordar en el momento en que se intenta rememorarlos.

Para entender este tipo de fallas, se necesita demostrar la importancia del proceso de atención en el momento de codificar o incorporar los datos, y también las claves o recordatorios que nos ayudan a recordar lo que se aprendió.

Los casos típicos de "absent mindedness" constituyen el olvido o extravió de llaves, de anteojos o lentes de sol, no recordar citas, extraviar portafolios, carpetas, etcétera.

Una de las razones por las cuales se produce este pecado se debe a la división de la atención al momento en que se trata de incorporar nueva información.

Shacter es muy didáctico y emplea un ejemplo muy gráfico (igual que en todos los pecados de la memoria), para describir las distintas falencias en que incurre la memoria.

En el caso del pecado de la ausencia o también llamado de distractibilidad, el ejemplo citado por el autor estudiado, está relacionado con un individuo de nombre "Yo Yo Ma"[22]. Para el común de los mortales de estas latitudes (entre los cuales me incluía) este nombre era poco conocido, y no tenía mayor significación, a excepción de que, con toda seguridad, debe de hacer referencia a una persona de origen asiático.

---

[22] Shacter, Daniel L., op. cit., pág. 7.

Sin embargo, Yo Yo Ma es una persona conocida a nivel mundial, se trata de un famosísimo músico, que toca el *cello*, quien nació en Francia, pero es de origen Chino, e hijo de artistas –su padre era compositor, y su madre cantante–, y cuenta entre sus rarezas y genialidades la virtud de haber actuado para el presidente Kennedy, cuando tenia cinco años de edad, y haberse graduado en el Trinity School en Nueva York a la edad de quince años.[23]

Actualmente Yo Yo Ma, vive en la ciudad de Cambridge, estado de Massachussets, en los Estados Unidos. Uno de los instrumentos que toca Ma es un *cello* que tiene más de 270 años de antigüedad, valuado en la suma de 2.5 millones de dólares y que es objeto de análisis por parte de Schacter.

En efecto el genio del *cello* es famoso, además de sus virtudes como compositor y artista de fama mundial, por haber incurrido en un caso típico del pecado de la ausencia y/o distractibilidad.

Así pues, el 15 octubre de 1999, Yo Yo Ma actuó en el Carnegie Hall de Nueva York y a la salida del concierto, tomó un taxi amarillo en la calle 86 y Central Park, y puso su millonario *cello* en el baúl del vehículo.

Luego de casi veinte minutos de viaje, el famoso concertista se bajó en la calle 55, frente al hotel Península, olvidando sacar el *cello* del baúl del vehículo. Por suerte para Ma, pidió el recibo del pago del servicio prestado por el taxista que lo llevó hasta el hotel en el que se hospedaba, y con dicha documentación, en la cual constaba el número del taxi y la agencia respectiva, la policía inició una búsqueda del conductor, que dio resultado positivo ya que se logró dar con el paradero del taxi a las tres y media de la madrugada.

El conductor del taxi, un señor llamado Dishashi Lukumwena, al abrir el baúl de su vehículo se llevó la sorpresa de encontrar una enorme caja de color azul, que contenía el precio-

---

[23] *artsedge.kennedy-center.org/content/2349/2349/_yoyoma_bio.pdf.*

so *cello* conocido como "Montagnana", fabricado en el año 1733.

Una vez encontrado, se le hizo entrega del instrumento a Yo Yo Ma quien, como es lógico imaginar, se puso muy feliz y agradeció la brillante tarea de equipo realizada por la Policía de New York.[24]

Como vemos, inclusive gente tan brillante e inteligente como Yo Yo Ma, puede cometer el pecado de la distractibilidad, por lo que no hay que preocuparse demasiado. No se trata de una rareza, sino de una imperfección que cualquier persona puede cometer.

Quisiera agregar, que el solo hecho de conocer esta historia, mejoró mi autoestima, dados mis habituales olvidos y pérdidas de llaves.

Para terminar, corresponde mencionar que los investigadores de la memoria, han encontrado útil distinguir, dos tipos o variantes con que se recuerdan hechos del pasado:

a) Por medio de la Recolección; y
b) Haciendo uso de la Familiaridad.

El primer tipo (recolección), implica un esfuerzo por tratar de recordar hechos del pasado en forma detallada y objetiva. La segunda variante (familiaridad), es un esfuerzo por tratar de recordar la información o lo que aconteció, sin entrar en tantos detalles sobre el evento concreto.

Muchos casos de ausencia se deben a que la atención está dividida, es decir porque la persona está distraída realizando cualquier otro tipo de actividad (Por ello también se denomina a este pecado el de la distractibilidad).

Por ejemplo, una persona está concentrada en una audiencia o reunión muy importante a llevarse a cabo al día siguiente, y en ese mismo momento se olvidan las llaves del vehículo en

[24] Katherine Finkelstein, The New York Times, Sunday 17 october 1999.

un lugar, el que *a posteriori* no se recuerda, o se puede llegar al punto de olvidar un objeto tan precioso como el *cello* de Yo Yo Ma.

Otra posible causa de este pecado, consiste en la falta de atención adecuada o por no haberle dado el tiempo necesario y suficiente al cerebro, para que pueda codificar la información, lo que causará el olvido posterior.

Para algunos científicos (Craik and Jacobs) el envejecimiento podría estar asociado o relacionado con la división de la atención o la distracción.[25]

Los lapsos de atención son habituales en actividades rutinarias que no requieren –por parte de las personas– de una codificación elaborada (tal y como sería caminar, respirar, manejar un vehículo, etcétera). Los escáneres PET (Tomógrafo de emisión de positrones), exhiben lo que sucede en el cerebro cuando la atención se divide, a través de la realización de conductas y/o comportamientos automáticos. Al parecer el hecho de dividir la atención, evita que el lóbulo frontal parte inferior del cerebro (zona izquierda) cumpla con la codificación elaborada.

Recordando lo que se quiere o debe hacer en el futuro

Los psicólogos actualmente utilizan el término "memoria prospectiva" para describir el intento de recordar cosas o tareas que se deben de hacer en el futuro –es decir, tareas o actividades para más adelante–, en contraposición con los recuerdos de hechos, información, o conocimientos del pasado, o sea, lo que denominamos memoria retrospectiva.

Cabe preguntarse entonces: ¿por qué se producen las fallas en la memoria prospectiva?

Antes de considerar las posibles causas, hemos de hacer una distinción entre memoria prospectiva basada en hechos, y la memoria prospectiva basada en el tiempo.[26]

---

[25] Shacter, Daniel L., op. cit., págs. 45, 46.

La primera de las mencionadas memorias consiste en realizar una tarea cuando se produce determinado evento o acontecimiento (ejemplo: me voy a descansar o a dormir, cuando mis hijos lleguen del baile); En tanto que el segundo tipo de memoria consiste en realizar una actividad o hecho, en un específico tiempo u horario (ejemplo: tengo que tomar mis medicamentos cada ocho horas).

En el caso de la memoria prospectiva basada en eventos, la falla o inhabilidad de recordar realizar una tarea, puede deberse simplemente a que dicho acontecimiento no se produzca, por lo tanto no se recuerda la tarea o actividad a realizar.

Por ejemplo, podemos citar el ejemplo del padre que le encarga a uno de sus hijos que le haga entrega de cierta documentación a determinada persona cuando arribe al domicilio. En consecuencia, si la persona que debía de recibir la documentación jamás se apersona al domicilio, no existe la obligación de hacerle la entrega de los documentos respectivos.

En el caso de la memoria prospectiva basada en tiempo u horario, la razón del olvido de realizar la actividad concreta puede obedecer al hecho de que no logramos obtener una clave, recordatorio o pista, que nos ayude a recordar las labores o tareas que debían producirse. Por ejemplo cuando tenemos que acordarnos de tomar una determinada medicina, en un horario determinado. Según las investigaciones científicas, aproximadamente un 33% de los adultos mayores se olvidan de tomar su medicación en el horario indicado.[27]

En ambos tipos de memorias prospectivas descriptos *ut supra*, es sumamente útil para lograr recordar las tareas a realizar, la utilización de recordatorios escritos como ayuda memoria.

---

[26] Shacter, Daniel L., op. cit., págs. pág. 51.

[27] Según Einstein y Mc Daniels los mejores recordatorios para la memoria prospectiva son las claves distintivas que no tienen asociaciones con otros recuerdos de la memoria de larga duración. Citado por Schacter en su trabajo a fs. 52.

En opinión del doctor Schacter, es posible que la gran actividad física y profesional que las personas llevan a cabo en su vida diaria, sea la causa de los problemas con la memoria prospectiva.

Justamente estas preocupaciones diarias a las que están sometidas las personas, puede ser la causal de estos olvidos. Entre ellas el estrés de la vida cotidiana es una de las razones que pueden originar estas falencias; al parecer la edad no influye demasiado en la memoria prospectiva.[28]

Tal y como lo dijimos anteriormente, según Schacter, los ayuda memoria externos, son los mecanismos más efectivos para mejorar el rendimiento de la memoria prospectiva en general.

Estos ayuda memoria externos, deben cumplir con dos recaudos esenciales:

a) Deben ser lo suficientemente informativos; y
b) Deben estar disponibles en el momento en que se los necesite.

Un ejemplo citado por el autor como mecanismo de efectivo ayuda memoria –empleado por escuelas primarias y secundarias del estado de Atlanta, en los Estados Unidos–, consistía en la entrega de libretas o cuadernos de notas remitidos por los maestros a los padres de los alumnos, que éstos debían hacer firmar a sus padres cada noche, y en las cuales se les recordaba las tareas que los alumnos debían realizar.[29]

Otros ayuda memoria efectivos son los *post it* (esos papelitos de colores que se pegan en las heladeras y otros lugares visitados por el grupo familiar, que nos ayudan a recordar las tareas que debemos realizar), y por último podemos citar los

---

[28] Shacter, Daniel L., op. cit., pág. 52.
[29] Shacter, Daniel L., op. cit., págs. 58, 59.

elementos de alta tecnología como las agendas electrónicas, los teléfonos celulares, etcétera.

Es importante recordar, que este tipo de problema (*absent-mindedness*) es muy común en los adultos muy ocupados, que por esta misma razón, tienen la cabeza en distintas tareas a realizar en un mismo momento, y por ello no recuerdan después adónde dejaron las llaves o los anteojos, y hasta olvidaron alguna cita importante.

3) El pecado del Bloqueo (*The Sin Of Blocking*)

En el capítulo tercero, de la obra analizada, se hace referencia al pecado del bloqueo (*The sin of blocking*).

Como lo adelantamos *ut supra*, este pecado consiste en olvidar u omitir recordar algún dato, recuerdo, o información.

Cabe aclarar que es diferente del pecado de transitoriedad de la memoria (*transience*), y también se distingue del pecado de la ausencia u olvido (*absent-mindedness*).

Cuando hablamos de bloqueo, hacemos referencia a datos o información que estamos conscientes y seguros que conocemos, y efectivamente han sido incorporados a nuestra memoria, pero que no es posible recordar cuando tratamos de hacerlo.

Así pues, en el preciso momento en que se hace el esfuerzo por tratar de recobrar dicha información, no es posible acceder a la misma.

Todos, sin excepción, hemos vivido situaciones en las cuales se nos acerca una persona que nos saluda y hasta se dirige a nosotros con total y absoluta familiaridad, pero (pese a que podemos saber a qué se dedica dicho individuo, el lugar en donde trabajo, y otros datos respecto del mismo), nos resulta imposible recordar su nombre o apellido.

También acontece lo mismo cuando vemos a un famoso actor de cine o cantante, o cualquier otro artista en general, ya sea en la televisión, los periódicos o en cualquier otro medio de difusión masivo –incluso podemos conocer el nombre de los *shows* en los que dicho individuo participó, y hasta las filmaciones o películas que lo hicieron famoso, quizás incluso recordemos el nombre de alguna obra o libro escrito–, sin embargo no podemos recordar el nombre o el apellido de la persona.

El pecado del bloqueo, difiere de los pecados de ausencia (*absent-mindedness*), y del pecado de la temporalidad (*transience*), en muchos aspectos, pero sólo hemos de enunciar las más trascendentes diferencias.

Así, por ejemplo, en contraposición con el pecado de la ausencia, en el caso del bloqueo, la información (nombre, fisonomía, y/o palabra) ha sido adecuadamente incorporada, y almacenada en la memoria.

A veces, incluso puede existir una pista o dato para recordar dicha información, pero en ese preciso momento no puede ser recordada[30].

A diferencia del fenómeno de la temporalidad de la memoria, corresponde aclarar que en caso del bloqueo, la información SÍ existe en el recuerdo, aún no ha desparecido de la memoria. Situación que no se configura en el caso de la temporalidad, en donde los datos o información han sido borrados o han desaparecido, por el transcurso del tiempo.

Bloqueo de nombres (*Blocking*)

Corresponde mencionar que es más habitual el bloqueo de nombres de personas (en especial de nombres propios), y es mucho más común que el fenómeno se produzca, en relación con personas adultas (en general de más de cincuenta años de edad), que con individuos jóvenes.[31]

Si bien, el bloqueo acontece, más asiduamente con nombres de objetos e incluso nombres o palabras abstractas, es

---

[30] Shacter, Daniel L., op. cit., págs. 62, 63.
[31] Ibíd., pág. 62.

más común que este fenómeno se ponga de manifiesto con nombres propios.

Para ello, es bueno realizar una primera distinción entre nombres propios y nombres comunes y resulta importante recordar algunos conceptos al respecto.

Se denomina nombre común a todo término que se aplica a varias personas o cosas pertenecientes a un conjunto de seres o elementos, que tienen idénticas o similares propiedades o cualidades entre sí.

En tanto que el nombre propio es aquel que se aplica a personas, seres o cosas, para diferenciarlos de otros de su misma especie o clase, pero que no denota ni hace referencia a las cualidades o características del objeto.

Schacter explica la paradoja denominada Baker/Baker, para hacer la distinción pertinente, y para demostrar porque se olvidan más fácilmente los nombres propios y/o porque se bloquean, en relación con los nombres comunes.

En este caso, se trata de un término o vocablo en inglés (*Baker*), que es a la vez un apellido muy habitual y común en la lengua inglesa, pero –simultáneamente– el mismo término *baker* sirve para designar un oficio u ocupación, esto es, el oficio de panadero.

Ahora bien, cuando a una persona se le dice que un individuo se apellida Baker, y a la vez esta persona tiene la función u oficio de panadero (*baker*), es más común, que las personas recuerden su oficio o actividad, que su apellido.[32]

En experimentos en donde se les exhibía a un grupo de personas, la fotografía de un individuo, resultaba mucho más fácil recordar la ocupación u oficio de esa persona, que el nombre o apellido de dicho individuo.

La pregunta que los estudiosos se hacen al respecto es la siguiente. ¿Por qué un mismo término que funciona o es útil para designar una ocupación o trabajo, pero a la vez sirve para

---

[32] Shacter, Daniel L., op. cit., pág. 63.

designar un nombre o apellido propio de una persona, difiere en el modo en que se recuerdan uno y otro?

La respuesta a esta cuestión la dio un famoso filósofo inglés John Stuart Mill, quien —sobre la base de investigaciones realizadas—, afirmó que los nombres propios no son connotativos, es decir, los nombres propios sirven para denotar individuos o personas a los que se denomina de ese modo, pero no indican ni implican la designación de atributos o características propios de esos individuos.

Resulta muy útil la distinción entre connotación y denotación, para entender esta explicación.

Así pues, si yo manifiesto o comento que mi amigo se llama John Baker, no estoy diciendo nada sobre él en absoluto, ni sobre su profesión y/o sus calidades personales, salvo que se trata de una persona que tiene un nombre anglosajón muy común y habitual.

Sin embargo, si aviso que determinada persona es o tiene la profesión de panadero (*baker*), estoy brindando mucha información sobre el mismo: Su profesión u oficio, los bienes, cosas o elementos con los que realiza su trabajo, qué hace con sus manos, sus posibles horarios de trabajo, quizás hasta sus hábitos personales, o gustos, etcétera.

En el experimento Baker/Baker, las personas pueden usar asociaciones y/o conocimientos preexistentes con mayor facilidad, para grabar o codificar la ocupación del individuo (panadero: *baker*), que el nombre propio Baker (como un apellido común o típico de las personas de origen anglosajón).

La idea de que los nombres propios nos dicen muy poco sobre las características o cualidades de quienes detentan el mismo, sirve de explicación del porqué los nuevos nombres propios de las personas son tan difíciles de aprehender y de recordar.

En tanto, cuando se utilizan nombres comunes —al ser connotativos—, estos se encuentran más integrados con el conocimiento preexistente, y se pueden hacer asociaciones más importantes con dicha información.[33]

Sin embargo el problema de los nombres propios, y su dificultad para recordarlos resulta muy común en la cultura occidental, algo que no ocurre con otras sociedades, por ejemplo las personas provenientes de ciertas villas de Grecia[34], o de tribus indígenas del Amazonas[35]. Es muy probable que en dichas comunidades sea poco común el problema del bloqueo.

Los modelos teóricos de la memoria para diferenciar los nombres propios, de los nombres comunes, nos ayudan a apreciar con más precisión, por qué el bloqueo de nombres propios es más habitual, y que se debe en general a las tenues o débiles vinculaciones que existen entre el nombre y el concepto que existe al respecto.[36]

Existen cuatro elementos, o representaciones de los términos o palabras, que deben ser analizados, para explicar el porqué del mayor bloqueo de nombres propios que de nombres comunes:

a) La representación visual;
b) La representación conceptual;
c) La representación fonológica;
d) La representación léxica.

[33] Shacter, Daniel L., op. cit., pág. 64.
[34] En algunos pueblos de Grecia, los granjeros ricos usan como apellidos a los nombres de practicas religiosas importantes; los granjeros de clase media usar apellidos creados sobre la base de nombres masculinos; y los granjeros pobres empleaban apellidos de apodos ridículos. Ver en Schacter, Daniel L., op. cit., pág. 64.
[35] Las tribus de indios Yumas, le dan a sus descendientes nombres que logran capturar algún aspecto específico del lugar y el momento en que nacieron. Ver en Schacter, Daniel L., op. cit., pág. 64.
[36] Shacter, Daniel L., op. cit., págs. 64, 65.

a) La representación visual, es cómo luce, o cómo se ve ese objeto o elemento externamente, Si consideramos a *baker*, como sinónimo de panadero, podemos apreciar o tener un concepto genérico de cómo son los panaderos en general, en tanto que si consideramos a Baker, como apellido, no existe conocimiento preexistente sobre dicha persona, ni asociación posible que se pueda llegar a realizar.

b) El elemento conceptual especifica las funciones que un objeto cumple y las actividades que una persona desempeña, o algún hecho biográfico.

Así la representación conceptual de *baker* (panadero) implica muchas asociaciones visuales tales como: que trabaja con harina, que realiza sus actividades en un lugar en donde existe un horno, los elementos que emplea (cuchillas, tablas, horno), los posibles horarios de trabajo, etcétera.

En tanto que la representación conceptual de Baker (como apellido o nombre típico anglosajón) incluirá sus características físicas, dónde vive, qué hace, si está casado o no, si tiene hijos, etcétera.

c) El elemento fonológico, especifica cómo suena el término, y/o las sílabas de las que está compuesto el mismo. En este aspecto ambos términos son idénticos (Baker: como sinónimo de panadero, se escribe y tiene el mismo sonido de Baker, como sinónimo de apellido de una persona).

d) La representación léxica, es la que se produce y vincula al nivel conceptual, con el nivel fonológico. La representación léxica especifica cómo una palabra o nombre puede ser empleado en construcciones lingüísticas más largas, como una proposición u oración.

En este grado, existe una gran diferencia entre la vinculación, entre el nivel conceptual, con el nivel léxico, según se trate de nombres propios y nombres comunes.[37]

---

[37] Shacter, Daniel L., op. cit., pág. 65.

Los psicólogos Deborah Burke, y Donald Mc Kay, han desarrollado un modelo, en donde se ve con claridad por qué se producen habitualmente más bloqueos para recordar nombres propios, que para recordar nombres comunes. Utilizando el clásico ejemplo de Baker/Baker.[38]

La mayor diferencia entre los nombres propios y los nombres comunes se presenta entre las vinculaciones conceptuales, con el nivel léxico de los términos (tal y como lo afirmamos *ut supra*).

Así, cuando se analiza la vinculación entre el nivel conceptual y el nivel léxico del nombro propio Baker, se trata de una sola vinculación o nexo, por ello la conexión es débil, en tanto que cuando analizamos el nombre común Baker (sinónimo de panadero) todas las representaciones conceptuales (trabaja muy temprano, utiliza harina, trabaja junto a hornos, etcétera, y otras características propias de todos los panaderos) se vinculan directamente con la representación léxica.

Por esta razón los nombres comunes son menos propensos al bloqueo que los nombres propios. Según el modelo elaborado por Burke y Mc Kay´s, en el bloqueo de nombres si influye la edad, además los nombres de las personas a quienes no se vio por mucho tiempo, son más proclives a ser olvidados.

Otra posible causa del bloqueo, puede ser la representación fonológica, asi pues en los nombres propios existe una sola y exacta representación fonológica; en tanto que con los nombres comunes existen muchas representaciones fonológicas (Porque existen muchos sinónimos, que podemos emplear para referirnos al mismo objeto). Esto ayuda a que sean menos propensos al bloqueo.[39]

El experimento que describe Schacter, fue realizado por Brédart, y consistía en preguntarles a diversas personas por el

[38] Ibíd., págs. 65, 67.
[39] Shacter, Daniel L., op. cit., pág. 68.

nombre de actores de películas. Algunos de estos actores, eran conocidos por su nombre actoral o artísticos, y también por el personaje que representaban en sus películas (Ejemplo: Sean Connery / James Bond; Harrison Ford / Indiana Jones); otros eran conocidos por el nombre artístico que tenían, pero no por el nombre del personaje que representaban en las películas en las que actuaban (Richard Gere/ Zack Mayo; Julia Roberts/ Vivian Ward). A pesar de que ambos grupos de actores eran igualmente famosos y conocidos, se produjeron menos bloqueos de nombres, de aquellos actores que eran conocidos tanto por sus nombres artísticos, y por el nombre del personaje que representaban. En relación con aquellos actores, que sólo eran conocidos por su nombre artístico.[40]

Según algunos estudios científicos el hemisferio cerebral izquierdo (más precisamente la zona del lóbulo temporal y frontal), sería el lugar en el cerebro en donde yace la capacidad de recordar nombres propios mencionados.

Ello sobre la base de personas que sufrieron daños en dicha zona del cerebro, y que demostraron tener una incapacidad casi absoluta para recordar nombres propios. La bibliografía médica recuerda el caso de un italiano de cuarenta y un años de edad, denominado como LS, quien sufrió daños en dicha zona del cerebro a raíz de un accidente de equitación, y que prácticamente no podía recordar ningún nombre propio (pese a que lo podría haber escuchado unos pocos instantes antes de que se le preguntase al respecto).

Este sujeto no tenía problemas para recordar nombres comunes, y podría hablar con total claridad; pero sufría de un fenónemo similar al llamado "tip of tongue phenomenom", denominado anomia de nombres propios, ya que no podía recordar los nombres de ciudades y/o países en donde había estado anteriormente.[41]

---

[40] Shacter, Daniel L., op. cit., pág. 68.
[41] Ibíd., pág. 70.

El fenómeno conocido como "Tener información en la punta de la lengua" (*On the Tip of The Tongue*)

Este fenómeno es común a casi todas las culturas del mundo, inclusive, si analizamos la traducción del inglés al castellano, vemos que el significado es idéntico; Es decir "on the tip of the tongue", es idéntico al término español "en la punta de la lengua".

¿Pero qué significa esta frase?. Esta frase hace referencia, a la situación psicológica en que se encuentra una persona, que en el preciso momento en que quiere recordar una palabra, información, nombre o cualquier otro tipo de datos, no lo puede hacer pese a que conoce que posee dicha información en su memoria.

O sea, que este fenómeno implica la imposibilidad de extraer una palabra de la memoria; a pesar de tener sensación de que dicho vocablo, está entre nuestros recuerdos.

El individuo, pese a que no puede dar y /o encontrar la información que busca, sin embargo, tiene la sensación de que en cualquier momento ha de recuperar el dato o información que busca con desesperación.

Este fenómeno es común, no sólo con los nombres propios, sino inclusive a nombres comunes. Habría algunas posibles explicaciones del fenómeno analizado, y las posibles razones de por qué sucede.

Según un famoso psicólogo británico, James Reason, este fenómeno acontece y empeora a raíz de las palabras intrusivas, e indeseadas. Que son palabras que tienen vinculación o se relacionan con la palabra que se trata de recordar, lo que provoca e impide que se recuerde el término o vocablo buscado.

El psicólogo antes mencionado acuñó un nombre específico para estas palabras intrusivas o indeseadas, y las denominó "hermanas feas" (*Ugly sisters*).

Al realizar una analogía, con las hermanastras de Cenicienta (famoso cuento inmortalizado en la pantalla grande por Walt

Disney), las que se le insinuaban al enviado del príncipe; cuando esté se presentó en la casa de la cenicienta, en virtud del decreto dictado por el Rey.

Decreto según el cual aquella joven cuyo pie encajara en el zapato de cristal sería la esposa del príncipe heredero del trono.

Recordemos que dichas hermanastras de cenicienta, pretendían ser las personas que realmente habían perdido el zapato de cristal, y que merecían el derecho a ser la esposa del príncipe.

Estas palabras indeseadas, si bien tienen una vinculación directa con el término buscado, interfieren y/o dificultan la posibilidad de encontrar el vocablo que se busca recordar.[42]

Novedosas investigaciones realizadas respecto de dichas palabras conocidas como "hermanas feas", demuestran que en realidad dichos términos no provocan el fenómeno de las palabras o términos olvidados; si no que a lo mejor lo empeoran o incrementan la posibilidad de que los datos no sean adquiridos.[43]

Según recientes investigaciones realizadas, la verdadera causa del fenómeno del bloqueo conocido como "palabras en la punta de la lengua", sería el poco uso y la circunstancia de que recientemente no se emplearon o se vieron a las cosas o personas cuyo nombre no se puede recordar.

Por ello, en todo caso, las palabras conocidas como *ugly sisters*, lo que hacen es empeorar ese estado conocido. Por ello, para tratar de recordar algo debería evitarse el empleo de estas palabras.

Pero el problema es que en general, las personas tienen la sensación que las llamada *ugly sisters* hacen posible que se resuelva a la brevedad el problema, y se recuerde la información que se busca.

---

[42] Shacter, Daniel L., op. cit., págs. 74, 75.
[43] Ibíd., pág. 76.

Sin embargo, nuevas investigaciones científicas demuestran que el paso del tiempo, cuando se produce el fenómeno de las palabras que no se recuerdan, ayuda a recuperar la información que se busca.

Ergo, en la medida en que mayor tiempo se emplee tratando de recordar el nombre, es más probable que efectivamente se recuerden las palabras o términos olvidados.

Otra cuestión que debe tenerse presente, es que el TOT (Tip of The Tongue Phenomenom), es más habitual en las personas adultas mayores, que en las personas jóvenes; según las estadísticas entre un 1/3, hasta casi la mitad de los TOT, se solucionan en forma espontánea.[44]

La represión revisitada (*Repression Revisited*)

La pregunta que se hace el autor es la siguiente: ¿es posible reprimir o bloquear algún evento traumático que sucedió unos minutos u horas antes y olvidarlo? ¿Es posible bloquear memorias episódicas de experiencias personales y borrarlas por completo de la memoria?.

Algunas investigaciones sugieren que el bloqueo de experiencias personales puede ocurrir bajo ciertas y especificas condiciones.

Como fue el caso de Cynthia Anthony, quién en marzo del año 1998, fue acusada de homicidio, en perjuicio de su hija de 25 días de edad. La menor se golpeó y falleció en forma accidental, al caer sobre una tina de cerámica dura, cuando Anthony se tropezó, al enredarse con el cable de la televisión.

El problema fue que Anthony entró en estado de shock, a causa del horrible accidente, y reprimió el recuerdo de la memoria, luego al tiempo, recupero el recuerdo de lo sucedido mientras miraba fotografías del bebé. El psiquiatra Graham Glancy, testificó a su favor, durante el juicio, arguyendo que la "enormidad de la tragedia sufrida tornó a la memoria de An-

---

[44] Shacter, Daniel L., op. cit., pág. 77.

thony más vulnerable a la amnesia"[45]. El jurado debe de haber creído la versión del médico, porque dispuso la absolución de Anthony.

Sin embargo, es más común que traumas recientes, sean recordados de modo vivido, y persistente; que borrarlos por completo.

Así fuertes golpes en la cabeza, el consumo de drogas, y alcohol e inclusive la pérdida de conocimiento, pueden provocar la imposibilidad de recordar un evento traumático que aconteció recientemente, ello quizás porque la información es posible que jamás haya sido codificada.[46]

Existen implicancias legales que deben ser analizadas cuando se analiza el fenómeno del bloqueo, y su relación con las declaraciones testimoniales.

Es muy común (en nuestra realidad argentina y jujeña aún más, en parte por la escasez de recursos y la poca o escasa preparación del personal policial), que casi siempre, que se produce un evento que cae bajo la órbita de la investigación judicial, el personal policial y los empleados judiciales realizan preguntas sobre los hechos investigados.

Al realizar las investigaciones del caso, dicho personal realiza preguntas o cuestionarios específicos, que pueden derivar en pobres recuerdos sobre hechos concretos, y en no pocos casos provocan testimonios falsos, que se derivan o son causados por preguntas sugestivas y/o indicativas, aunque hayan sido formuladas de buena fe.

Otro hecho que merece ser analizado, es la declaración prestada por menores de edad, que han sido objeto de abusos sexuales.

Al respecto, es común, que los menores recuerden poco o casi nada acerca de los abusos sexuales, en especial cuando el

---

[45] Ibíd., pág. 80.
[46] Shacter, Daniel L., op. cit., pág. 80.

atacante o abusador es un familiar o un conocido de los menores.

Ello se debe en parte a que la familiaridad de trato y la necesidad que tiene el menor de seguir vinculado con dicha persona, provoca que se produzcan fenómenos de olvido o represión de recuerdos.[47]

Esto es: el menor necesita mantener una relación de vinculación funcional con el abusador, por lo tanto olvida o bloquea el recuerdo, lo reprime.

Lo último que se pregunta el Dr. Schacter, es en sobre la ubicación material que dentro del cerebro podría tener las funciones de la memoria que se ven afectadas por dicho pecado del bloqueo.

Sobre la base de investigaciones realizadas por personas con daños cerebrales (Más precisamente amnésicos), que han exhibido, este tipo de problemas, se podría concluir que la parte posterior del lóbulo frontal derecho, y el lóbulo temporal derecho parte frontal, serían las zonas en donde se encuentran estas funciones del cerebro que se ven afectadas por el pecado del bloqueo.[48]

4) El pecado de la atribución inadecuada (*Missatribution*)

En el capítulo cuarto, el doctor Schacter, se refiere al pecado de atribución inadecuada (*The sin of misattribution*), que es el que tiene –quizás–, más implicancias legales.

Respecto del tema Schacter comienza hablando del famoso Doctor Arnaud, psiquiatra francés, que utilizo la expresión *Déjà vu* (en francés: "visto con anterioridad"), término o expresión que también se denomina "paramnesia" (que en griego, significa "cercano a la memoria").

---

[47] Shacter, Daniel L., op. cit., págs. 82, 83.
[48] Ibíd., págs. 86, 87.

Según la enciclopedia Wikipedia este fenómeno del *déjà vu*: "... Es la experiencia de tener la sensación de estar seguro de que uno ha presenciado o experimentado una nueva situación –que se experimenta en el presente– con anterioridad. El individuo tiene la sensación de que un evento ha sucedido antes, o está siendo reiterado...". Para ser más gráficos, es la sensación que se resume en: "esto ya lo viví".

Según el Merriam´s Webster´s Collegiate Dictionary (Eleven´t Edition), es: "...la ilusión de recordar escenas y eventos, cuando se los experimenta por primera vez... la sensación de que se ha escuchado o visto algo previamente..."

La primera persona que empleó dicho término fue un investigador francés de nombre Emile Boirac (1851-1917), en su obra titulada "El futuro de las ciencias físicas".

La experiencia de *déjà vu* parece ser muy común en niños y adultos (por igual) en estudios formales casi el setenta por ciento de las personas, manifestaron haber experimentado dicha sensación en algún momento de su vida.

Según el estudioso Funkhouser, existen tres tipos de *"déjà vu"*: *déjà vu vecu*, *déjà vu senti* y *déjà vu visite*.

El primero (*déjà vu vecu*) significa literalmente "vivido con anterioridad", el segundo significa "sentido o experimentado con anterioridad", el último de los tipos significa "visitado con anterioridad". Este último caso se aplica al hecho de ver un lugar, ámbito físico, o geográfico, y la persona que lo experimenta tiene la sensación de haberlo visto o estado allí con anterioridad.

Tal y como se explicó en el punto anterior, dicho término se empleó para referirse a experiencias especiales distintas de otros tipos de distorsión, en las cuales el individuo tiene una convicción intensa de que una situación o vivencia que está experimentando en el presente es idéntica a otra experiencia anterior y pasada, por lo que la persona tiene la creencia precisa de conocer qué es lo que va a pasar *a posteriori*, cuál será el desenlace del hecho.

Con anterioridad a Arnaud, existían otros tipos de interpretaciones sobre qué se entendía por la expresión *déjà vu.*

Así por ejemplo se consideraba –entre otras posibles explicaciones–, que dicha sensación era una evidencia o prueba acerca de la existencia de la reencarnación.

Que se trataba de una especie de telepatía provocada por la memoria de otra persona. Otras interpretaciones más realistas consideraron que era simplemente una similitud o analogía entre una experiencia presente con alguna experiencia acontecida en el pasado.[49]

Arnaud consideró que, en realidad, se trataba simplemente de una especie de atribución errónea de sensaciones actuales, vinculada a experiencias del pasado. Según las últimas investigaciones realizadas se trata de un tipo especial de distorsión de la memoria.

La atribución errónea es bastante común en tres situaciones que deben ser consideradas.[50]

a) A veces creemos recordar eventos o acontecimientos que nunca sucedieron realmente;

b) En otras oportunidades recordamos hechos que SÍ ocurrieron en realidad, pero en lugares distintos y momentos diferentes a los que atribuimos;

c) También sucede que, a veces, consideramos como de invención propia de nuestra mente algún comentario, pensamientos, imágenes o elaboraciones, sin darnos cuenta que no es así.

En realidad dichos pensamientos, comentarios, elaboraciones mentales o imágenes visuales han sido vistas, escuchadas o leídas en algún otro lugar o provienen de otra fuente.

La atribución errónea es un equívoco habitual en las declaraciones de testigos oculares. Según Schacter, los testigos que

---

[49] Shacter, Daniel L., op. cit., págs. 88, 89.
[50] Ibíd., págs. 90, 91.

deponen en los distintos trámites o procesos judiciales –sean de índole civil, penal, laboral o de cualquier otro tipo, en muchas oportunidades realizan reconocimientos visuales y al hacerlo cometen el pecado de la atribución errónea.

El ejemplo citado por Schacter para describir este tipo de equívocos, es el caso del llamado "John Doe 1, y 2".[51]

¿Pero qué significa la expresión "John Doe"? En el caso puntual citado por el autor, dicha denominación hace referencia a Timothy Mc Veigh, el autor del atentado explosivo en la ciudad de Oklahoma.

Sin embargo, las palabras "John Doe" es una analogía, o sinónimo de la expresión "Juan Pérez", o "fulano de tal", o "Don Nadie", o bien zutano, etcétera, que empleamos en el idioma castellano.

Esto quiere significar (según Wikipedia) que "... El nombre John Doe se usa generalmente como denominación, para los individuos de sexo masculino en cualquier tipo de acción legal o cuestión legal, en la cual la verdadera identidad de dicho individuo es desconocida...".

Según otra definición John Doe es sinónimo de: "... denominación que reciben las partes o personas dentro de los procedimientos legales, cuyo nombre real o verdadero es desconocido..."[52]

Así pues, también a los cadáveres de personas (en las salas de emergencia) y cuya identidad se desconoce, también son denominados John Doe. Ahora bien, a las mujeres, cuya identidad es desconocida se las llama Jane Doe, y a los niños, o bebes, con identidad reservada se los llama Baby Doe, o Precious Doe".

Con esto queremos significar que John Doe, no es una expresión única para el caso de Mc Veigh, sino una palabra, que habitualmente se emplea en los Estados Unidos, para denomi-

---

[51] Shacter, Daniel L., op. cit., págs. 91, 92.
[52] Merriam´s Webster´s Collegiate Dictionary, 11th Edition.

nar a cualquier individuo de sexo masculino, cuya identidad
real es desconocida, en cuestiones que tienen relevancia legal.

El atentado terrorista sucedió en la ciudad de Oklahoma,
en los Estados Unidos, y fue el acto más sangriento perpetrado dentro de dicho país, antes del atentado del 11 de septiem-
bre del año 2001, y el segundo con más graves consecuencias.

Dicho atentado fue perpetrado, en la ciudad de Oklahoma,
el día 19 de abril de 1995, frente a un edificio del gobierno federal conocido como "Alfred P. Murray Building", y le quitó
la vida a ciento sesenta y ocho personas provocando, además
de enormes daños materiales, y lesiones de mucha importancia
a más de ochocientas personas.

Los responsables de dicho atentado terrorista fueron tres
personas, Timothy Mc Veigh (principal responsable, quien fue
condenado a muerte por inyección letal, cuya ejecución se llevó a cabo el 11 de Junio de 2001), Terry Nichols condenado a
cadena perpetua por conspirador –aunque de hecho Nichols,
no condujo la camioneta cargada de explosivos, ni la aparcó
cerca del edificio federal–, y Michael Fortier, quien además fue
el principal testigo en contra de Mc Veigh, y Nichols, y que
fue condenado a doce años de prisión, por no haber advertido
a las autoridades la posibilidad de un atentado terrorista.[53]

La hipótesis de la causa del atentado fue una especie de re-
presalia por la actuación del gobierno federal en los casos de
Waco, y Ruby Ridge.

De hecho el atentado se produjo en igual fecha en que
conmemoraba el incidente de Waco. Como brevísima referencia hemos de mencionar que en Waco, Texas, se produjo, el
asalto, y muerte de David Koresh, y un numeroso grupo de
seguidores, a raíz del intercambio de fuego, entre Koresh, y
sus seguidores, y las fuerzas de seguridad de Estados Unidos.

---

[53] Time Magazine, 11 mayo de 2001, y 16 de Junio de 1997.
http://www.cnn.com news 29/03/2001.

A raíz del atentado terrorista, el FBI (*Federal Bureau of Investigations*), montó en todo el territorio de los Estados Unidos, mediante el uso de los medios gráficos, televisivos y radiales, la cacería o búsqueda intensa de un presunto cómplice de Timothy Mc Veigh, en el acto mismo del atentado terrorista. Es decir que alguien habría acompañado a Mc Veigh, a rentar la camioneta, y a aparcar esta al lugar mismo del ataque. A este desconocido del cual se ignoraba la identidad, se lo denominó "John Doe 2". La búsqueda tuvo resultado negativo, porque el llamado John Doe 2 jamás fue aprehendido. Más aún, estaría probado que nadie acompañó a Timothy Mc Veigh a rentar dicho vehículo.

La explicación que se dio al respecto fue que un testigo de la investigación, el Sr. Tom Kessinger –quien estuvo presente el día en que el Sr. Mc Veigh rentó un vehículo tipo VAN con el cual se llevó a cabo el atentado en el negocio denominado Elliot's Body Shop, en la ciudad de Kansas–, confundió a Mc Veigh (quien fue sólo a rentar el vehículo), con otro individuo que tenia características físicas semejantes a Mc Veigh, y que había ido acompañado de otra persona, que terminó siendo la que las autoridades llamaron "John Doe 2".[54]

Este última persona, llamada Michael Hertig, también rentó un vehículo en el mismo negocio en que lo hizo Mc Veigh, pero un día antes de que lo hiciera Mc Veigh (valga la redundancia), y con la diferencia de que el Sr. Hertig, no fue sólo al negocio, sino acompañado por otra persona llamada Todd Bunting, (el que luego sería el mencionado "John Doe 2") tal y como lo dijimos, un día antes de que el verdadero Timothy Mc Veigh, alquilara la camioneta con la que en definitiva se cometió el atentado.

Este defecto de memoria, se conoce, científicamente hablando, como "transferencia inconsciente" (*unconscious transference*), y es la que se produce porque la memoria de modo in-

---

[54] Shacter, Daniel L., op. cit., págs. 91, 92.

consciente transfiere memorias sobre un individuo o evento, de un contexto en el que efectivamente fue percibido, a otro distinto.

Este tipo de reconocimiento erróneo o equivocación que llevan a cabo testigos oculares, no es inusual, sino que –amén de lo expresado por Schacter– ya fueron objeto de investigación por parte de muchos otros científicos norteamericanos (Entre ellos Elizabeth Loftus, y Gary Wells), quienes inclusive han llevado a cabo múltiples experimentos para demostrar esta falencia de la memoria humana, que provoca innumerables reconocimientos erróneos, ocasionado condenas injustas de presuntos autores de delitos.

Ejemplos de equívocos de este tipo, en donde se condena a personas inocentes, por errores en las declaraciones de los testigos, y/o por fallas en los reconocimientos judiciales, han sido ampliamente difundidos por todo el mundo.

A título de ejemplo hemos de mencionar sólo a algunos de los más transcendentes y recientes casos de exoneraciones de personas inocentes, producidas en los Estados Unidos, tal y como es el caso de Ronald Cotton.

Cuya condena, y posterior exoneración ha sido difundida por los más prestigiosos medios periodísticos del mundo, tal y como el programa televisivo dirigido entre otros por la famosa periodista norteamericana Leslie Stahl (60 Minutes), que se difunde por la prestigiosa cadena de televisión norteamericana CBS News.

Por lo claro, y objetivo del reportaje, en donde además se oye la explicación de los más prestigiosos científicos en la materia en los Estados Unidos, tales y como Gary Wells, o Elizabeth Loftus, hemos de realizar una trascripción integral del mencionado programa periodístico: "... Es un cliché de los dramas en las cortes de Justicia –Ese momento cuando se le pregunta al testigo ¿Ve usted a la persona que cometió el delito, en esta corte de Justicia? Sucede realmente en las cortes de Justicia todo el tiempo, y para los jurados, ese dedo acusador de un testigo seguro de sí mismo, es de lo más dañoso que la evidencia o pruebas pueden lograr. Pero existe un tipo de prueba que es más persuasiva aún: el ADN. Hay más de 235 personas –en este país– que han sido liberadas o exoneradas de prisión gracias a las pruebas de ADN; y tal y como "60 minutes", y la corresponsal Leslie Stahl primero lo reportaron en marzo, ahora un patrón sorprendente ha emergido: Más de las ¾ partes de las personas inocentes que fueron a prisión, lo fueron en parte –al menos– por el dedo acusador de un testigo; testigo; que ahora sabemos estaba equivocado. Hacia calor, y estaba húmedo la noche del 28 de Julio de 1984, en Burlington N.C. Jennifer Thompson, quien por entonces tenía 22 años de edad, y era estudiante universitaria, se había acostado temprano en su departamento ubicado en las afueras del campus universitario. Mientras dormía, un hombre destrozó el foco de luz ubicado cerca de la puerta trasera de su casa, cortó el cable del teléfono, e ingresó a la vivienda. Thompson le comentó a Stahl: "Recuerdo haberme despertado, también recuerdo que gire mi cabeza hacia un costado, y pregunté: ¿Quién está por ahí? ¿Quién es? Vi la parte superior de la cabeza de una persona, parada a mi lado, grité, y sentí algo filoso que se puso en mi garganta. Thompson, manifestó que el hombre armado con un cuchillo, le dijo que se callara, o que la mataría. Dice Thompson, que lo primero que pensó fue ofrecerle cualquier cosa para que se marchara. Puedes tener mi tarjeta de crédito, puedes tener mi billetera, puedes quedarte con cualquier cosa del apartamento, puedes tener mi auto. Y el sujeto me miró y dijo: No quiero tu dinero. Allí supe que es lo que estaba por suceder. Traté de estar alerta y estudiar a la persona que me atacó, para que si sobrevivía pudiera ayudar a detener al delincuente. Thompson, explicó que trató de recodar: ¿Cómo es su voz?; ¿Tiene algún tatuaje?; ¿Tiene algún acento especial?; ¿Tiene cicatrices? Stahl pregunta: ¿Te esta violando, y estas estudiando su rostro? Contesta Thompson: Trataba de recordar y prestar atención a los detalles, para que si lograba

sobrevivir, pudiera ayudar a la policía a detener a este individuo. Luego de media hora Thompson, logró engañar a su
agresor, y logró levantarse con el objeto de poder preparar
unos tragos. Asi aprovecho para escaparse por la puerta trasera. El individuo, se escapó del lugar, y volvió a violar a otra
mujer a media milla del lugar en donde vivía Thompson. El
detective Mike Gauldin, entrevistó a Thompson en el Hospital. Y recuerda: Que el primer comentario que recuerdo me
hizo, fue que ayudaría a atrapar al individuo que la agredió,
que se tomó el tiempo de mirarlo detenidamente, y que lo re-
conocería si tuviera la chance de verlo nuevamente. El detective Gauldin, trabajo con Thompson para hacer un dibujo
aproximado del sospechoso, empleando diversos ojos, narices,
orejas, y labios del sospechoso, en un esfuerzo por recrear el
rostro de esa noche. El dibujo finalmente logró elaborarse,
salió a la calle y los sospechosos comenzaron a ingresar. Uno
de los sospechosos era un hombre joven llamado Ronald Cotton, quién trabajaba en un restaurante ubicado cerca de los dos
lugares en donde se cometieron los delitos. Además Cotton
tenía antecedentes penales, y con anterioridad había sido declarado culpable –cuando era adolescente– como autor del
delito de ingreso violento, y daños en tentativa de asalto
sexual. Tres días después de la violación Gauldin, llamó a
Thompson, para realizar una rueda de reconocimiento. Allí le
exhibió 6 fotografías de distintas personas, y le expreso que el
sospechoso de haber cometido el delito podía estar o no estar
entre las fotos de las personas que se le mostraban. Thompson
no identificó de inmediato la foto de Cotton, sino que se tomó
su tiempo para reconocer al sospechoso. Thompson recuerda
haber visto las fotos, como si estuviera tomando un examen
de SAT. Como si se tratara de un "multiple Choice". Según el
reporte policial Thompson, estudió las fotografías por 5 minutos. Luego de lo cual escogió la foto de Cotton, y afirmó que
ese era el hombre que la había violado. Según Gauldin,
Thompson le aseguro que había identificado al hombre co-

rrecto. Cotton escuchó las noticias de parte del novio de su madre. Quién le dijo que la policía lo buscaba por ser el presunto autor del delito de violación. Cotton recuerda que él le afirmó que jamás había cometido un delito como ese. Cuando Stahl le preguntó a Cotton, si él entró en pánico. Este le contestó que no se asustó, sino que trató de imaginarse por qué lo acusaban. Gauldin afirma que Cotton ingresó, y me dio un informe detallado de donde había estado esa noche, y con quién. Luego se demostró que era una coartada falsa. Según Cotton, luego se dio cuenta de que tenía una confusión sobre lo que le había pasado el fin de semana, y eso les dio una razón para pensar que estaba mintiendo. Stahl remarca que esto sucedió el dia 1º de agosto de 1984. Efectivamente –afirmó Cotton. Cotton fue a la policía a limpiar su nombre, pero no volvió a salir. Fue encerrado, y días después fue puesto en una rueda de reconocimiento. Mi persona tenia el número 5, recuerda Cotton, me sentía asustado y nervioso. Estaba tan nervioso que mi cuerpo temblaba. Gauldin, afirma que a los hombres de la rueda de reconocimiento, se les pidió que dieran un paso adelante, que hablaran, y que dieran un paso para atrás. Thompson recuerda que miró al detective, y le dijo que era el número 4 o 5, y le solicitó que se les pidiera que hicieran lo mismo, nuevamente. Y luego se percató de que era el número 5, Ronald Cotton. Luego –le comentó a Stahl– que estaba absolutamente segura de que había escogido al hombre indicado. Stahl le pregunta: Alguien te dijo ¿Buen trabajo? Bueno, lo que se me dijo luego, fue que (Cotton) era la misma persona que había sido elegida, en el reconocimiento fotográfico. Entonces pensé: Bingo, Lo hice bien; comenta Thompson. En un juicio que duró una semana, el jurado escuchó sobre la falsa coartada de Cotton; su ropa coincidía con la que fue descripta por Thompson, y un trozo o pedazo de plantilla encontrada en el piso de Thompson, coincidía con uno de los zapatos de Cotton. Pero lo más poderoso fue la declaración de Thompson, quién al ser preguntada sobre si reconocía a su violador, sin dudas afirmó que el autor era Ronald Cotton. Según Cotton: Ella dijo mi nombre, y me apuntó con un dedo. Y eso fue todo. Cuando Stahl le preguntó a Cotton como se sintió; este le afirmó que sintió la sensación de estar siendo apuñalado con un cuchillo. El Jurado sólo necesitó 40 minutos para llegar a un veredicto: Culpable de todos los cargos de los que se lo acusaba. Fue sentenciado a prisión de por vida, con más 50 años. Según Thompson le comenta a Stahl; ese fue el momento en que sintió que el sistema de justicia funciona, porque ella era la víctima, y Cotton era una persona horrible, que nunca más volvería a ser libre. Ronald Cotton fue esposado, se le pusieron grilletes, y se lo llevo a la prisión central de Carolina del Norte. Tenía sólo 22 años de edad. Se dice que los hombres no lloran, pero es una mentira. Muchas veces abrace mi almohada, deseando que fuese mi madre, mi padre, hermana, o hermano. Deseando que las cosas no hubieran sucedido como acontecieron. Le afirma Cotton a Stahl. En la prisión Cotton comenzó trabajando en la cocina, luego empezó a cantar en el coro de la prisión, y empezó a escribir una carta tras otra a sus abogados, con la esperanza de tener un nuevo juicio. Entonces un dia vio a un nuevo interno, y tuvo un sentimiento extraño. Disculpe le dijo. Usted me resulta familiar. ¿De donde es? El nuevo interno le contestó soy de Burlington. Cotton le comentó que se parecía al dibujo de un sospechoso, de haber cometido un crimen, por el cual estaba falsamente detenido. Y le preguntó, si había cometido el mencionado delito. El nuevo interno, le contestó que no, que él no había cometido el delito. El nombre del nuevo interno era Bobby Poole, y también se encontraba detenido por el delito de violación. El nuevo interno comenzó a trabajar en la cocina también. La gente a veces confundía a los dos hombres. Entonces un amigo en la prisión, le comentó que había escuchado de Bobby Poole, haber admitido ser el autor de la violación sufrida por Jennifer Thompson, y de la otra mujer esa noche. Por ello a Ronald Cotton, se le concedió un nuevo juicio, y sus abogados llamaron a Bobby Poole al estrado, con Thompson sentada enfrente de los acusados. Fue el momento que Cotton había estado esperando. Stahl le pregunta a Thompson: Bobby Poole está en la corte de justicia. Tú lo miras, y qué te pasa. Nada, contesta Thompson, de hecho, la emoción más fuerte que sentí fue furia para con la defensa de Cotton, porque pensaba, como se atreven a cuestionarme. ¿Cómo se atreven a pensar que podría olvidarme como se veía el violador? Se trata de alguien de quién no podría olvidarme. Ronald Cotton, fue condenado nuevamente, esta vez recibió dos condenas de por vida. Pasaron siete (7) años más, y todo el mundo en la prisión central tenía presente la nueva gran historia, el juicio de O.J. Simpson. Tomaba mi radio, me ponía los auriculares, iba afuera y me sentaba en una esquina, comenta Cotton. Allí escuchaba el juicio. Estaba intrigado por algo de lo cual jamás había escuchado antes ADN. Allí le escribió a su nuevo abogado, el profesor de derecho Rich Rosen. Rosen le advirtió de que quizá no había evidencia para ser analizada, y si existía, el ADN podría ser una arma de doble filo. Entiende esto, si el ADN se logra realizar y prueba que cometiste el crimen, sea cual fuere la cuestión legal que poseamos, pasarás el resto de tu vida en prisión, Rosen le advirtió. Stahl le pregunta: Te advirtió de que si el ADN resultaba positivo, estabas hundido. Él le contestó: Oprima el acelerador y siga adelante. Empacada dentro del archivo de evidencias del departamento de Policía de Burlington, estaba la evidencia de más de 10 años de antigüedad de las dos violaciones denunciadas esa noche. Adentro de los kits de violación, había un fragmento de esperma con ADN viable. Se probó así lo que Ronald Cotton, había venido diciendo todo el tiempo –que era inocente, y que el verdadero violador era Bobby Poole. A los pocos días, Cotton regresó a la Corte, esta vez, para ser liberado. Entonces, no sólo te das cuenta de que Cotton no cometió el crimen, sino que Bobby Poole, fue el autor. Remarca Stahl. Fue un shock, realmente, incredulidad. Comenta el detective Mike Gauldin: Para ese entonces, habían

pasado 11 años. Usted sabe, estuve involucrado en un caso en
donde un hombre perdió 11 años de su vida. Y estaba tan triste por él, y por su familia. Gauldin, le dio las novedades a
Thompson, y esta pensó. No, no puede ser verdad. No es posible. Usted sabe. Sé que Ronald Cotton, me violó. No hay
dudas en mi mente. Thompson le comenta a Stahl que sintió
una terrible vergüenza. Sufocante y debilitante vergüenza. Pero
cuando soñaba o pensaba sobre lo sucedido la noche de la violación. Aún veía el rostro de Cotton. Para superar estos problemas, Thompson, le pidió a Cotton que se vieran en una
iglesia local. Recuerdo que Cotton ingresaba a la iglesia, y no
pude pararme, comenta Thompson. Ella estaba nerviosa, asus-
tada, recuerda Cotton. Comencé a llorar de inmediato. Lo miré
y le dije, Ron, si pasara cada segundo, de cada minuto de cada
hora del resto de mi vida diciéndote que lo siento mucho. No
me acercaría ni por asomo a lo que mi corazón siente. Lo lamento tanto. Ronald se agacho, tomo mis manos, me miró, y
me dijo. Te perdono. Recuerda Thompson. Le dije, a Jennifer,
que la perdonaba, que no quería ser una molestia para ella, sólo deseaba que fuéramos felices, y que sigamos adelante con
nuestras vidas. Recuerda Cotton. En el momento en que me
dijo que me perdonaba, fue como si mi corazón físicamente,
comenzara a sanar. Y pensé. De esto se trata la gracia, y la misericordia, esto es sobre lo que nos enseñan en la iglesia, y que
ninguno jamás logramos alcanzar. Y ahí estaba este hombre al
que odié. De verás, solía rezar y pedir cada dia de mi vida, durante esos 11 años, deseando que muriera. Deseando que fuera
violado en prisión, y que alguno de la prisión lo matara. Esas
eran mis oraciones para con Dios. Y aquí estaba este hombre
con su gracia y misericordia, me había perdonado. Cuan equivocada estuve, y cuan bueno fue él conmigo, le comenta
Thompson a Stahl. ¿Cómo es posible que Thompson haya
estudiado con tanto detenimiento a su violador, y aún asi cometido ese error? ¿Cómo es posible que no haya podido reconocer a Bobby Poole, el verdadero violador? ¿Cuándo lo tuvo

enfrente, en la corte de justicia, tres años atrás? Ahora que el
ADN logró exonerar a más de 230 personas, la mayoría de los
cuales eran delitos sexuales, o casos de homicidios. Los crimi-
nólogos pueden estudiar cuales fueron los errores en dichas
investigaciones. Lo que han descubierto es la existencia de
errores en los testimonios de los testigos oculares. Más del
75% de estos casos de hombres inocentes condenados, se debió –en parte– a que un testigo acusó a la persona equivocada.
La causa o razón principal del problema, es la fragilidad de la
memoria. Como un investigador le comentó a 60 minutos,
ahora sabemos que la memoria no es como una grabadora de
video, usted no grava un evento, y luego lo recuerda en forma
automática. En vez de ello, la memoria es maleable, llena de
lagunas mentales, fácilmente contaminadle, y susceptible de
sugestión, como en el caso de Jennifer Thompson, y Ronald
Cotton. Antes de este caso. ¿Pensaba usted que podrían haber
muchas personas inocentes detenidas? Le pregunta Stahl, a
Gauldin. No dice sonriendo. No lo creía. Las personas inocentes no son condenadas por delitos que no han cometido. Creía
en eso. Preguntado sobre lo que cree ahora. Gauldin, le dice a
Stahl. Ahora lo sé mejor, más de 200 casos en todo el país.
Con más de media docena en este estado solamente, el primero, por supuesto fue mi caso. A medida que estas personas
inocentes han sido liberadas en un estado, después del otro,
hemos aprendido algo: En todos estos casos en donde el testigo ocular se equivocó. El verdadero perpetrador del delito no
estaba presente en la rueda de reconocimiento inicial. Según
Thompson, cuando uno se sienta enfrente a una rueda de reconocimiento fotográfica, usted da por sentado que uno de
estos individuos es el sospechoso. Es mi trabajo descubrir
cual. Ella hizo su trabajo, encontró al sospechoso de las fotografías. El problema es que el sospechoso, Ronald Cotton, no
es el violador. La fotografía de Bobby Poole no estaba en las
ruedas de reconocimiento fotográfico. Como tampoco estuvo,
en las ruedas de reconocimiento de persona. Le comenta

Thompson a Stahl. Cuando el verdadero autor del delito, no está en el set de fotos, no es ninguno de los individuos exhibidos. En ese momento los testigos tienen mucha dificultad para reconocer al sospechoso, explica Gary Wells, un profesor de psicología de la Universidad Estatal de Iowa. Wells ha venido estudiando la memoria del testigo por más de 30 años. Y afirma, que cuando el verdadero culpable no está en la rueda de reconocimiento, los testigos tienden a escoger a la persona que más se parece al responsable del hecho. Dice Wells que Ronald Cotton y Bobby Poole, se parecen bastante. Tienen parecidos en los labios, y en la forma de los ojos, sus cejas parecen estar levantadas como si expresaran sorpresa, afirma Stahl, mientras mira las fotografías de los dos individuos. Sin el verdadero responsable en la rueda de reconocimiento, Ronald Cotton, era el que estaba amenazado. Afirma Wells. Wells afirma que el testimonio ocular tiene dos características principales: En primer lugar, es poco creíble; y en segundo lugar; es altamente persuasivo para los jurados. Stahl remarca que puede ver porque dicha prueba es tan persuasiva. Cuando alguien afirma, que presenció el evento, en especial, cuando se trata de una víctima del delito de violación, usted se siente tentado a creerle a esa persona. Usted tiende a creerle a esa persona, porque no tiene razones para mentir, afirma Wells. El sistema legal esta elaborado para distinguir entre los mentirosos y las personas que dicen la verdad. Pero que pasa cuando alguien está genuinamente equivocado. El sistema legal, no sabe como tratar esas situaciones. Y estamos hablando de errores genuinos. Cuando Thompson pasó cinco minutos estudiando las fotografías, ella y el detective Gauldin, pensaban que estaban siendo cuidadosos. No quise apresurarme, quería estar segura, afirma Thompson. Wells afirma que eso no fue bueno. La potestad de la memoria para hacer un reconocimiento, es bastante rápida. Como se puede ver en los estudios llevados a cabo, por ejemplo, si alguien se toma más de 15 segundos en reconocer a una persona, es muy probable que estén haciendo algo diferente de emplear una memoria de reconocimiento creíble. Stahl le pregunta: ¿O sea, que usted afirma, que si Thompson realmente hubiera reconocido al sospechoso, esto debería haber sucedido en forma casi instantánea? Muy rápido, si, comenta Wells. Según Wells, el mejor modo de realizar una rueda de reconocimientos fotográfica, es de modo secuencial, o sea, mostrando una tras otra las fotografías. De ese modo, ella podría haber comparado cada foto directamente, con la imagen del sospechoso que tenía en su memoria, en vez de comparar una foto con otra. Wells le exhibe a Stahl un estudio en donde más de 300 sujetos fueron objeto de un estudio, en el que se les mostró un video precario de un crimen simulado. Usted ingresa, digamos a su oficina, mira por su ventana, y ve a algunos sujetos que muestran un comportamiento sospechoso. Lo que sucede es que le decimos más tarde que esta persona, que usted vio afuera puso una bomba en el edificio. Los sujetos ven una rueda de reconocimiento fotográfica, y se les pide que identifiquen al sujeto. Stahl remarca que eso sería muy difícil. Por supuesto que ahora uno sería muy cuidadoso, y quizás no escoja a ninguno, afirma Wells. Stahl pensaba que sabría a quién elegir, de entre los individuos de la rueda de reconocimiento. Estaba confiada en que era el número cinco, pero se equivocó, el responsable no era ninguno de los seis individuos que participó de la rueda de reconocimiento. ¿No es acaso bizarro? Pregunta Stahl, Mira lo que me has hecho, me siento igual que Jennifer. Wells afirma que en la vida real, el error se complementa, con lo que sucede después. Recuerde la inocente información que Thompson, afirma recibió de la policía, luego de que eligió a Ronald Cotton, de entre los individuos que formaban parte de la rueda de reconocimiento. Es la misma persona que usted eligió en la rueda de reconocimiento fotográfica. Entonces, en mi mente, pensé, Bingo, lo hice bien. Le comentó a Stahl. Wells estudió lo que la confianza provoca en la memoria. Luego de que la mitad de los sujetos hicieran lo que Stahl hizo –escoger a una persona inocente de entre una rueda de reconocimiento–, Wells no les dijo nada. Cuando respondieron preguntas sobre lo que vieron, muy pocos de estos, se sentían seguros sobre la elección que habían hecho. Sólo un 4% afirmaban haber tenido una buena vista, lo que es bueno, porque sólo le dimos una pobre vista del evento. Wells explica que sólo un 3% decían que podían dar detalles del rostro. Lo que también es bueno, porque según la visión que tenían del evento no se podría haber realizado. Pero al segundo grupo de sujetos, luego de haber hecho las mismas elecciones erróneas. Se les comentó: «... Bien, usted escogió al sospechoso...». Lo que sucede ahora es... que el 40, o casi el 45 % de los testigos ahora reportó que ellos estaban seguros, o casi seguros de la elección realizada Quisiera resaltar que casi un 25 % de ellos, afirmaban haber tenido una buena vista, y esto es lo que le pasó a Jennifer. Afirma Wells. Remarca Stahl, que el dar seguridad de algún modo, altera la memoria. Asi es, coincide Wells. Según Wells, la solución es que alguien independiente administre la rueda de reconocimientos, alguien que no sepa quién es el sospechoso, y ciertamente, no debe ser el detective de la causa. Gauldin, coincide, en que el no debería haber estado, cuando Thompson escogió a Cotton. Pero nadie hizo nada equivocado, es decir, esa era la práctica habitual, manifiesta Stahl. Bueno, no. Esa era la práctica común, por entonces. Dice Gauldin. Esa era la tradición, era como se hacían las cosas antes. Las fuerzas de seguridad, no estaban preparadas o capacitadas para entender que entendemos sobre la memoria. No estábamos capacitados en las formas de proteger a la memoria, ni en tratarla como si fuera la escena del crimen, en donde por el contrario, uno es muy cuidadoso, metódico, sobre como actuar y como usar la escena del crimen. Es decir, no estábamos instruidos, en esos días. Afirma Gauldin. Pero ninguna de esos errores explica quizás la parte más intrigante de la historia: ¿Cómo es posible que Jennifer viera a Bobby Poole en la corte de justicia, y no se percatara de su error? Dice Stahl: Estas mirando a la cara del individuo que te violó, cuya cara estudiaste intencionalmente... y nada sucede entre tu persona y Bobby Poole? Nada, afirma Thompson. Muchas veces traté de recordar, pero nada. Elizabeth Loftus, es una profesora de Psicología y derecho en la Universidad de California Irvine; y es una experta en la memoria. Ella le exhibió a Stahl un experimento, que piensa ayudará a explicar el error de Thompson. Le mostró a Stahl, en su computadora, las caras o rostros de tres personas diferentes, y le pidió que estudiara dichos rostros por unos cuantos segundos. Unos minutos más tarde, le administró a Stahl un test o prueba de memoria. ¿Cuál de estos dos rostros, reconoce de la fase original del test de estudio?, le pregunta Loftus a Stahl. Mientras le muestra un par de rostros (Uno al lado del otro), uno que vio antes y uno nuevo. Stahl escoge correctamente, a la persona que vio antes. En el próximo grupo de fotos, Stahl, vio una versión levemente alterada de la cara que vio originalmente, y un rostro nuevo. Escogió la cara alterada que estaba en el lado izquierdo de la pantalla. Y luego afirma: Dije la izquierda, pero no estaba un 100% segura. Ahora viene, la parte engañosa de experimento. A Stahl, se le mostró la cara del test de memoria original en el lado derecho de la pantalla, y la versión alterada de esa cara– aquella que eligió en el test anterior– en el lazo izquierdo. Stahl afirma que eligió la izquierda –respecto de cuya elección no está segura– porque se parecen mucho, sin embargo, insiste, en que se trata de la fotografía ubicada en el sector izquierdo de la pantalla. Sin embargo Stahl se equivocó. La fotografía correcta, era la del lado derecho. Y esa es la clave del estudio. Loftus explica que se le exhibió una versión alterada del responsable, se la indujo a elegir dicha versión. Primero porque se exhibió la versión alterada del responsable, con otra fotografía distinta. Y luego porque más tarde, cuando se le volvió a exhibir una la versión alterada, con la fotografía del verdadero responsable, Stahl –sin embargo– siguió escogiendo la versión alterada del responsable, en vez de la imagen del verdadero responsable. Esto ayuda a entender, porque Jennifer, puede seguir sentada en la corte de justicia, mirando a Bobby Poole, el verdadero violador, y mirar a Cotton, y sigue diciendo: «... No, no es Poole, Es Cotton...». Porque ha venido escogiendo a Cotton todo el tiempo, explica Loftus. «Comienzo a preguntarme si deberían seguir recepcionandose los testimonios oculares en los juicios... Por las bromas que nos juega la memoria», le comenta Stahl a Gauldin. El detective contesta: «... Pienso que lo importante es comprender eso. Conocer eso, conocerlo como policía, como investigador, como abogados...» Según Wells. Necesitamos testigos oculares. Pienso, que si no pudiéramos condenar sobre la base de los testigos oculares, ello les daría mucho confort a los criminales. No tenemos opción. Tenemos que encontrar modos de mejorar este tipo de evidencias. Eso es lo que ha tratado de hacer Jennifer desde entonces. Comentando su historia a los fiscales, policías, abogados defensores, y ha tenido algún éxito: Su estado, Carolina del Norte, fue el primero en el país en incorporar reformas por medio de leyes, mostrando rueda de reconocimiento fotográficas a las víctimas mediante la exhibición de fotografías una detrás de otra; enfatizando que una de las respuestas correctas puede ser «ninguno de los sospechosos exhibidos»; haciendo que las ruedas de reconocimientos sean llevadas a cabo por una persona que no conozca al sospechoso; o quizás por alguien que no sea una persona (Ejemplo: computadora). Un sistema ahora empleado por un puñado de ciudades es un software de computadora que Mike Gauldin, ayudo a desarrollar, para que una computadora conduzca la rueda de reconocimiento. Sin embargo, el profesor de derecho Rich Rosen, afirma que en la vasta mayoría de lugares no se han realizado reformas de ningún tipo, y que se requieren cambios. Esto es algo que los oficiales de policía pueden y deben hacer a favor de la mejora del sistema de justicia, le comentó a Stahl. Ello porque no están retirando al verdadero sujeto responsable de cometer ilícitos de las calles, resalta Stahl. Si, contesta Rosen. Bobby Poole violó a otra mujer, porque fueron detrás de Ron Cotton. Entonces Ron no es la única persona que sufrió a raíz de este error. Ronald Cotton, ahora tiene 47 años de edad, ha trabajado duro para reconstruir su vida. Trabaja en una fábrica. Ha estado casado por 12 años, y tiene una hija de 11 años de edad. Viven en una casa pagada por el dinero que le dio el Estado de Carolina del Norte: US $ 10.000 por cada uno de los 11 años que estuvo en prisión. Cuando puede, se une a Thompson, en sus campañas por reformas. Una de las más increíbles cosas que surgió de estos desatinos de la justicia, es la más increíble de las amistades. Thompson, y Cotton, afirman que tienen comunicación telefónica al menos una vez por semana; sus familias tienen lazos de amistad; y afirman que tienen un lazo que es difícil de imaginar para las personas. Pregunta Stahl. ¿Alguna vez las personas que los conocen por primera vez, les preguntan como se conocieron?. Si contesta Thompson, y yo simplemente les contesto. Cotton le dice a Stahl. Que el y Jennifer se miran, miren, y finalmente siguen adelante, y les cuentan la verdad. Recientemente han publicado un libro de coautoría de ambos denominado «Escogiendo a Cotton» (Picking Cotton), y tienen la esperanza de que su historia, puede informar e inspirar a otras personas. Hoy en dia cuando hablas o piensas sobre lo que te sucedió esa noche cuando tenías 22 años de edad. ¿El rostro de quién aparece?. Le pregunta Stahl a Thompson. El de nadie, responde Thompson. Eso para mi es una de las cosas más hermosas que me pasan. No tengo el rostro de nadie. Bobby Poole esta muerto. No tengo que preocuparme más de él, de que pueda perseguir a otra mujer. Murió en prisión, y Ronald Cotton es mi amigo. Finaliza Jennifer Thompson...»[55]

Estimamos que la claridad, y elocuencia del reporte periodístico eximen de mayores comentarios, por lo que huelgan las palabras.

[55] *www.cbsnews.com/stories/2009/03/06/60minutes/main4848039.shtml.* Eyewitness: How accurate is visual memory? CBS News, 8 marzo 2009, y actualizada en fecha 11 de Julio de 2009.

La existencia de identificaciones erróneas han saltado a la fama con las recientes exoneraciones de personas inocentes (más de 235) que se produjeron, a lo largo de todo los Estados Unidos. Todas estas personas habían sido previamente condenadas injustamente, siendo la causa u origen de –casi el 75% del total– de estas condenas el testimonio erróneo que se brindara en las causas criminales. Tanto de la víctima (Cuando existía alguna), o de terceras personas.

Ha tenido especial relevancia, en la demostración de dichos equívocos judiciales, una organización sin fines de lucro con sede en Nueva York, llamada "The Innocence Project".

Se denomina "The Innocence Project" a una Clínica Legal –Esto es, una suerte de actividad académica realizada entre las universidades de Derecho, que ayuda a la vinculación entre la academia legal, y las organizaciones civiles con las cuales se relaciona, desde la clínica los estudiantes, y los graduados en derecho llevan adelante casos judiciales que involucran la modificación de prácticas que limitan, obstruyen o restringen la protección de derechos fundamentales de las personas–, cuya sede principal se encuentra en la Escuela de Leyes Benjamín Cardozo de la Universidad Yeshiva de Nueva York (*Benjamín Cardozo School of Law of Yeshiva University in New York*).

Esta organización se encarga de la defensa de condenados penales, que puedan demostrar su inocencia, de manera concluyente a través de las pruebas de ADN.

Estas clínicas legales fueron fundadas en el año 1992 por Barry Scheck, y Peter Neufeld. Cabe agregar que en fecha diciembre de 2007, más de 209 prisioneros condenados previamente por serios crímenes en todos los Estados Unidos, fueron exonerados, gracias a pruebas de ADN realizadas allí.

Casi todos los casos judiciales tratan, o son relativos a personas que previamente habían sido condenas como autores de delitos sexuales, y un 25 % por casos de homicidios.

Además de la defensa de casos judiciales, esta organización, ha encarado y realizado propuestas, para la modificación de la legislación completa en materia procesal penal, y de fondo en los Estados Unidos.

Sostiene The Innocence Project que: "... Identificación del testigo presencial. El elemento más común de las condenas que posteriormente han sido anuladas tras obtener las pruebas de ADN ha sido la identificación errónea del testigo presencial. Las ruedas de reconocimiento que llevan a error se han utilizado durante décadas sin un escrutinio serio. Ahora es el momento para reformar el sistema. A pesar de que se ha probado que los métodos tradicionales llevan a error –y que existen medidas simples para reformarlas– las identificaciones del testigo presencial siguen siendo la prueba más común en contra de los demandados criminales. Las identificaciones erróneas no sólo amenazan a los inocentes, también hacen descarrillar investigaciones. Mientras que el policía se centra en encontrar pruebas que incriminen a una persona inocente, el autor del crimen puede escapar. Cómo la persona correcta es la elegida: La mayoría de los departamentos de policía utilizan los mismos métodos que han utilizado durante décadas: ruedas de reconocimiento presenciales o fotográficas, conducidas generalmente por un oficial que ha sido informado de quienes son los sospechosos, o que no ha recibido las instrucciones apropiadas. Es estresante para las víctimas y también para los testigos oculares que deben identificar al autor. Como consecuencia de todo esto, se producen equivocaciones. Estos errores se producen a veces por un bloqueo de la memoria del testigo presencial o de su deseo de hacer una identificación a toda costa. En otros casos, las señales sutiles del policía –intencionales o no– conducen a una identificación falsa. Casi todos estos errores son evitables. El momento para una reforma. Hay varios procedimientos viables que podrían disminuir perceptiblemente el número de identificaciones erróneas. Sin embargo, la aceptación de estos cambios ha sido lenta. The innocence Project recomienda que todas las jurisdicciones adopten inmediatamente las políticas siguientes: 1) Administración oculta: La investigación y la experiencia han demostrado que se reduce el riesgo de identificación errónea considerablemente si el oficial de policía que administra las ruedas de reconocimientos presenciales o fotográficas no ha sido informado de quienes son los sospechosos. 2) Composición de las ruedas de reconocimiento: Las personas de relleno (Las personas que no son las sospechosas incluidas en una rueda de reconocimiento) deben asemejarse a la descripción que los testigos oculares han dado del autor del crimen. El sospechoso no debe destacar (Por ejemplo: él no debe ser el único miembro de su raza en la formación, o el único con pelo facial). Los testigos oculares no deben participar en ruedas de reconocimiento múltiples con el mismo sospechoso. 3) Instrucciones: La persona que participa en una rueda de reconocimiento debe ser informada de que el autor puede no estar en la formación y que la investigación continuará sin importar el resultado de la formación. También deben ser informados de que no pueden solicitar consejos o la opinión del administrador. 4) Declaraciones de la confianza: Inmediatamente después de la rueda de reconocimiento, el testigo presencial debe proporcionar una declaración, en sus propias palabras, expresando su nivel de confianza en su identificación. 5) Grabación: Se deben grabar las ruedas de reconocimiento siempre que sea posible –la grabación protege a sospechosos inocentes de malas prácticas del administrador de la rueda de reconocimiento, y ayuda al fiscal que demuestra a un jurado que el procedimiento era legítimo. Las jurisdicciones deben también considerar el adoptar la presentación secuencial de formaciones: varias investigaciones han demostrado que es más efectivo presentar a los miembros de las ruedas de reconocimiento uno por uno (de forma secuencial), que a todos a la vez (de forma simultánea). Se reduce la posibilidad de que gente inocente sea identificada como autores de un crimen que no han cometido..."[56]

---

[56] *http://www.innocenceproject.org/fix/Eyewitness-Identification.php?phpMyAdmin=52c4.*

Según el autor, y de acuerdo con las estadísticas disponibles para la década del 80, más de 75.000 juicios se decidían sobre la base de la prueba de testigos oculares.

Una reciente publicación de 40 casos en los que las pruebas de ADN demostraron que las personas encarceladas eran, en realidad, inocentes, puso en evidencia que 36 de estas personas (o sea el 90 % de los casos), había sido condenada basándose en identificaciones erróneas.

Otra importante y prestigiosa revista ha tenido en cuenta el caso de las condena erróneas, el Newsweek Magazine; con el artículo publicado en fecha 23 de marzo de 2009, y escrito por Dehlia Lithwick, intitulado, "Cuando nuestros ojos nos engañan: Ser parte del sistema que identificó y en definitiva condenó al hombre equivocado, se ha vuelto otra forma de victimización".

El artículo resulta muy importante, y elocuente –casi tanto como la entrevista de Leslie Stahl–, por lo que hemos decidido transcribirlo textualmente: "... Describa a la última persona que le sirvió café. ¿Que me dice si le ayudo a refrescar su memoria? ¿Si le muestro algunas fotos de empleados de bares locales? ¿Si hago que todos estén juntos en una rueda de reconocimientos? ¿Si exclamo en forma exultante cuando se elige a la persona indicada? Imagine ahora que en vez de identificar a la persona que le preparo un desayuno la semana pasada, hemos trabajado juntos para descubrir a un ladrón, o secuestrador. Imagine cuan bien nos sentiríamos. Pero imagine ahora que sucedería si nos equivocamos. El mes pasado, un juez de Texas limpió el nombre de Timothy Cole, quién había sido condenado por la comisión del delito de asalto agravado, delito que lo había llevado a prisión en el año 1986. A pesar de que la víctima del delito identificó a Cole tres veces –dos veces en ruedas de reconocimientos realizadas en la estación de policía, y una vez durante el juicio–. Cole fue finalmente exonerado gracias a pruebas de ADN. El verdadero violador, fue Jerry Wayne Johnson, quién confesó su delito en el año 1995. Desafortunadamente Cole murió en prisión en 1999, mucho antes de que su nombre fuera aclarado, y su buen nombre limpiado. Nuestros ojos nos engañan. Los científicos sociales han insistido durante décadas que nuestros reconocimientos mediante testigos oculares son al menos poco creíbles, y pueden causar serias injusticias. Un estudio publicado el mes pasado por Gary Wells y Deah Quinlivan en la revista Law and Human Behaviour, el jornal de la Sociedad Americana de Psicología y Leyes (American Psychology - Law Society Journal) revela cuan habitualmente ocurren esas injusticias: De las más de 230 personas que fueron condenadas injustamente en los Estados Unidos, y luego exoneradas gracias a pruebas de ADN, aproximadamente el 77% involucraba casos de identificación testimonial errónea, por encima de cualquier otro factor. Wells ha estudiado las identificaciones erróneas por décadas, y sus objeciones al sistema de identificación de testigos oculares, es porque se cometen errores. En una entrevista explicó que la prueba de testigos es importante, pero debería ser tratada –al igual que los restos de sangre, huellas dactilares, y evidencia de fibras– como restos de evidencia física, que puede ser contaminada, deteriorada, y corrompida. Nuestro actual sistema de justicia permite que los jurados escuchen la prueba de testigos oculares con aplicación de procedimientos policiales sugestivos. En el año 1977 el precedente Manson v. Brathwaite, de la Corte Suprema, sostuvo que ese tipo de evidencia podía ser empleada –aún sugestiva– siempre y cuando fuera considerada creíble. Hoy en dia conocemos que aunque le demos una buena mirada, y aunque estemos seguros que es el sujeto es el correcto, podemos estar equivocados. Pero el precedente Manson sigue siendo considerado un buen precedente legal. Jennifer Thompson tenía 22 años la noche en que fue violada, durante el año 1984. Luego de vivir la ordalía de la violación, ella estudió escrupulosamente a su atacante, con la determinación de memorizar todos los detalles del rostro, y voz, de modo tal que si sobrevivía, ella pudiera ayudar a la policía a agarrar al agresor.

Thompson, pronto identificó a Ronald Cotton, en una rueda de reconocimientos. Cuando ella –luego de algunas dudas– identificó nuevamente a Cotton en una rueda de reconocimientos en vivo, unos días más tarde, el detective le dijo que había escogido a la misma persona que reconoció en la rueda de reconocimientos fotográfica. Pero en este caso Thompson se equivocó, a pesar de que Cotton sirvió 10 años de condena, antes de que pruebas de ADN lo exoneré en forma absoluta, e implicara a otro hombre, de nombre Bobby Poole. La parte curiosa de la historia, es que, pese a que Thompson, tuviera la determinación de memorizar cada detalle, cuando vio a Poole por primera vez en la corte, estaba segura de no haberlo visto antes. Incluso, según Wells and Quinlivan "luego de que el ADN exonerara a Cotton y Thompson aceptara el hecho de que Poole fue su atacante, ello no tenía recuerdos del rostro de Poole, y cuando trataba de recordar el ataque, aún veía a Ronald Cotton. En sus trabajos Wells y Quinlivan sugieren la existencia de bromas que la memoria puede jugar, que van desde incorporar feedback (retroalimentación) inocente de los policías que investigaron el hecho, que puede incrementar la certeza sobre la memoria, que se refuerza con el transcurso del tiempo. Lo que debe sumarse a la determinación de Thompson, de recuperar control sobre su vida, y su necesidad de creer que el sistema judicial es justo, y hubiera sido doblemente duro para ella mirar a las ruedas de reconocimientos policiales, como sucedió, que no incluían la imagen del verdadero violador, y marcharse. Escuchar a Thompson, y otras víctimas, que han sido parte del sistema que identificó y a la postre condeno al hombre equivocado, se ha vuelto otra forma de victimización, y por esa sola razón el sistema necesita ser reformado. El problema con el sistema de identificación de testigos oculares no puede reposar al pie de las víctimas de crímenes nunca más, como tampoco puede culparse a los investigadores policiales. Los argumentos de Wells, para reformar nuestro sistema de identificación de testigos oculares, implican que no sólo se evitan corregir los defectos del sistema, sino que incluso se recompensa el proceder policial. Wells desea que la Corte Suprema revise las bases científicas de la decisión del año 1977, pocos estados y ciudades han introducido reformas en sus prácticas de recepción de testimonios; pese a los escándalos de exoneraciones de personas inocentes. Las propuestas de cambios deberían incluir la exhibición de fotos en forma secuencial, y en explicarle al testigo de que el perpetrador puede estar, o puede no estar en la rueda de reconocimiento, e incluir que el individuo que lleve a cabo la rueda de reconocimiento desconozca quién es el sospechoso de haber cometido el ilícito..."[57]

También el artículo en cuestión, nos deja sin habla, por la crudeza, y actualidad del tema de las condenas erróneas.

Según las investigaciones realizadas, la posible causa de las atribuciones erróneas, se produce porque al momento de percibir el evento no se recuerdan detalles precisos sobre el mismo, lo que crea cierta vaguedad o imprecisión en el recuerdo, esto a su vez sirve de terreno fértil para que cuando se produzca el momento de traer ese recuerdo a la memoria, de ser factible, se recuerden rostros o eventos, pero en verdadero tiempo y/o circunstancia en que se vieron estos rostros o caras sea diferente, al que se cree evocar.

Por ello, cuando se recuerda por ejemplo a una persona, debe realizarse una vinculación, o relación entre esa persona, y su trabajo, su atuendo, la edad aproximada, etcétera.

Sobre el tema del error en la identificación de testigos oculares sostiene The Innocence Project: "...El error de identificación por parte de testigos oculares es la mayor causa de condenas por error, afectando al 75% de las condenas que posteriormente han sido anuladas tras obtener las pruebas de ADN. Si bien el testimonio de un testigo presencial puede ser una prueba determinante ante un juez o miembros del jurado, es-

---

[57] Newsweek Magazine, 23 de marzo de 2009, por Dehlia Lithwick.

tudios científicos de los últimos 30 años demuestran que en muchas ocasiones la identificación de un testigo ocular no es fiable. Los estudios demuestran que la mente humana no es como una grabadora. Nunca retiene la información exactamente como es ni puede recordar la sucesión de acontecimientos como un aparato electrónico. La memoria de los testigos es como las demás muestras obtenidas en la escena del crimen, debe ser conservada con cuidado y examinada metodológicamente. También es susceptible de ser manipulada. Cuando los testigos se equivocan. Las pruebas de ADN han demostrado caso tras caso algo que los científicos ya sabían: en muchas ocasiones la identificación de un testigo ocular no es fiable. En los casos de condenas por error causadas por un error en la identificación del testigo ocular –si bien las circunstancias eran distintas en cada uno de ellos– los testigos, los agentes del orden y los miembros del jurado se apoyaron en un testimonio que podría haber sido mucho más exacto si se hubieran aplicado mejoras al sistema, que han sido demostradas científicamente. The innocence Project ha trabajado en casos en los que: 1) El testigo identificó a un sujeto desde detrás del coche de policía, a mucha distancia del sospechoso, en una zona de aparcamiento mal iluminada y por la noche. 2) Al testigo de un caso de violación se le mostró una secuencia de fotografías en las que sólo una de ellas –la de aquella persona que la policía sospechaba era el autor del crimen– aparecía marcada con la letra R (R de rape, palabra que significa violación en inglés). 3) Los testigos cambiaron sustancialmente la descripción del autor (también información vital como altura, peso, y presencia o ausencia de pelo facial) después de tener más información sobre un sospechoso en particular. 4) Los testigos sólo identifican después de ver muchas fotografías o participar en ruedas de reconocimientos y hacen identificaciones poco seguras (indicando que creen que una persona podría ser el autor, por ejemplo) pero al jurado se le indica que el testigo no dudó en identificar al sospechoso. Variabes que tienen un impacto en la exactitud de las identificaciones. Psicólogos de prestigio han identificado dos grandes categorías de variables que afectan la identificación de testigos: variables de estimación y variables del sistema. Variables de estimación: son aquellas que no pueden ser controladas por el sistema judicial penal. Se incluyen factores como la iluminación en el momento del crimen o la distancia desde la cual el testigo vio al autor del crimen. También se incluyen factores más complejos como la raza (se ha demostrado que las acusaciones son menos exactas cuando los testigos identifican a autores de raza distinta). La presencia de un arma durante el crimen y el nivel de estrés o trauma que experimenta el testigo en presencia del autor del crimen también son variables que reducen la exactitud de las identificaciones. Variables del sistema: son aquellas que el sistema penal podría y debería controlar. Incluyen las formas en las que los agentes obtienen y graban las declaraciones de los testigos, como identificaciones en ruedas de reconocimiento presenciales o fotográficas. Las variables del sistema que tienen un impacto sustancial en la exactitud de las identificaciones incluyen la selección de personas de relleno (participantes en una rueda de reconocimiento presencial o fotográfica que no son el sospechoso), las instrucciones y recomendaciones que se dan a los testigos antes de proceder a la identificación, como se administran y gestionan las ruedas de reconocimiento presencial y fotográfico y la comunicación después de que un testigo haya hecho una identificación. Décadas de pruebas científicas sólidas apoyan reformas al sistema. Si nos remontamos a los años 1800, ya encontramos que los expertos habían llegado a la conclusión de que la identificación de testigos es susceptible de error, y que era necesario reformar los mecanismos de identificación de testigos. En 1907, Hugo Munsterberg publico «On the witness stand», su libro sobre la falibilidad de testigos oculares. Yen 1932, cuando el profesor de la universidad de Yale Edwin Borchard estudió 65 condenas por error en su libro «Convicting the Innocent» descubrió que el error en la identificación de testigos oculares era la mayor causa de condenas por error. Desde entonces cientos de estudios científicos respetables (especialmente aquellos realizados en las últimas tres décadas) han concluido que la identificación de testigos oculares es a menudo inexacta y que podría ser mucho más fiable si se implementaran reformas específicas a los procedimientos de identificación..."[58]

Como es fácilmente visible, los testigos oculares, y su poca fiabilidad que merecen sus dichos (Con más razón por el modo en que se colecta, y preserva dicha evidencia), no merecen la fiabilidad que el sistema penal les otorga.

Continuando con la explicación de Schacter –sobre la vinculación de varios componentes de distintas experiencias–, dice el autor en cuestión que este fenómeno se conoce como vinculación o relación de la memoria (*memory linking*): Es decir, el proceso de aglutinación o de juntar varios componentes de una experiencia para hacer un todo unitario y coherente.[59]

Así puede recordarse un evento o rostro, pero el proceso de aglutinar todos estos recuerdos en uno solo, produce las atribuciones erróneas.

Las fallas en la aglutinación de los recuerdos de la memoria, puede provocar una increíble ilusión llamada errores de conjunción de memoria (*Memory conjunction error*), que se produce por ejemplo, cuando se ven dos fotografías de distintas personas, pero al tratar de recordarlas se recuerda una sola fotografía que combina ambos rostros, que han sido vistos con anterioridad.[60]

Lo mismo puede producirse cuando se mencionan dos palabras, y al momento de recordar las palabras se recuerda sólo una que aglutina elementos de las dos palabras oídas.

---

[58] *http://www.innocenceproject.org/understand/Eyewitness-Misidentification.php.*
[59] Shacter, Daniel L., op. cit., pág. 94.
[60] Ibíd., págs. 95-96.

Según recientes estudios realizados en pacientes con daño cerebral, la zona del hipocampo y el lóbulo frontal del cerebro, serían los lugares en donde la función de aglutinar información cerebral tiene centro o ubicación, ya que las personas con daños cerebrales en dicha zona, tiene grandes dificultades para realizar aglutinación de información, y es propensa a cometer errores de atribución errónea.

De acuerdo con investigaciones llevadas a cabo por el doctor Gary Wells, es muy común que se configure el pecado de atribución errónea, en las ruedas de reconocimientos de personas, en donde se colocan a distintos individuos en línea para ser reconocidos como sospechosos de haber cometido un hecho delictivo.[61]

Se ha demostrado, que las personas tienden a considerar como responsable o a reconocer como presunto autor del hecho delictivo a las personas que están en las líneas de reconocimiento que más se parecen; o más familiaridad tiene con el aspecto que tendría el presunto autor del delito aunque, de hecho, el verdadero delincuente no se encuentre presente en la línea de reconocimiento.[62]

Por suerte, quién durante el año 1998, era la Fiscal General de los Estados Unidos, la Dra. Janet Reno realizó una serie de trabajos con adecuada prueba científica; en donde se dieron guías de conducta, y/o pautas a seguir por partes de las fuerzas de seguridad, en donde, se les enseñaba o daban pautas a estos organismos las mejores practicas a realizar para evitar erróneos reconocimientos; y para tratar de preservar de modo adecuado la prueba de testigos.

Entre los trabajos más sobresalientes elaborados durante la gestión de dicha notable Fiscal General, cabe mencionar a los siguientes: 1°) "Eyewitness Evidence. A guide for law enforcement". Publicado por la oficina de programas de justi-

---

[61] Shacter, Daniel L., op. cit., pág. 97.
[62] Ibíd., pág. 97.

cia, dependiente del Departamento de Justicia de los Estados Unidos; 2°) Convicted By Juries Exonerated By Science. Case studies in the use of DNA evidence to stablish innocence after trial", publicado por la oficina de programas de justicia, dependiente del Departamento de Justicia de los Estados Unidos.

En el primero de los trabajos, se enseñan guías a seguir y/o procedimientos se aconseja sigan las fuerzas de seguridad, para obtener y preservar de modo más veraz a la prueba de testigos; y en el segundo trabajo, se hace una exhaustiva referencia a múltiples casos de condenas erróneas, con la posterior exoneración de personas inocentes, en donde se detalla las falencias del sistema, y la evidencia que sirvió para demostrar la inocencia de las personas inocentes.

Su lectura es de fácil aprehensión, y además, resulta imprescindible para poder realizar una mejora de las prácticas que las fuerzas de seguridad debieran de seguir para asegurar la adecuada recolección y preservación de la prueba de testigos.

Sería bueno que nuestro país, comenzar a aplicar dichas pautas de conducta en el ámbito local, y nacional para evitar, también, condenas de personas inocentes.

En búsqueda de la máquina de la verdad

Schacter se pregunta en esta sección de su trabajo, si es posible elaborar, o construir alguna maquina o dispositivo, que nos permita con precisión matemática, determinar o distinguir las declaraciones veraces de las manifestaciones falsas que elabora una persona.

Según investigaciones llevadas a cabo –mediante el empleo de scanner y de tomografías computadas realizadas en la zona del cerebro, para distinguir cómo es la actividad cerebral, cuando una persona dice la verdad o miente–, existen muy pocas diferencias, más que nada sugestivas, entre la actividad cerebral, que desarrolla una persona mientras miente o cuando dice la verdad, y son mucho mayores las semejanzas.

Así por ejemplo en ambos casos –cuando se miente, y cuando se dice la verdad–, se produce una gran actividad en el lóbulo frontal y lóbulo temporal (cerca del hipocampo) del cerebro de una persona.

En tanto que entre las leves diferencias encontradas, podemos mencionar a las siguientes, en el lóbulo frontal existe un poco más de actividad mientras se dicen falsedades, mientras que en el lóbulo frontal –hemisferio izquierdo–, se puede divisar mayor actividad mientras se dicen o hacen reconocimientos veraces. Aunque la tecnología actual dista mucho de ser la ideal, para distinguir las deposiciones veraces de aquellas que no lo son.

Sobre la base de estudios científicos realizados, se ha llegado a la conclusión de que se podría reducir la realización de atribuciones equivocadas, cuando se sugiera a las personas que traten de recordar eventos sobre hechos concretos o específicos, en vez de pedirles que respondan basándose en cuestiones de familiaridad.

Según Schacter, los adultos mayores son más proclives a realizar reconocimientos erróneos, en relación con las personas más jóvenes.[63]

¿Que gran idea tengo? La criptoamnesia

Daniel Schacter, al inicio del presente capítulo, asegura que todo el mundo debe de recordar la historia de William Wallace, una figura legendaria de la historia de Escocia, que luchó contra la opresión inglesa llegando a perder su vida por dicha causa, popularizada por el famoso actor de Hollywood Mel Gibson en su film "Corazón Valiente" (*Braveheart*) del año 1995.

El mismo año en que se estrenó dicho filme, un escritor escocés de nombre James Mackay, elaboró y publicó una biografía sobre William Wallace, libro que adquirió rápida fama y

---

[63] Schacter, Daniel, op. cit., págs. 107, 111.

reconocimiento en el ámbito internacional, atento a la relevancia que adquirió dicha película.

Sin embargo, al poco tiempo de publicado su trabajo, Mackay, fue acusado de plagio por haber copiado gran cantidad de párrafos, de una obra que databa del año 1938, escrita por James Ferguson.

Ante estas acusaciones Mackay, adujo que él no sabía nada al respecto y que, si efectivamente copio párrafos de dicho trabajo, lo hizo de modo inconsciente.

La historia de Mackay, sirve de introducción para lo que se conoce como criptoamnesia (*cryptamnesia* o *cryptoamnesia*), es decir al supuesto o circunstancia en donde de buena fe, una persona considera como obras de creación propia dichos, escritos o ideas, que en realidad pertenecen o son de creación de otras personas.

Todos somos susceptibles a cometer este yerro conocido como criptoamnesia, cuya causa probable puede ser lo que se conoce como "priming", que sería algo así como "activación".

El proceso es el siguiente: cuando se escucha una palabra pronunciada por un grupo de personas, esa palabra, queda como activada en la memoria del sujeto, y por ello persiste en el recuerdo.

El individuo después y en forma inconsciente, cuando trae a la memoria dicha palabra, cree que fue él mismo quien elaboró o creó esa palabra, obra o trabajo.

Según estudios realizados, la critpoamnesia, puede ser anulada, o al menos se pueden aminorar sus efectos, cuando se les solicita a las personas que presten especial atención a la fuente u origen de sus ideas, elaboraciones o comentarios en general.

Por último cabe acotar que el pecado de la atribución errónea muchas veces puede ser inducido por otro de los pecados de la memoria, conocido como sugestibilidad.

Justamente, en muchos casos, las preguntas y procedimientos sugestivos provocan el nacimiento del defecto o pecado de la atribución equivocada.

5) El pecado de la sugestibilidad

El capítulo en cuestión se inicia con una investigación llevada a cabo por un grupo de psicólogos holandeses, sobre un famoso accidente de transito aéreo, ocurrido en fecha 4 de octubre del año 1992.

En dicho accidente aéreo un avión de cargas de la empresa "El Al", colisionó a poco de despegar del aeropuerto de Schiphol –en Amsterdam, Holanda–, con un edificio ubicado en un suburbio de la zona Sur de dicha ciudad europea.

El vuelo en cuestión se conoció con "El Al" vuelo numero 1862. El avión era un Boeing 747, perteneciente a la línea aérea israelí y en el siniestro fallecieron cuarenta y tres personas: cuatro que viajaban en el avión (tres de ellos parte de la tripulación, y una persona más empleada de la firma aérea) y treinta y nueve personas que habitaban el lugar del accidente aéreo, es decir personas que se encontraban en tierra, además de las personas heridas, que fueron muchas, algunas de ellas de gravedad.

El avión se dirigía desde Nueva York, hasta Tel Aviv, pero hizo una escala en Schiphol, lo que ocurrió fue que el avión experimentó fallas al remontar vuelo, y trató de hacer un aterrizaje de emergencia que resultó nefasto.

En consecuencia el avión descendió bruscamente y se incrusto en el piso 11 de un edificio de departamentos ubicado en dicho lugar.

El experimento se llevó a cabo diez meses después del accidente aéreo, y consistió en hacerle a un grupo de personas la siguiente pregunta sobre dicho evento: "¿Vio usted la filmación televisiva del momento en que el avión colisionó con el edificio de departamentos?".[64]

Inmediatamente casi el cincuenta y cinco por ciento de los entrevistados respondieron afirmativamente y en un estudio

[64] Shacter, Daniel L., op. cit., pág. 112.

posterior, casi dos tercios del total de las personas a las que se les formuló la misma pregunta respondieron en sentido afirmativo, esto es, aseguraron haber visto dicha filmación televisiva del momento exacto en que se producía la colisión del avión con el edificio de departamentos.

Respuestas por demás llamativas, en virtud de que no existían filmaciones realizadas en el momento mismo de la colisión, sino fotografías y filmaciones posteriores al momento de producido el impacto, que exhibían los daños ocasionados por dicho accidente aéreo en el lugar de los hechos.

O sea que el experimento consistió en realizar una pregunta abiertamente sugestiva, que daba por sentado el hecho de que existía una película sobre el momento exacto de la colisión del avión con el edificio, y que la filmación había sido exhibida. Cuando en realidad todo esto era absolutamente falso. No existía filmación alguna acerca del momento del accidente.

El autor menciona, además, otro experimento realizado por él mismo con el famoso actor y conductor Alan Alda, a quien invitó un día a un parque en la ciudad de Boston donde se iba a llevar a cabo el experimento. Ambos vieron a una pareja de actores realizar una serie de actividades propias de un día de picnic.[65]

Luego Schacter invitó a Alda a su oficina, y le exhibió fotografías sobre el picnic (en realidad sólo se veía a los actores en las fotografías que se le mostraban), realizando actividades que habitualmente se realizan en un picnic.

Sin embargo Schacter advirtió a Alda que algunas actividades que eran exhibidas en las fotografías, en realidad no se habían realizado en el picnic, que había presenciado.

Entonces la labor a cargo de Alda, consistía en discriminar qué actividades de las que se exhibían en las fotos se habían realizado en el picnic, y qué actividades no se habían llevado a cabo en el picnic real.

---

[65] Shacter, Daniel L., op. cit., pág. 113.

Luego de que Alda se equivocara en un par de oportunidades, dando por sentado que algunas de las actividades exhibidas en las fotos sí se habían realizado en el picnic (pero que en realidad no habían ocurrido), el experimento terminó bien y sirvió para demostrar que muchas veces nuestra mente produce atribuciones equivocadas, inducidas por preguntas sugestivas o capciosas.

Todo esto se realizó para demostrar, lo fácil que resulta engañar a la mente y así poder implantar memorias por preguntas sugestivas, o métodos sugestivos (en el último caso por medio de fotografías exhibidas *a posteriori*).

La sugestibilidad de la memoria se refiere a la tendencia que tienen las personas de incorporar información errónea o equivocada que proviene de fuentes externas –otras personas, con las que interactúa, material escrito, fotografías, filmaciones o difusión por los medios de comunicación en general, etcétera– , como si fueran recolecciones personales. Es decir, como si fueran recuerdos propios de la persona.[66]

La sugestibilidad está altamente relacionada con la atribución equivocada (*misattribution*) en el sentido de que la sugestividad provoca errores en la memoria que implican necesariamente una atribución equívoca. Sin embargo la atribución errónea puede ocurrir o producirse sin que exista sugestión externa de ninguna índole que la provoque.

Las memorias sugestivas pueden verse como genuinas, tal como fue el caso –publicado por el prestigioso diario norteamericano "The New York Times"–, de Edward Daily.

Daily era un veterano de la guerra de Corea, que realizó elaboradas –pero imaginarias–, historias sobre su desempeño en dicha guerra, tal y como haber participado de batallas con explosiones, y/o haber visto masacres terribles, pero en las cuales, el mismo JAMÁS participó.[67]

---

[66] Shacter, Daniel L., op. cit., pág. 113.
[67] Idíd., pág. 114.

En concreto la masacre respecto de la cual Edward Daily afirmo haber participado, es el incidente conocido como "No Gun Ri Massacre", un evento acontecido durante la Guerra de Corea, en el cual entre 8 y 150 civiles coreanos fueron asesinados por soldados norteamericanos, pertenecientes al 7° Regimiento de Caballería, cerca del pueblo de No Gun Ri.

Pero se descubrió por archivos militares, y el propio reconocimiento posterior de Daily, que el mismo jamás había presenciado dichos eventos, porque no se encontraba en el teatro de los hechos, al momento de producirse la masacre, se demostró que jamás había estado a cargo del manejo de ametralladoras.

Por ello Daily fue condenado a devolver los casi 400.000 dólares que había recibido del gobierno, por beneficios de traumas sufridos, y además fue encarcelado por casi veintiún meses de prisión.

Este pecado es altamente preocupante por tres razones fundamentales:

a) Las preguntas sugestivas o indicativas (*leading questions*) pueden contribuir (de hecho así ha sido, tal y como lo demuestra la evidencia existente) a que los testigos oculares de un hecho incurran en identificaciones equivocadas, lo que *a posteriori* puede provocar condenas injustas respectos de personas inocentes que nada tienen que ver con el hecho investigado;

b) Los procedimientos de psicoterapia sugestiva pueden provocar la invención o creación de memorias falsas;

c) Los interrogatorios agresivos de personas menores en edades preescolares, pueden provocar la creación de memorias distorsivas, en las que se alegan abusos o maltrato, causado por maestros y/u otras personas.

Influenciando las declaraciones testimoniales

Según Schacter, la pionera en las investigaciones y experimentos tal y como las realizadas en el caso del accidente aéreo descrito antes (El Al), fue una notable investigadora norteamericana dependiente de la Universidad de Washington, la doctora Elizabeth Loftus.[68]

Los experimentos llevados a cabo por dicha investigadora consisten en la siguiente metodología:

a) En primer lugar se le exhibe a un grupo de personas (objetos de la investigación) un grupo de fotografías en secuencia (como si fueran una filmación), y/o se les exhibe una video filmación;

b) A posteriori se le realizan preguntas sugestivas sobre el hecho que vieron; y

c) Por último se les practica un *test* o pruebas para determinar la veracidad de la memoria sobre los hechos vistos u oídos y/o los posibles equívocos en los que incurre la memoria.

Todos estos experimentos prueban que las preguntas sugestivas o indicativas, provocan distorsiones en los recuerdos, y lo que es peor aún, estas preguntas provocan memorias distorsionadas aún sabiendo que se realizaron preguntas sugestivas, o información errónea sugerida.

Esto tiene grandes y graves implicancias legales, ya que la policía al interrogar a los testigos (si no existen mecanismos adecuados o preparación idónea del personal policial, ni tampoco un ámbito adecuado para realizar dichas investigaciones —en especial en países como el nuestro, la República Argentina, en donde habitualmente se realizan las preguntas en algún cuartucho mal ventilado de los Tribunales) puede implantar

---

[68] Shacter, Daniel L., op. cit., pág. 114.

memorias inexistentes a través de preguntas sugestivas o indicativas.

El Doctor Schacter *a posteriori* adjunta transcripciones de una rueda de reconocimiento ocurrida en un caso real en Missouri.[69]

Testigo ocular viendo la rueda de reconocimiento

Testigo ocular: ¡Oh, mi Dios! No sé. Es uno de esos dos... pero no sé... ¡Oh, hombre..! El hombre un poco más grande que el número dos... Es uno de esos dos pero no sé cuál...

Testigo ocular (30 minutos después): No sé... ¿Numero dos?

Policía que registra la rueda de reconocimiento: Okay.

Abogado defensor meses después (en juicio): ¿Usted estuvo seguro que fue el numero dos? ¿No fue acaso un "puede ser", con duda?

Testigo ocular: No existía duda alguna... Estuve absolutamente seguro.

Según las investigaciones llevadas a cabo por el Doctor Gary Wells, en muchos casos el testigo que al momento o pocos instantes posteriores de ocurrido el hecho delictivo (del cual, quizás, fue víctima) se mostraba poco seguro, sobre la identidad de la persona que habría cometido el crimen, *a posteriori*, varios meses después, se muestre tan segura en una corte de justicia sobre la identificación precisa del mismo.

Por ello, en diversas legislaturas norteamericanas, de Inglaterra, y Australia (por mencionar sólo algunos países) se han sugerido modificaciones (muchas de las cuales son legislación actualmente) en los códigos procesales y de fondo, además de otras organizaciones civiles (entre ellas *The Innocence Project*) que también han realizado sugerencias al respecto.

Este autor sostiene, que la sola respuesta del "Okay", dada por el oficial, puede haber servido para darle seguridad al testigo ocular, pero lo más grave aún es que el hecho de que un

---

[69] Shacter, Daniel L., op. cit., pág. 115.

testigo demuestre seguridad al declarar, provoca que los jurados (también dicha situación se produce con los jueces en nuestro sistema de justicia que no implementó el sistema del Juicio por Jurados –con excepción de la Provincia de Córdoba, pero con un Jurado especial, formado por legos y juristas conjuntamente–, NO idéntico al sistema de Jurados de los Estados Unidos) sean propensos a creerle, aunque no existe evidencia alguna, que acredita que la mayor o menor seguridad es demostrativa de veracidad en las declaraciones testimoniales.

Es decir, que es tan probable que un testigo seguro, como uno que no lo es, digan la verdad o mientan, de igual modo (Seguramente, o inseguramente).

Se ha demostrado que el sólo hecho de darle alguna seguridad al testigo (el simple "Okay", que dijo el policía a cargo del procedimiento de la rueda de reconocimientos) es suficiente para darle mucha confianza en su testimonio a la persona que declara como testigo.[70]

Existe un precedente de la Corte Suprema de los Estados Unidos (*United States Supreme Court*), el caso Neil v. Biggers, y el precedente Manson v. Brathwaite, en donde la Corte Suprema de dicho país, se expidió respecto de los requisitos que se deben configurar para dar validez a las declaraciones testimoniales obtenidas por medio de procedimientos sugestivos. Dicho precedente, y las consecuencias legales han de ser objeto de un análisis más detallado en otra parte del presente trabajo.

Sin embargo, hemos de mencionar sucintamente los requisitos que exige la Corte Suprema de Justicia de los Estados Unidos, a saber: 1°) Que el testigo demuestre seguridad al declarar; 2°) Que tenga capacidad y/o aptitud para describir al sospechoso de haber cometido el delito; 3°) Que haya tenido oportunidad de ver y prestar atención; 4°) El tiempo que transcurrió entre la percepción del evento y el reconocimiento

---

[70] Schacter, op. cit.. págs. 116, 117.

propiamente dicho. No debe haber transcurrido demasiado tiempo.

Otro procedimiento empleado (al menos por algunas de las organizaciones policiales de los Estados Unidos), y que en algunos casos tuvo resultados sorprendentes por la eficacia obtenida, es la hipnosis.[71]

Este procedimiento, consiste en tratar de relajar al sujeto, mediante técnicas de inducción –que consisten, por ejemplo, en mirar un objeto, etcétera–, hasta que llegue a un estado de profunda relajación, durante el cual, el hipnotizador le realiza o formula preguntas sobre el hecho objeto de la investigación.

En los Estados Unidos, hubo un caso muy famoso, que recibió amplia cobertura en el ámbito local y mundial: el secuestro de un autobús con alumnos en la ciudad de Chowchilla, un pueblo del estado de California.

Este evento se produjo en el año 1976, y se trató del secuestro de veintiséis menores de edad, junto al chofer del autobús, los que luego de ser secuestrados por tres personas, fueron enterrados (dentro del autobús) varios metros bajo tierra –para ser más exactos 6 pies bajo tierra–, sin embargo, estos menores al poco tiempo y de milagro, lograron salir del encierro.

La policía local no podía obtener información sobre la identidad de los posibles autores del secuestro y por ello, como medida extrema, decidieron emplear el método de la hipnosis, para tratar de indagar lo que sabía el chofer del colectivo sobre el momento del secuestro.

El chofer –increíblemente–, logró recordar varios números de la patente del vehículo que ocupaba el grupo que realizó el secuestro en perjuicio de los menores (para ser más exactos recordó cinco de los seis números de la patente), lo que ayudó a que luego se lograra la aprehensión de los presuntos respon-

[71] Shacter, Daniel L., op. cit., págs. 117, 118.

sables, y *a posteriori* se procediera a la condena judicial de dichos secuestradores.

Sin embargo, más allá del notable éxito obtenido por la hipnosis en el caso de Chowchilla, y otros no menos famosos, la mayoría de los investigadores (incluidos los más famosos y prestigiosos hipnotizadores) no consideran que la hipnosis sea siempre valida e infalible, y sugieren que –en caso de ser necesaria– sea ordenada por vía judicial, y con adecuado control profesional.

Por esto, la mayoría de los científicos de la memoria, sugiere que la mejor forma de obtención de testimonios válidos y altamente veraces, es a través de lo que se conoce como "entrevista cognitiva" (*cognitive interview*).[72]

La entrevista cognitiva fue desarrollada inicialmente por Ronald Fisher y Edward Geiselman en el año 1980, y se basa en ideas y hallazgos establecidos y controlados de la memoria, y evita el empleo de preguntas sugestivas o indicativas.

La entrevista cognitiva original incluía cuatro componentes básicos:

a) En primer lugar se le solicita al testigo que recuerde, e informe todo lo que sabe sobre el evento investigado –no se le hacen preguntas especificas sobre ningún punto o aspecto puntual;

b) En segundo lugar, se le pide al testigo que mentalmente se instale nuevamente en el lugar en el que ocurrió el hecho –ya hemos de probar, conforme lo explica Higbee, que esta sola circunstancia ayuda a mejorar la memoria;

c) En tercer lugar, se le pide al testigo que trate de recordar el hecho en diversas formas temporales, es decir, que primero recuerde lo acontecido del principio al fin, y viceversa; y

---

[72] Shacter, Daniel L., op. cit., pág. 119.

d) Por último, se le pide al testigo que adopte las diferentes perspectivas del evento –como víctima, como atacante, como testigo, etcétera–, para así mejorar o recordar algunos detalles que puedan haber sido pasados por alto.

Por la importancia en la mejora de la memoria sobre los recuerdos, la entrevista cognitiva, es ahora obligatoria en muchas fuerzas de seguridad de Inglaterra y Gales, y además es sugerida como importante por los trabajos realizados por la Fiscal General Janet Reno, y su grupo de trabajo (en los Estados Unidos).

Confesiones Falsas

La confesión falsa, implica la admisión y/o el reconocimiento de haber sido el autor de un determinado hecho o hechos delictivos, pero que con evidencia posterior, se demuestra que dichos delitos no han sido cometidos por las personas que realizan la confesión.

Según la organización "The Innocence Project": "... Confesiones falsas. En más del 25% de los casos de exoneración por ADN (DNA en sus siglas en inglés) los acusados que eran inocentes hicieron confesiones que los incriminaban o se declararon culpables. Estos casos demuestran que las confesiones no siempre son un reflejo de creerse culpable sino que muchas veces vienen motivados por influencias externas. ¿Por qué personas inocentes se declaran culpables de crímenes que no han cometido? Coacción, abuso de alguna sustancia, disminución de sus capacidades, discapacidad psíquica, ignorancia de la ley, miedo a la utilización de violencia, uso de fuerza o daño, amenaza de una sentencia más dura, incomprensión de la situación. Algunas confesiones responden al estado mental de quién las hace. Muchas confesiones realizadas por menores no son creíbles. Los niños a menudo pueden ser fácilmente manipulados o no entender la situación en que se encuentran. En muchas ocasiones los niños y adultos están convencidos de que si confiesan se podrán ir a sus casas. las personas con discapacidades mentales a menudo hacen declaraciones falsas porque tienen la tendencia a aceptar las opiniones de figuras autoritarias. Es importante señalar que muchos agentes que llevan a cabo los interrogatorios no han recibido un entrenamiento especial para interrogar a sospechosos con capacidad mental. Un estado mental alterado, como consecuencia de una enfermedad mental, las drogas o el alcohol puede provocar falsas declaraciones de culpabilidad. Los adultos con plenas capacidades mentales también pueden realizar falsas confesiones debido a múltiples factores como la duración del interrogatorio, cansancio o la creencia que serán puestos en libertad tras declararse culpables y pensar que más tarde tendrán la oportunidad de demostrar su inocencia. Con independencia de la edad y capacidad mental, lo que tienen en común muchas personas que se declaran culpables es la decisión de que confesar será más beneficioso para ellos que seguir reivindicando su inocencia. De amenazas a torturas. Algunas veces los agentes utilizan tácticas de interrogación muy duras con sospechosos que no cooperan. En otros casos algunos oficiales de policía, cuando están convencidos de la culpabilidad de un sospechoso, utilizan tácticas tan persuasivas que la persona inocente se siente obligada a declararse culpable. Algunos sospechosos han confesado para evitar daños físicos o más incomodidades. A otros se les dice que serán acusados con o sin confesión y que su sentencia será más beneficiosa si confiesan. A otros se les indica que una confesión es la única vía de esquivar la pena de muerte. Grabación de los interrogatorios. The Innocence Project ha recomendado cambios específicos en la práctica de interrogatorios a sospechosos en los Estados Unidos, entre las que se incluye la grabación obligatoria de los interrogatorios, que ha demostrado disminuir la cifra de falsas confesiones y aumentar las posibilidades de que la confesión pueda utilizarse como prueba..."[73]

La misma organización *ut supra* mencionada, expresa que la grabación de interrogatorios tiene múltiples ventajas, asi se ha expresado: "... Ventajas de interrogaciones grabadas. Para que la grabación de los interrogatorios sea eficaz, debe grabarse todo el interrogatorio en custodia de la policía. Este expediente mejorará la credibilidad y la confiabilidad de confesiones auténticas, mientras que protegerá los derechos de sospechosos inocentes. En algunos casos, las confesiones falsas se producen porque el policía proporciona durante el interrogatorio, muchas veces sin darse cuenta, detalles del crimen al sospechoso, y este los repite como si fueran suyos. Cuando el sospechoso repite esta información en otro momento del interrogatorio, el policía, que no se ha dado cuenta de que la información se la había dado él, asume que el sospechoso sabe estos datos porque es el autor del crimen. A menudo, las amenazas o las promesas al sospechoso se hacen cuando la cámara está apagada. Si no hay una grabación del interrogatorio que sirva para entender de una forma objetiva que pasó, es difícil calibrar el grado de veracidad de la confesión. Para las agencias de la aplicación de ley, los interrogatorios grabados pueden prevenir conflictos sobre como la policía trató al sospechoso, crean un expediente claro de las declaraciones de un sospechoso y aumentan la confianza pública en el sistema criminal de justicia. Los interrogatorios grabados también pueden disuadir a policías de usar tácticas ilegales para asegurar una confesión. Una reforma que se ha mostrado eficaz. Más de 500 jurisdicciones de los Estados Unidos, incluyendo los estados de Alaska, Minnesota e Illinois, registran regularmente interrogatorios de la policía. Un estudio realizado en 2004 por los funcionarios de Illinois en 200 localidades que pusieron en

[73] *http://www.innocenceproject.org/understand/False-Confessiones.php?phpMyAdmin=52c.*

funcionamiento esta reforma demostró que las agencias apoyan de forma aplastante esta reforma. Los tribunales Supremos
de los estados de Alaska, y de Minnesota han declarado que,
bajo sus constituciones estatales, los demandados tienen derecho a que se graben los interrogatorios en custodia. En 2003,
Illinois se convirtió en el primer estado que requirió por ley
que todos los interrogatorios de la policía a sospechosos en
casos de homicidio debían ser registradas. Los departamentos
de policía en el condado de Broward (Florida) y en el condado
de Santa Clara (California), entre otros, han comenzado a re-
gistrar interrogatorios sin una ley que las requería. Se han
adoptado políticas como estás porque la práctica beneficia a
policía y a la fiscalía así como a sospechosos inocentes...["74]

Según Schacter, existen tres causas probables de las falsas
confesiones[75]:

a) A veces estas falsas confesiones se realizan, pese a que la
    persona está consciente de no haber cometido el
    hecho delictivo que se le atribuye, en razón de que el
    confesante ha sido sometido a torturas, apremios ile-
    gales o cualquier tipo de abusos físicos y/o mentales,
    y confiesa con el único fin de que se termine el su-
    frimiento producido por dichos abusos;

b) En otros casos, se trata de personas desequilibradas, que
    buscan llamar la atención o tienen algún otro tipo de
    patología relacionada; y

c) Existe un tercer tipo de confesión falsa, en donde la per-
    sona, cree –realmente– que ha cometido un delito,
    pero dicha aserción resulta falsa.

Schacter, menciona que este último tipo de confesiones falsas ha sido estudiado por el catedrático de la Universidad de

---

[74] *http://www.innocenceproject.org/fix/False-Confessions.php?phpMyAdmin=52c4ab7ea4.*
[75] Shacter, Daniel L., op. cit., pág. 120.

Harvard, Hugo Munsterberg, en su trabajo titulado "On the witness stand" ("En el estrado del testigo").

El notable científico de Harvard, refiere que el estrés emocional, combinado con la presión social, sumado a la sugestión, pueden provocar una distorsión de la memoria en las personas, a punto tal que la persona realmente llega a considerar que ha cometido un crimen. Aunque la realidad es muy distinta.

Según Schacter, era habitual este tipo de confesiones falsas en la Unión Soviética para los presos políticos, durante la década del '50 y '60, en virtud de la gran habilidad que poseían los interrogadores, que podían lograr que los prisioneros confesaran crímenes que en realidad no habían sido cometidos, hasta tal punto que los presos llegaban al extremo de expresar gratitud a sus captores, cuando los encarcelaban.[76]

Existe otro caso muy interesante en el cual la patología que presentan las personas que realizan confesiones falsas, se conoce como *Memory distrust syndrome* (algo así como "síndrome de la memoria poco confiable").

¿Qué significa "memory distrust syndrome"?. Según la enciclopedia Wikipedia: "Es un tipo de amnesia que impide la recolección o recuerdo de hechos o eventos vividos. Una persona que sufre del síndrome de memoria poco confiable, desconfía de su propia memoria, y es proclive a creer en fuentes externas (no las propias) sobre los recuerdos..."

Las personas que padecen este tipo de patología, son proclives a ser influencias por los interrogadores o cualquier otra fuente externa de información, con la que están en contacto a la vez, por lo que son testigos poco confiables y fácilmente manipulables.

Al respecto es muy interesante el caso de Peter Reilly, que es analizado por Schacter[77]. En el año 1973, una mujer de cin-

[76] Shacter, Daniel L., op. cit., pág. 120.
[77] Ibíd., págs. 120, 121.

cuenta y un años de edad llamada Barbara Gibbons, residente en Falls Village, Connecticut, fue asesinada en un brutal ataque perpetrado en su propia casa.

Entre otras lesiones padeció quebradura de huesos, y mutilación sexual. La Policía, de inmediato enfocó la atención sobre el hijo de la señora Gibbons, de nombre Peter Reilly, de apenas dieciocho años de edad.

El joven le manifestó a la policía, que cuando arribó a su casa encontró a su madre tirada sobre el piso de su habitación y ensangrentada por completo. Fue detenido e interrogado en el cuartel de policía local por más de veinticinco horas. Luego de sufrir cansancio extremo, hambre, confusión y otro tipo de actitudes abusivas, confesó haber sido el autor del mencionado homicidio.

Los vecinos del barrio de Reilly, no creyeron en esa confesión, y lo apoyaron, no obstante lo cual un jurado lo encontró culpable, y lo condeno a prisión –entre seis y dieciséis años de encarcelamiento–. El escritor Arthur Miller se puso del lado del joven, y consiguió un nuevo equipo de abogados defensores.

Antes del comienzo del nuevo juicio, el fiscal (*prosecutor*) de la causa falleció, y otro asumió el cargo en su lugar. El nuevo fiscal descubrió más evidencia que hizo que el estado desistiera de continuar con el trámite judicial y Reilly recuperara su libertad.

En la actualidad Peter Reilly, solicita se le conceda la posibilidad de realizar las pruebas de ADN, para que pueda limpiar su nombre, y estima.

Un famoso estudioso de la memoria Gudjonsson, realizó un experimento, mediante el cual demostró que existen personas proclives a realizar confesiones falsas, porque son susceptibles a la sugestibilidad.

Algunas personas tienen la tendencia a cambiar sus declaraciones o afirmaciones, sobre la base de preguntas sugestivas o en virtud de información incorrecta o errónea.

Sin embargo, para el hombre común es difícil de creer (por ello, es importante tener en cuenta la postura de los jurados, y jueces, al oír a personas retractándose de las confesiones realizadas con anterioridad), que una persona pueda confesar un crimen que no cometió.

Dicha actitud, implica incluso una violación del principio de auto-conservación de la especie. Por ello, es que resultan difíciles de creer las retractaciones de las falsas confesiones.

Pese a ello, las investigaciones científicas demuestran lo contrario, es decir, las personas, son bastante proclives a reconocer hechos que no han cometido (no crímenes, pero si fallos o conductas inconvenientes).

Así por ejemplo, una investigación llevada a cabo por Saul Kassin's en el Williams College, demostró lo manifestado *ut supra*.[78]

El experimento se llevó a cabo con dos grupos de estudiantes a quienes se les dio la tarea de escribir unas letras. A uno de los grupos se les pidió que lo hicieran a una velocidad lenta, y al otro grupo se le pidió lo contrario, esto es, que realizaran la escritura a velocidad rápida.

Sin embargo, ninguna de las personas objeto del estudio, podía apretar la tecla ALT. En realidad, ninguna persona presionó esa tecla, pero el individuo que llevo a cabo el experimento los acusó falsamente –a todos–, de que sí lo habían hecho.

Luego de un tiempo, aproximadamente el setenta por ciento de los alumnos firmaron una confesión falsa de haber cometido la falta que se les imputaba, de los cuales un treinta y cinco por ciento dio un detallado informe acerca de cómo habían cometido la falta que se les atribuía, pese a no ser real.

El experimento de Kassin's es altamente preocupante, porque demostró, que dadas las condiciones adecuadas, casi todas

---

[78] Shacter, Daniel L., op. cit., págs. 122, 123.

las personas somos proclives a realizar confesiones falsas, sobre hechos que jamás realizamos.

Otro caso paradigmático, que quisiera mencionar, en relación con las confesiones falsas, es el de Jeffrey Deskovic, joven que sufrió una prolongada condena injusta, y a quién hice referencia en la introducción del presente trabajo.

Resulta importante analizar las posibles causas que derivaron, en la confesión falsa que realizó el joven Deskovic, y los excesos y errores que al respecto cometió la investigación de dicho crimen, como también se advierten errores en el esquema de defensa planteada por parte de los abogados del acusado. Circunstancias que en su conjunto derivaron en la condena sufrida por el joven.

Al respecto, es más que ilustrativo el reporte elaborado sobre la condena sufrida por Jeffrey Deskovic, solicitado por la Fiscal de Distrito de Westchester County, Sra. Janet DiFiore.

Entre los errores cometidos por la Policia, y la Fiscalía dicho reporte advierte las siguientes:

1°) Se cometió el error conocido como "tunnel vision". Esto significa que la Policia se encasilló en considerar a Deskovic, como el único responsable del evento, y descartó cualquier otra posible/s causa/s del evento.

Según la doctrina anglosajona, "tunnel vision" es la "... Tendencia humana natural que provoca que los principales actores del sistema criminal de justicia se enfoquen en un sospechoso, y luego seleccionen y filtren evidencia que les permita construir un caso para lograr la condena del sospechoso, ignorando o suprimiendo evidencia que evite una condena del mismo..."[79]

[79] Keith Finley & Michael Scott, "The Multiple Dimensions of Tunnel Vision in Criminal Cases", 2006 Wisc. L. Review , 291, 293, 94 (2006). págs. 292, 305.

Como la policía estaba convencida de la culpabilidad de Deskovic, descartó todo tipo de pruebas, que pudieran demostar la inocencia del mismo, y evito seguir otas vías de investigación que permitieran buscar otro sospechoso.

2°) La Policía, tuvo una confianza excesiva en el perfil del delincuente que brindo el Departamento de Policía de Nueva York (NYPD). Según dicho informe, el presunto autor del delito era un joven con semejanzas físicas y psiquicas a las que exhibía Deskovic, por ello la Policía estimo que él, era el verdadero autor del homicidio de Angela Correa. En efecto, luego de transcurrida una semana del homicidio de la joven, los detectivas a cargo de la investigación (Levine y McIntyre) se entrevistaron con el detective Pierce del departamento de perfiles criminales de la policía de Nueva York. Este policía (Pierce) luego de analizar las pruebas del caso (Escena del crimen, fotos, mapas de la ubicación, etcétera.), dio un detallado perfil del presunto ofensor, predijo asi que el asesino de Angela Correa era: Un hombre de raza blanca o de origen hispano, menor de 25 años, e inclusive quizás menor de 19 años, y con una altura máxima de 5 pies y diez pulgadas, según el perfil del posible agresor era probable que haya conocido a la víctima; se trata de un individuo solitario e inseguro con las mujeres, y que se involucrara poco en actividades escolares; con bajo coheficiente intelectual; quizas un tanto problemático, o con antecedentes de agresiones; y consumo de alcohol o drogas.

Esto demuestra a las claras, que sobre la base de este perfil la policía se encasilló solamente en Deskovic, como posible responsable del hecho, sin embargo, el verdadero asesino de Ángela Correa, era una persona muy diferente del perfil descripto por la policia de Nueva York.

Conforme con la confesión realizada por el verdadero culpable del ilícito; que fuera, corroborada con los restos de ADN encontrados en el semén, que se obtuvo del cuerpo de Angela Correa. Dicha persona tiene la siguiente descripción física: Afro americano –no es ni blanco, ni hispano–, de casi 30 años de edad (no menor de 19 años); sin conocimiento previo de la víctima (era un extraño para esta). Todo esto demuestra, la falibilidad del sistema de perfiles, realizado por la Policia neoyorquina.[80]

3°) Los detectives a cargo de la investigación, realizaron una grabación selectiva de las declaraciones prestadas en sede policial por parte de Jeffrey Deskovic. Según se supo *a posteriori*, las dos declaraciones testimoniales que más comprometían a Deskovic, fueron: a) Una en donde el acusado realizó un dibujo bastante preciso de la escena del crimen; y b) Una declaración realizada luego de someterse a la prueba de polígrafo, que terminó con la confesión brindada por Deskovic. Esta última declaración, duro más de 4 horas, sin embargo, sólo se grabaron 35 minutos en total, porque uno de los detectives a cargo de la investigación de apellido Levine, apagó la grabadora en tres ocasiones).

4°) Las tacticas empleadas por la Policía, para entrevistar a Deskovic, eran cuestionables porque no tomaron en cuenta la juventud, la inexperiencia, el desconocimiento del sistema judicial, y de las vulnerabilidades psicológicas del joven Deskovic. A lo que debe sumarse que la madre de Deskovic, se había opuesto a que la policía indagara a su hijo.

5°) La inconducta policial. Según las fuerzas de seguridad-Deskovic, conocía detalles del evento que sólo el responsable o causante del mismo, podría llegar a conocer. Sin embargo, estos detalles (a la luz de la inocencia absoluta de Deskovic, merced a las pruebas de ADN; y la confesión del verdadero responsable) podrían deberse a que la policia –en forma deliberada o inadvertida –comunicó o expresó, esta información directamente a Deskovic; o bine porque las preguntas que realizó la investigación en la escuela secundaria –a donde concu-

---

[80] Keith Finley & Michael Scott, "The Multiple Dimensions of Tunnel Vision in Criminal Cases", 2006 Wisc. L. Review , 291, 293, 94 (2006), págs. 292, 305.

rría Deskovic– pueden haber causado que esta información (que era en principio secreta) haya sido de conocimiento público.

6°) La decisión de la fiscalía de seguir adelante con el procesamiento en contra de Deskovic, antes de recibir los resultados de ADN –Según estos informes no existía evidencia científica de que el ADN de Deskovic, se encontrara en la escena del crimen, o dentro de la humanidad de Angela Correa.

7°) Además, según dicho reporte, también la defensa de Deskovic, erró en el planteo tactico empleado. Asi por ejemplo, los abogados defensores no hicieron hincapié en las vulnerabilidades psicológicas de Deskovic; no se maximizó el valor exculpatorio de la evidencia científica (recordemos que el ADN de Deskovic no se encontró en la escena del crimen; ni en el cuerpo de Angela Correa). Recordemos, que según el informe forense, el ADN, del semen y los cabellos encontrados en la escena del crimen, y en el cuerpo de la víctima, no pertenecían a Deskovic. Es más el cabello, encontrado en el lugar del crimen indicaba que pertenecía a una persona de origen afro americano, y la fiscalía lo único que arguyó para sostener la acusación fue que el ayudante del médico forense que se presentó en la escena del crimen, era una persona de origen afro americano.

El caso de Deskovic, demuestra a las claras, las falibilidades del sistema judicial porque pese a que el joven confesó el crimen; esta confesión seguramente se debió a muchos factores que no fueron tenidos en cuenta: Juventud del mismo, inexperiencia, cansancio (la última entrevista duro poco más de 4 horas), temor, etcétera. Y fue necesario, reiteramos, que el verdadero culpable confesara su delito, además de que fue reconocido como resonsable, gracias a que el ADN del semen hallado dentro del cuerpo de la víctima, coincidía con el del responsable. Al respecto, resultó de mucha utilidad, el novísimo sistema CODIS empleado por parte del FBI. (Federal Bureau of Investigation).

El sistema CODIS; carga en su base de datos, las huellas digitales; y el perfil del ADN, de personas convictas por delitos graves (en general homicidios y violaciones), y se puede –tal y como se hizo en el caso de Deskovic –compararlas con los restos de ADN, que tenía el semen encontrado dentro del cuerpo de la víctima. O bien, en la escena del crimen.

Las tristes historias comentadas, nos demuestran a las claras, las debilidades de nuestro sistema de justicia criminal, por lo que resulta necesario una reforma, para evitar condenas injustas.

Síndrome de la memoria falsa
(*False memory syndrome*)

En el año 1992, un grupo de padres alarmados tomó la decisión de formar una organización dedicada al estudio de las distorsiones de la memoria denominada "False Memory Syndrome Foundation" (Fundación del Síndrome de la memoria falsa).

El principal motivo que dio origen a esta fundación, fueron las reiteradas manifestaciones, realizadas por hijas o hijos de muchos de los creadores de la fundación, que relataban historias de abusos sexuales, o físicos perpetrados por los progenitores en perjuicio de sus hijos, cuando estos eran aún menores de edad.[81]

Hacia fines de la década del '90 muchas de estas acusaciones gravísimas, fueron desestimadas, porque o bien, se produjeron retractaciones, o bien porque con otras evidencias, se logró desacreditar los recuerdos sobre presuntos abusos sexuales realizados por los progenitores, y sufridos por los menores.

Ahora bien, corresponde hacernos las siguientes preguntas: ¿Es fácil implantar en las personas, este tipo de memorias fal-

---

[81] Shacter, Daniel L., op. cit., pág. 123.

sas? ¿Son algunas personas más susceptibles que otras a ser sugestionadas?.

Al respecto, no existen respuestas concluyentes, pero según Elizabeth Loftus (pionera en este tipo de investigaciones) las memorias falsas, SÍ son susceptibles de ser implantadas, en casi todo tipo de individuos.[82]

Resulta muy importante referirnos a un experimento denominado "perdido en el centro de compras" (lost in the mall). En dicho experimento un joven de nombre Jim, le pregunto a su hermano de menor –un adolescente de nombre Chris –si recordaba la ocasión en que se perdió en un centro de compras. Chris, al principio nada recordó sobre el incidente, pero luego de varios días, Chris, reprodujo una recolección detallada del evento.

El estudio, tuvo notoriedad de inmediato, porque según Jim, y otros miembros de la familia, Chris jamás se había perdido en un centro de compras. A posteriori, Loftus entrevistó de modo análogo, a un grupo más grande de 24 participantes, y demostró que luego de varias entrevistas casi un cuarto (25%) de los participantes recordaba falsamente haberse perdido en un centro de compras, cuando eran pequeños.[83]

Según Ira Hyman, y su grupo de trabajo de la Universidad de Western Washington, ha sido posible implantar de modo exitoso, memorias falsas en personas mayores de edad.

Algunos experimentos consistían en afirmar, por ejemplo, que según testigos oculares a la edad de cinco años, determinada persona (a quien se le trataba de implantar una memoria falsa) en circunstancias de haber concurrido a una boda familiar, y mientras participaba de un juego entre niños, había derramado, un *bowl* de ponche.[84]

---

[82] Shacter, Daniel L., op. cit., pág. 124.
[83] Ibíd., pág. págs. 124, 125.
[84] Ibíd., pág. 125.

Luego, de ser testeados, entre el 20 y el 40% de las personas sometidas a los experimentos, recordaron eventos falsos.

Ello porque luego de realizar las mismas preguntas a otros padres y familiares de las personas sometidas a experimentos, se pudo dejar en claro que los hechos afirmados, no eran reales, es decir, nunca habían sucedido, y que fueron implantados por medio de técnicas sugestivas.

Inclusive, se acreditó que el empleo de imágenes mentales (técnica mnemotécnica muy antigua), para hacer referencia a hechos irreales, era más eficaz para producir la recolección de hechos falsos.

Según recientes investigaciones realizadas por Loftus, en colaboración con una científica italiana de nombre Giuliana Mazzoni, el empleo de una técnica sugestiva, consistente en la interpretación de sueños relatados por pacientes, podría ser un eficaz método para implantar memorias falsas.[85]

En principio la técnica, consistía, en analizar los sueños para verificar o tratar de demostrar lo que le había sucedido a esa persona en el pasado.

La técnica se empleo del siguiente modo: primero se les preguntaba a las personas sometidas al experimento acerca de hechos concretos, respecto de los cuales –todas aquellas personas a quienes se entrevistó–, afirmaron que dichos eventos jamás habían sido vividos o experimentados.

Posteriormente se analizaron los sueños relatados por dichas personas, y, luego de dos semanas, les volvieron a realizar las mismas preguntas sobre hechos que antes habían sido negados (pero que eran implicados como eventos acontecidos según la interpretación de los sueños), luego de lo cual la mayoría de las personas cuestionadas reconoció que, efectivamente, dichos eventos, sí habían acontecido en su vida. Entre los hechos que se sugerían se mencionaba que la persona había

---

[85] Shacter, Daniel L., op. cit., pág. 126.

sido abandonada a la edad de 3 años, o bien, que se había perdido en un lugar público.[86]

Otro hecho interesante que debe tenerse en cuenta es el siguiente: ¿cuál es el recuerdo más antiguo que una persona puede llegar a poseer? O dicho de otro modo ¿cuál es la menor edad posible, de la cual se pueden llegar a tener recuerdos?

Según evidencia científica, los primeros recuerdos que una persona posee o llega a captar, pueden datar como mínimo desde la edad de más de tres años. Aparentemente no habría evidencia real sobre la existencia de recuerdos que daten de épocas anteriores a dicha edad.

En parte porque esa es la edad aproximada en que la mayoría de las personas desarrollan íntegramente, o se produce la madurez total de las partes del cerebro, que tienen la función de recordar hechos del pasado, o de memoria retrospectiva.

Ciertas personas que fueron objeto de preguntas sugestivas o procedimientos indicativos, recordaron memorias, que databan de épocas menores aún –entre los doce y los dieciocho meses de edad–, lo que sería en principio imposible, porque las zonas del cerebro que cumplen dicha función, no están lo suficientemente maduras, como para cumplir dicha función (tal y como lo dijimos *ut supra*).

El empleo del método de la hipnosis –eficaz en algunos casos– también ha sido el causante de la implantación de memorias falsas.

Así por ejemplo, personas hipnotizadas, a las que se les realizaron preguntas sugestivas, recordaron memorias, o recuerdos de épocas anteriores al primer año de edad. Inclusive, algunas personas sometidas a hipnosis, recuerdan, hechos de vidas pasadas, o inclusive experiencias con alienígenas.

Hay dos cuestiones a tener presente:

a) En primer lugar, se pueden implantar memorias de hechos pasados muy antiguos, sobre los que no existe

---

[86] Shacter, Daniel L., op. cit., pág. 126.

mucha precisión o recuerdos claros y nítidos. Es difícil implantar recuerdos, sobre eventos recientes; y
b) Las influencias presentes: Prejuicios, expectativas, etcétera, juegan un rol muy importante, en lo que se recuerda sobre hechos del pasado. Inclusive, nuestra actual actitud, y conocimientos distorsionan. Así se ha probado en muchos casos, los recuerdos que se tienen sobre situaciones pasadas.

Sin embargo –Según Schacter– hacia fines de la década del '90, el *boom* de las memorias falsas recuperadas comenzó a ceder, quizás, por las nuevas investigaciones científicas llevadas a cabo o por las demandas judiciales a las que se expusieron las personas que empleaban estas técnicas científicas sugestivas.

Sugestibilidad en niños de edad preescolar

En esta parte de la obra, el autor, hace referencia a un famoso abogado norteamericano llamado James Sultan, quien es conocido del doctor Schacter, dicho letrado, le comento que había interpuesto una demanda *amicus curiae* en fecha 19 de abril de 1999, para ser adosada al famoso caso denominado: Commonwealth of Massachussets v. Cheryl Amirault LeFave.

Previo al análisis del caso concreto, corresponde mencionar que entendemos por la expresión "Amicus Curiae". Se trata de un término o vocablo de origen latino, que significa literalmente "amigo de la corte".

Según el diccionario jurídico Barron's, el significado es el siguiente "... *Latín*: Amigo de la corte, aquel que brinda información a la corte sobre alguna cuestión de derecho que está en duda... La función del *amicus curiae* es de llamar la atención de la Corte sobre alguna cuestión que de otro modo, podría escaparse... La demanda de *amicus curiae*, es el escrito presentado por una persona, que NO es parte de la controversia, para ayudar a la Corte brindándole información importante para tomar una decisión adecuada o para urgir o sugerir un resultado en auxilio de un interés publico o privado, que podría verse afectado por la resolución en disputa..."[87]

Otras explicaciones sobre dicha institución dicen lo siguiente: "... Es un término legal, que traducido literalmente significa amigo de la corte. Hace referencia a alguien, que no es parte del proceso, quien de modo voluntario ofrece información sobre un punto de vista legal, o sobre algún aspecto del caso, para asistir o ayudar a la corte en la decisión que debe adoptar. La información puede ser una opinión legal en la forma de demanda o un tratado sobre otro tipo de cuestiones a debatir por la corte. La decisión de aceptar o rechazar dicha información es discreción de la Corte de Justicia..." (ver diccionario Merriam´s Webster´s).

Pero cuál fue la trascendencia de dicho caso judicial, y cuál es la vinculación con la cuestión objeto de análisis en el presente capítulo.

En el año 1984 un niño de cuatro años de edad que asistía a la escuela "Fells Acres Day School", se orinó. Más tarde ese mismo año el niño fue visto jugando juegos sexuales sugestivos con su primo. Luego de ser interrogado por su madre y tío, el menor manifestó que Gerald Amirault lo había violado.

Por ello se le aviso de dicha situación a los padres de los menores que concurrían a dicho establecimiento, para que manifestaran si los chicos tenían síntomas de haber sido abusados sexualmente, entre los cuales se menciona a los siguientes: chicos que se orinan, o no tienen apetito, o bien si tienen pesadillas (todos síntomas habituales en chicos de entre tres y cinco años de edad, no sólo los menores abusados).

Posteriormente la policía, trabajadores sociales, y terapeutas, procedieron a indagar a estos menores de edad, mediante el empleo de técnicas altamente sugestivas.

Como consecuencia de varias declaraciones testimoniales, la policía arrestó a Gerald, su hermana Cheryl, y su madre Vio-

---

[87] Law Dictionary, Barron's Educational Series Inc. 1991, USA., pág. 24.

leta. Durante el juicio los menores afirmaron haber sido obligados a realizar actos abusivos, en donde eran filmados, por Gerald, su madre y hermana. Los menores agregaron que los Le Fave, los amenazaba de que si contaban algo, sus familiares iban a ser lastimados.

Como consecuencia del juicio criminal, Gerald fue condenado a 40 años de prisión, en tanto su madre y hermana fueron condenadas a penas entre 8 y 20 años de cárcel.

Sobre la base de lo expuesto, la prueba esencial, que sirvió de base en dichas causas judiciales para la condena de la familia Le Fave, fueron las propias declaraciones de los menores de edad, la mayoría de las cuales habían sido obtenidas mediante el empleo de procedimientos sugestivos por parte por los investigadores del caso.

Así pues, muchas de las entrevistas llevadas a cabo por una enfermera pediátrica de nombre Susan Kelley, que fueron filmadas, mostraban a los menores entrevistados quienes casi siempre comenzaban negando haber sido abusados, pero luego de tortuosos y persistentes interrogatorios, terminaban por admitir haber sido abusados por el grupo familiar Le Fave.

Lo novedoso en el caso de marras y del *Amicus Curiae* presentado por Sultan, es que contaban con la opinión de un notable estudioso de la sugestibilidad y de los recuerdos de menores, el Doctor Bruck.

Dicho estudioso afirmaba que las técnicas de las entrevistas empleadas por las personas que tomaron las declaraciones de los menores involucrados en el caso de Le Fave, eran sugestivas y habían producido la implantación de memorias falsas en los memores.

Además de Bruck, veintinueve investigadores más, incluido el Doctor Daniel Schacter, firmaron la demanda de *amicus curiae*, en apoyo de lo manifestado por Sultan.

Existe evidencia que data de principios de 1900, que demuestra que las preguntas sugestivas pueden distorsionar los recuerdos que los menores tienen del pasado, y hasta pueden ayudar a la implantación de recuerdos falsos.

Hasta el año 1997, la familia Le Fave, siguió encarcelada. En esa época el Juez Isaac Borenstein, revocó el fallo respecto de Violet, y Cheryl Le Fave. Sin embargo, dicha decisión judicial fue posteriormente revocada por la Suprema Corte de Massachussets, que dejó con plena eficacia el fallo anterior en perjuicio de la familia Le Fave, tal y como se ha de ampliar en los acápites siguientes.

Las mayores críticas de Sultan, y Brock sobre el caso Le Fave, se centraban en una serie de entrevistas llevadas a cabo por una enfermera de menores de nombre Susan Kelley, quien mediante procedimientos sugestivos, logró que los menores dieran detalles de situaciones de abusos sufridas, que no habían sido comentadas en forma espontánea por estos.

Lo realmente importante a tener en cuenta, es que –según investigaciones científicas novísimas, tal y como las entrevistas cognitivas–, las manifestaciones o comentarios realizados en forma espontánea por todas las personas tienden a ser veraces, no así, cuando se hacen preguntas especificas o sugestivas, tal y como aconteció en el caso de marras.

Según Bruck, en ninguna de todas las entrevistas que le realizó a los menores del caso Le Fave, la enfermera Kelley, jamás realizó preguntas abiertas, tal y como –por ejemplo– "¿Qué sucedió? ¿Qué pasó en las instalaciones que poseía la familia Le Fave?".

Por el contrario, dicha persona (Kelley), siempre comenzaba sus entrevistas con preguntas especificas, sobre los maestros, y además persistía en conseguir respuestas positivas, como si no aceptara un "no", por respuesta.

Incluso las transcripciones de las entrevistas realizadas por Kelley, revelan el empleo habitual de preguntas concretas, y hasta sugestivas.

En estudios relacionados, Bruck, y otros psicólogos de Cornell, le hacían preguntas reiterativas a menores sobre hechos que, según sus padres, jamás habían acontecido, como por ejemplo: les preguntaban si alguna vez se habían agarrado un dedo en trampas de ratones, y si a raíz de las lesiones sufridas debieron ser llevados al hospital local.

En la entrevista se les pedía, y estimulaba a los menores a ser imaginativos sobre las respuestas que dieran, luego de reiteradas entrevistas, y a raíz de preguntas persistentes –pese a que en primer lugar los menores habían negado haber sufrido dichas lesiones, y además se trataba de hechos falsos–, aproximadamente el 58% de los menores manifestaron haber sufrido dichos problemas, y algunos de ellos incluso dieron un detallado informe del evento sufrido.[88]

La memoria de los niños es vulnerable a este tipo de interrogatorios. Estudios de laboratorio han demostrado que los niños pequeños tienen gran dificultad en recordar la fuente u origen de la información que manejan –no saben con exactitud cuándo y dónde alguna acción o incidente en particular aconteció–. Cuando se les hacen preguntas en forma reiterada sobre algún incidente los niños, por el solo hecho de haberles sido preguntado el hecho en varias oportunidades, se sienten familiarizados, y tienden a pensar que el evento ocurrió en realidad, además es habitual, que en los relatos de los niños se mezclen hechos reales con fantasías.

Otro elemento no menor, es la presión social que ese tipo de cuestionamientos ejerce sobre los niños a quienes se les formulan las preguntas, e inclusive, la circunstancia de que a los niños a veces se les ofrecían recompensas por las respuestas que brindaban. Máxime si eran respuestas positivas.

Pero continuando con el caso Le Fave, corresponde mencionar que pese al apoyo recibido a través el *amicus curiae*, firmado por 29 científicos especialistas en cuestiones de memoria, la condena de Le Fave, continuo firme hasta el año 1998,

---

[88] Shacter, Daniel L., op. cit., pág. 134.

cuando el Juez Isaac Borenstein, admitió las defensas opuestas, y otorgó el derecho a un nuevo juicio.

Sin embargo, en agosto del año 1999 la Suprema Corte de Justicia del Estado de Massachussets, consideró que las investigaciones de Bruck, no incorporaban nada nuevo a las pruebas existentes al momento del juicio inicial, ya que la evidencia sobre la sugestibilidad de los testimonios de los niños estaba disponible al momento en que se produjo la primera condena en contra de Le Fave, por lo que dejó sin efecto, el derecho al nuevo juicio criminal.

Luego en octubre del año 1999, la defensa, y la fiscalía llegaron a un acuerdo, Amirault Le Fave, fue liberada bajo palabra, y con el beneficio de la *probation*, pero continuaba siendo una convicta. Además, durante diez años, no podía discutir sobre el caso en televisión o beneficiarse de ningún modo.

El organismo encargado de la libertad bajo palabra de Massachussets, recomendó la conmutación de la pena a favor de Gerald Amirault en julio del año 2001. Sin embargo el gobernador Jane Swift, rechazo la petición en febrero del año 2002. Finalmente Gerald recuperó su libertad el día 30 de abril de 2004.

El caso en mención es sólo una muestra de lo grave que puede resultar el pecado de la sugestibilidad de la memoria, en casos concretos, como el mencionado *ut supra* (cabe aclarar que muchísimos más, pero sin duda alguna, ninguno tan famoso), respecto del cual deberían adoptarse medidas importantes para evitar condenas injustas de personas que son acusadas por testimonios obtenidos mediante el empleo de técnicas de sugestión.

Además en el caso analizado, no se pudo probar por otras evidencias el abuso sexual de que los menores resultaban víctimas.

En relación con el tema de los menores y la sugestión, los científicos y expertos de la Universidad El Paso de Texas, emplearon transcripciones de dichas entrevistas (Caso McMartin), y estos investigadores aplicaron diversas formas de presión social para obtener información de los menores, tal y como: 1°) Realizaban preguntas sugestivas; 2°) Les ofrecían recompensas para obtener respuestas; 3°) Les expresaban desaprobación cuando los menores nada respondían; 4°) Reiteraban preguntas que no habían sido contestadas; 5°) Incentivaban a los menores para que especulen y/o sean imaginativos sobre el evento vivido, y las respuestas brindadas.[89]

Un gran paliativo, según la mayoría de los estudiosos, sería la grabación y en lo posible mediante soporte de video filmación de los testimonios de los testigos de hechos delictivos; para evitar así; cualquier tipo de presión o empleo de técnicas sugestivas.

En ese sentido se han expresado las más importantes organizaciones que luchan por la defensa de los derechos y garantías constitucionales de las personas sospechadas de ser responsables de hechos delictivos como *The Innocence Project* o *The Justice Project*, entre otras; y además es la decisión que ya han adoptad múltiples legislaturas estatales dentro de los Estados Unidos.

6) El pecado del prejuicio (*The sin of Bias*)

Nuestra realidad actual, determina e influye en el recuerdo de la realidad pasada

Según Schacter, los recuerdos del pasado habitualmente son rescriptos para encajar con nuestras actuales necesidades y puntos de vista. No se recuerdan en forma imparcial, tal como sucedieron.

Existen 5 tipos de prejuicios que nos permiten ilustrar las formas en que las memoria nos sirve: 1°) Prejuicios de consis-

---

[89] Shacter, Daniel L., op. cit., pág. 135.

tencia y de cambio; 2°) Prejuicio de la sabiduría (hindsight); 3°) Prejuicios egocéntricos; 4°) Prejuicios de estereotipos.[90]

El prejuicio de la consistencia y del cambio, nos muestra, como la opinión que tenemos de nosotros mismos, nos ayuda a reconstruir el pasado, ya sea como similar y/o parecido; y/o como diferente a nuestra realidad actual.

El recuerdo de experiencias dolorosas pasadas –por ejemplo–, está poderosamente influenciado por el actual nivel de dolor que experimenta una persona.

Así, los pacientes afectados por fuertes dolores crónicos en la actualidad, recuerdan experiencias pasadas como si fueran tan severas y dolorosas como las actuales.[91]

Por el contrario, si esos mismos pacientes, están afectados por dolores crónicos leves en la actualidad, tienden a recordar esos mismos dolores de experiencias pasadas, como si fueran más benignos, aunque no sea el real.

Las personas cuyas opiniones políticas y sociales han cambiado por el transcurso del tiempo, cuando recuerdan actitudes o comportamiento del pasado –que están en abierta contradicción con su realidad actual–, tienden a recordar su postura anterior en modo semejante con los actuales puntos de vista, es decir, en forma concordante o coherente.

El psicólogo social canadiense Michael Ross, intentó realizar preguntas sobre la opinión que la gente tenia sobre la pena de muerte, cinco años antes y cinco años después de la primera entrevista.[92]

Allí observo que la gente habitualmente no tiene recuerdos sobre lo que pensaba, o sentía en el pasado, en relación con algún tema en particular, por ello, infieren su conducta, sentimientos, o memorias de épocas anteriores, sobre la base de sus

---

[90] Ibíd., págs. 138, 139.
[91] Ibíd., pág. 139.
[92] Ibíd., pág. 140.

actuales sentimientos, y conocimiento. Ross denomina a esta actitud, como "teoría de estabilidad implícita".

Sin embargo, a veces ocurre lo opuesto, es decir, la gente tiende a pensar que se han producido cambios exagerados entre hechos pasados, y presentes.

Esto lo utilizan por ejemplo, los programas de autoayuda, así cuando la gente invierte tiempo y esfuerzo, en programas que se supone lo han de ayudar a mejorar, tienen a exagerar el grado de cambios que han experimentado gracias al método empleado, por ejemplo programas de estudio, técnicas para bajar de peso, etcétera.

En conclusión es difícil separar el recuerdo sobre el modo en que fuimos en el pasado, de nuestras actuales actitudes, o nuestro modo de ser actual.

Schacter, hace la siguiente observación sobre la relación con la propia pareja, y pregunta ¿Cuán atraído se siente usted con su pareja? ¿Cuánto la quiere?. Las personas a las que se les preguntó lo mismo, y cuyos sentimientos variaron (por las razones que fueran), tienden a recordar —erróneamente— que los actuales sentimientos que tienen por sus parejas, han sido los mismos desde siempre.

Esto es real, asi acontece con mi esposa, y familiares en general. Si estoy pasando un buen momento con ellos, en la actualidad, tiendo a mirar el pasado en modo análogo, y viceversa.

También puede acontecer que ocurra, lo opuesto, esto es, que se recuerde el pasado y los sentimientos previos, como muy diferentes a los actuales (Bias Change).

Así por ejemplo, si en la actualidad las personas se llevan mal, tienden a recordar esa mala relación como idéntica durante todo el periodo que llevan juntos, e inversamente de igual modo. Es decir, si actualmente se llevan bien, tienden a pensar que siempre fue igual.

Los prejuicios de consistencia y cambio, nos ayudan a reducir, lo que los psicólogos denominan disonancia cognitiva (*cognitive dissonance*), que es una especie de disconformidad psicológica que resulta de los pensamientos y sentimientos conflictivos que experimenta una persona.[93]

Por ejemplo una persona alcohólica, que ha leído estudios sobre estadísticas de salud que demuestran los peligros del exceso de ingesta de bebidas alcohólicas, trata de reducir su disonancia cognitiva, convenciéndose a sí mismo de que el solo es un bebedor social (que bebe en ocasiones especiales, y/o para alguno que otro evento social), o considera y/o resta importancia a los datos estadísticos.

Recuerdo al respecto, una charla que tuve con un amigo, quien afirmaba que el alcohol era beneficioso para la salud, y llego a comparar los efectos propios del alcohol, con el Viagra (aclaro que como no probé aún el Viagra, desconozco en absoluto los efectos, que dicha droga pueda producir).

Siempre lo supe (*I knew all along*)

En esta parte del capítulo, el autor, describe una variante de los pecados de prejuicio conocidos como "hindsight bias". En inglés, "hindsight" es sinónimo de sabiduría que resulta, como consecuencia del conocimiento posterior de cómo habrían de acontecer los hechos.

Según el diccionario de Internet Wikipedia, *hindsight bias*, significa: "... la inclinación de ver a los eventos que se suceden como más predictibles de lo que se veían con anterioridad a que sucedieran...", la frase habitual que emplean las personas que hacen uso de este prejuicio, es la siguiente: "... Te lo dije..." (*I told you*).

El diccionario Merriam´s Webster´s Collegiate Dictionary, define a dicho término como: "... Percepción sobre la naturaleza de un evento luego de sucedido..."

Es como si una persona, una vez que conoce el resultado de cierto hecho, tiende a recordar su opinión anterior, como idéntica al resultado acontecido, es decir, que cree que las co-

---

[93] Shacter, Daniel L., op. cit., pág. 144.

sas acontecieron tal y como esté lo imaginó. Pese a que muchas veces NO es así, sino todo lo contrario.

Se trata de que un hecho esté en concordancia con lo que esa persona pensó fuera a suceder al respecto.

Schacter ilustra el capítulo, mencionando programas sobre las charlas –que salían al aire en los programas radiales– sobre la derrota sufrida por los *Boston Red Sox* frente a los *Yankees* de Nueva York, ambos equipos de béisbol profesional en los Estados Unidos, durante el año 1999.[94]

La gran diferencia existente entre las opiniones de los fanáticos, antes y después de sucedida la derrota. Antes de que se jugara el partido final, se escuchaba a los fanáticos locales (Equipo los medias rojas de Boston) muy optimistas sobre el posible resultado, y la posibilidad cierta de una victoria sobre el equipo de los *Yankees* de Nueva York.

Sin embargo, luego de jugado el partido, y sucedida la derrota, las manifestaciones verbales de los fanáticos, eran como si siempre hubieran sabido que iban a ser derrotados por el equipo de Nueva York. Cuando la percepción previa era muy distinta.

Las investigaciones de Schacter no son descabelladas en absoluto, y se aplican a la vida cotidiana de todas las personas, recuerde cada uno de ustedes, y/o póngalo en práctica.

Así recuerdo que la mayoría de mis familiares se consideran poseedores de facultades adivinatorias casi insuperables (me pregunto por qué no ganan más seguido en los juegos de azar, ya que poseen dichos poderes psíquicos), sobre el resultado que nos depara el futuro.

Siempre que les pido algún consejo u opinión sobre algún tema en particular antes de que se produzca un resultado determinado, manifiestan cierta opinión. Sin embargo, luego de que se producen las consecuencias del evento, casi siempre me machacan o echan en cara (si es que el resultado es perjudicial

---

[94] Schacter, Daniel L, op. cit., pág. 145.

a mis intereses) que soy una persona que no sabe oír de consejos, porque ellos me habían advertido del resultado probable, que efectivamente así sucedió.

En sentido inverso ocurre lo mismo. Así, si el resultado de la consulta resulta ser favorable a mis negocios, mis familiares, vuelven a cargar en mi contra y me acusan de ser ingrato o desagradecido porque, fue la opinión de ellos la que torció o modifico la decisión adoptada, y en consecuencia resulto en mi propio beneficio.

Continuando con la obra analizada, expresa Schacter que cuando una persona conoce el resultado de un evento determinado, existe una sensación de que siempre se supo lo que iba a suceder. A esto se lo denomina prejuicio de "hindsight", porque existe una tendencia a reconstruir el pasado, de modo que este en concordancia con el presente.

Según Schacter, es tan poderosa la influencia que ejerce este prejuicio, que hasta los doctores a quienes se consulta como segunda opinión sobre una dolencia física (pese a que saben que deben de ignorar la primera opinión recibida por el paciente) se ven –muchas veces–, tentados a dar una opinión en consonancia con el primer diagnóstico que se le dio al paciente.

Quizás porque, involuntariamente, se ven llevados a tener presente la opinión del primer facultativo médico que revisó al paciente, y que no tenía, el antecedente de opinión de ninguna índole.[95]

Esta influencia nefasta llega inclusive a las cortes de Justicia, en especial en los Juicios por Jurados –muy comunes en los Estados Unidos–, donde se ha demostrado que la introducción de una prueba importante, pero que ha sido declarada inadmisible por el Juez de la causa, no obstante ello tiende a tener gran influencia en la decisión que adoptan los jurados con posterioridad.

---

[95] Shacter, Daniel L., op. cit., pág. 147.

El gran problema, con este tipo de prejuicio, es que reduce o casi excluye la posibilidad de aprender de la experiencia, porque las personas creen que siempre han sabido cuál iba a ser el resultado final, o las consecuencias de los hechos analizados.

Sin embargo, tiene el beneficio –quizás no tanto–, de hacernos ganar sensaciones de seguridad o autoestima, porque tendemos a creer que nuestro buen juicio es invulnerable.[96]

Reiteramos la gente tiende a reconstruir el pasado, de manera tal que sea concordante, con la realidad actual que viven.

Un experimento llevado a cabo por la psicóloga Linda Carli, asi lo demuestra. El mismo ha de ser mencionado brevemente; y consistía en leer dos finales distintos sobre una misma historia.

La historia trataba sobre una joven de nombre Barbara, quien conoce a un sujeto llamado Jack, estos jóvenes se conocen mientras estudian un curso universitario, y comienzan a socializar luego de clases, y a charlar sobre los temas de interés común, etcétera.

Días después ambos jóvenes comen en un restaurante local, en donde Jack discute con el mozo. Meses después, ambos fueron juntos a la cabaña de esquí de los padres de Jack en Vermont. Allí en una noche bebieron vino, y Barbara besó a Jack. Días después Jack le dice a Bárbara que la quiere, y que piensa que es sexy, en tanto Barbara le manifestó que se preocupaba por él.

Sin embargo, a dos grupos de personas, les dio un final distinto, para un grupo de jóvenes la historia termina con Jack proponiéndole matrimonio a Barbara; y para el otro grupo de personas la historia termina con Jack violando a Barbara.

Lo interesante es que los estudiantes tendían –según fuera el final de la historia que habían leído –a ver el comienzo, y el nudo del párrafo leído, como que eran concordantes con el párrafo final. Así realizaban invenciones de hechos no acontecidos, para que sea concordante con el final leído, por ejemplo aquellos jóvenes que leían el final que terminaba con la propuesta de matrimonio, expresaban que Jack le había regalado un anillo a Barbara (hecho falso).

En tanto los jóvenes que leyeron el final de la violación, inventaban que el párrafo había sugerido, que Jack era impopular con las mujeres.[97]

El experimento analizado, demuestra, lo real que es el prejuicio de la sabiduría, o hindsight (Según su término en inglés).

Lo recuerdo bien (*I remember it well*)

Schacter comienza el capítulo respectivo, haciendo referencia a un famoso tema musical de los años '50 interpretado por Maurice Chevalier, y Hermione Gingold, intitulado "I remember it well".

La letra del tema musical, hace mención a hechos experimentados por la pareja en el pasado, y cada cantante afirma recordar esos acontecimientos con precisión. Sin embargo, las recolecciones sobre dichos eventos difiere mucho entre ambos cantantes.

Por ejemplo si uno de los cantantes asegura que se conocieron a la mañana, el otro cantante afirma que se vieron de noche, y así sucesivamente con más contradicciones.[98]

Este tema musical sirve de introducción, para que Schacter hable sobre los llamados prejuicios egocéntricos (*Egocentric bias*), que se refieren a la influencia que tiene el *ego*, en la percepción y recuerdos del pasado.

En general las personas tienden a darle mayor credibilidad a las recolecciones personales sobre hechos concretos.

---

[97] Shacter, Daniel L., op. cit., págs. 147, 148.
[98] Ibíd., pág. 149.

En los matrimonios –por ejemplo– cada miembro de la pareja tienden a recordarse a si mismos, como más responsables que el otro cónyuge en su relación conyugal.

No obstante puede ocurrir que los esposos, le den algún crédito a la pareja sobre algún tópico de menor relevancia, pero casi siempre se atribuyen mayor importancia o afirman desempeñar roles de mayor responsabilidad dentro del matrimonio.[99]

Los prejuicios egocéntricos demuestran la importancia que tiene el yo (*ego*) en la organización y regulación de la vida mental de las personas.

Sin embargo uno mismo, el yo, no es imparcial sino subjetivo y parcial, es decir no es neutral, sino que por el contrario, tiende a ser demasiado condescendiente con el rol que uno mismo ha tenido en algún hecho concreto.[100]

Así en los divorcios al momento de determinar culpables en la disolución del vinculo de la pareja, por lo general cada uno de los ex cónyuges tiende a responsabilizar al otro, en mayor o menor medida, por el resultado final.[101]

Al respecto, soy un verdadero experto y puedo afirmar por mi profesión de abogado, que cuando se produce el divorcio, cada uno de los cónyuges –casi siempre– le endilga la culpa o responsabilidad del fracaso matrimonial al otro miembro de la pareja, es decir que existe poca autocrítica.

Silbando a Vivaldi (*Whistling Vivaldi*)

El inicio del capítulo respectivo, Schacter, hace referencia a una anécdota vivida por un famoso periodista afro americano de nombre Brent Staples, cuando era estudiante de periodismo en la Universidad de Chicago.[102]

---

[99] Shacter, Daniel L., op. cit., pág. 150.
[100] Ibíd., pág. 151.
[101] Ibíd., pág. 152.
[102] Ibíd., pág. 153.

A Staples, le gustaba caminar por la costanera del lago de la ciudad de Chicago durante las noches. En dichas circunstancias, una mujer de raza blanca, al verlo caminar por dicho lugar, se asustó, y corrió despavorida del lugar por donde el joven caminaba.

Por ello, desde ese momento en adelante, Staples, cada vez que caminaba de noche por dicho lugar, silbaba la melodía conocida como "Las Cuatro Estaciones", de Vivaldi, sonido que le daba seguridad a los paseantes de raza blanca que andaban por el lugar, quienes ya no sentían temor por la presencia del famoso periodista, e inclusive hasta lo saludaban.

Esta anécdota sirve para hacer referencia a los estereotipos y el prejuicio que surge de estos.

Según Schacter, el término estereotipo es sinónimo de descripciones genéricas basadas en experiencias pasadas, que se emplean para categorizar objetos y personas.

El diccionario Merriam´s-Webster´s define a dicho término: "... Aquello que se adecua a un modelo general... postura u opinión adoptada por un grupo de personas que representa una actitud prejuiciosa sin opinión crítica..."

Los estereotipos son útiles, porque ayudan a economizar mucha energía a quien los emplea. Sin embargo, cuando el estereotipo empleado difiere de la realidad analizada, en una situación concreta, los prejuicios pueden provocar conductas indeseadas, y conclusiones inadecuadas.

Gordon Allport, un famoso psicólogo social, hizo referencia a este prejuicio en su obra "The Nature of Prejudice" ("La naturaleza del prejuicio") trabajo en el que manifestó que muchas veces se incurre en un error, al generalizar ciertos hechos concretos.

Así por ejemplo, en los Estados Unidos una persona con piel oscura, activa dentro de la mente de otros individuos de otros grupos raciales, el concepto de "negro"; concepto que habitualmente se compone de actitudes negativas y creencias que hacen que una persona tienda a evitar a ese individuo o adoptar conductas de rechazo para con dicha persona.[103]

No nos sorprendamos, el mismo sentimiento existe en nuestro país (que en mi opinión es quizás más racista que los Estados Unidos), cuando las personas se refieren a un individuo que tiene aspecto aindiado, mestizo, o del tipo aborigen, catalogándolo de "Villero" o "Cabecita Negra", términos ostensiblemente despectivos.

Por ello se aconseja el empleo de palabras neutrales y no sugestivas o indicativas al hablar de ciertas personas o cosas, porque lo contrario implica que aunque sea inconscientemente que se promuevan actitudes negativas respecto de esas personas o grupos de personas y objetos.

Si bien, es cierto que, por ejemplo, hay más hombres famosos que mujeres famosas o que hay más personas de color negra (afro-americanos) que personas de raza blanca presos en las cárceles norteamericanas, este dato por sí sólo no puede provocar que se hagan generalizaciones al respecto, y que lo sean en forma categórica.

Dicha circunstancia más que a condiciones genéticas, puede deberse al sometimiento cultural, la pobreza, o al racismo, de que dichas minorías han padecido durante siglos. Algo análogo ocurre en nuestro país. Actuar de ese modo, se pueden emplear argumentos falaces, para fundar un razonamiento.

Así por ejemplo, hacer culpables o considerar que toda persona de raza negra es delincuente, por la sola circunstancia de que haya más personas negras que blancas presas en las cárceles norteamericanas, es usar una especie o variante del razonamiento falaz *argumentum ad hominem*, conocido como "guilt by association" (culpable por asociación).

Cuando alguien sostiene fuertes estereotipos sobre algo, es muy proclive a cometer este tipo de prejuicios y además, cuando se produce un evento o hecho que está en contradic-

---

[103] Schacter, Daniel L., op. cit., pág. 154.

ción con nuestras expectativas –basándose en nuestras expectativas o estereotipos–, es muy probable que se fabriquen, falsamente, incidentes que nunca ocurrieron para que los recuerdos o memorias sean congruentes o concordantes, con las expectativas que tenemos al respecto.

Agrega Schacter, que durante la década del 60, y a raíz de operaciones que se realizaron a personas que sufrían de epilepsia intratable por medios tradicionales, se logro establecer una posible ubicación material dentro del cerebro de las funciones cerebrales que se ven afectadas por el pecado del prejuicio.

Las personas que sufrían la separación del lóbulo derecho del lóbulo izquierdo del cerebro, exhibían conductas que podrían ser descriptas, como la existencia de dos mentes distintas en un mismo cuerpo.

Parecía que cada hemisferio, adquiría información sin que se percatara de lo que el otro hemisferio experimentaba. El hemisferio izquierdo se encarga del lenguaje y los símbolos, en tanto el hemisferio derecho se especializa en adquirir la información no verbal (Imágenes y espacios).

Michael Gazzaniga, uno de los pioneros en la materia elaboro experimentos para demostrar estos hechos, asi por ejemplo, cuando se le exhibía la orden de caminar "walk", al hemisferio derecho del cerebro de un paciente que había sido sometido a esas cirugías, sin que conozca dicha información el lóbulo izquierdo, el paciente se levantaba de inmediato.

Cuando se le preguntaba al paciente porque se paraba, este respondía que iba a buscar un vaso de agua.

El hemisferio izquierdo del cerebro se basa en inferencias, generalizaciones, y racionalizaciones para tratar de relacionar y darle coherencia al pasado y el presente de una persona, y con ello puede contribuir a la generación de los prejuicios egocéntricos, prejuicios de consistencia y cambio, y al prejuicio de sabiduría.[104]

[104] Schacter, Daniel L., op. cit., págs. 161, 162.

Para concluir, Schacter expresa que los prejuicios están embebidos en la condición humana y que existen pocos mecanismos o remedios para superarlos o evitarlos. Por ello sostiene que el mejor modo en que podemos reducir los prejuicios es mediante, el reconocimiento de que nuestros actuales conocimientos, creencias y sentimientos, influyen nuestros recuerdos del pasado, y modifican nuestras impresiones de las cosas y objetos en el presente.

7) El Pecado de la Persistencia
(*The Sin Of Persistence*)

La persistencia es el último de los pecados capitales de la memoria que hemos de analizar y es, con toda seguridad, el más grave de todos tal y como lo dejamos entrever en los capítulos anteriores.

Schacter inicia su capítulo mencionando como ejemplo de dicha pecado capital, al caso de un famoso jugador de béisbol norteamericano de nombre Donnie Moore.

Dicho jugador participó de un juego celebrado entre el equipo de "Los Ángeles de California" (En donde jugaba Moore), y los "Medias Rojas de Boston", acontecido en octubre del año 1986.

En el mencionado encuentro todo parecía indicar una casi segura victoria del equipo de Moore, quien era el lanzador estrella de su equipo.

En un momento crucial del partido, sólo se necesitaba de un lanzamiento más de Morre, para lograr la victoria; Sin embargo, contra todos los pronósticos, el bateador del otro equipo de nombre Henderson; logró conectar un "imparable" (conocido como *home run*), y selló la victoria para su equipo, dejando atónitos a todos los espectadores, que consideraban una segura victoria del equipo de California.

El juego terminó, y pese a la euforia inicial, con el tiempo la gente comenzó a olvidar el fatídico juego de béisbol.

Así pues, los medios de prensa, los fanáticos y los propios jugadores de los *California Angels*, olvidaron el desgraciado evento y se repusieron.

Todos excepto Moore, quien parecía atrapado por ese recuerdo que lo apesadumbraba día tras día, estado de ánimo que, tiempo después, ocasionó una verdadera tragedia.

En fecha Julio de 1989, luego de estar sumido en una profunda depresión que afectó su carrera como jugador de béisbol profesional y que también provocó una crisis en su matrimonio. Moore tomo la decisión de matar a su esposa, y suicidarse.

La verdadera causa de su malestar (la que lo llevó a cometer el homicidio y luego al suicidio) fue haber perdido el juego y, con ello, dejado pasar la oportunidad de vencer a los *Boston Red Soxs*.

Quizás, el fallido partido no fue la única causa del trágico final de Moore, pero sirve como ejemplo –dramático por cierto–, del último, y quizás el más dañino de los pecados capitales: el pecado de la persistencia.[105]

En contraposición con otros pecados; como ejemplo los pecados de temporalidad, distractibilidad y bloqueo, que implican la perdida de información sobre hechos o eventos por el transcurso del tiempo; el pecado de la persistencia hace que se recuerden eventos, o información que se desearían poder olvidar. Es decir que se trata de un pecado de comisión.

La persistencia implica la existencia de recuerdos que resultan imposibles de borrar; especialmente eventos que son dolorosos, molestos, traumáticos, tristes, etcétera, y que siempre implican sentimientos y sensaciones desagradables para quien las recuerda.

---

[105] Schacter, Daniel L, op. cit., págs. 161, 162.

Memorias Calientes (*Hot memories*)

Las pruebas de laboratorio demuestran, con fundada evidencia científica, que los recuerdos con gran carga emocional, son más fácilmente y además mejor recordados que aquellos hechos que no poseen carga emotiva.[106]

Es decir, la ciencia ha logrado acreditar la existencia de una íntima vinculación entre la emoción y la memoria.

La información emotiva, atrae la atención de forma rápida y automática. Lo mismo ocurre con las palabras emotivas, que son más fácilmente recordadas que los términos neutros, y algo similar acontece en todo evento con alta influencia en nuestras emociones.

Como ejemplo, se puede mencionar el fenómeno de "focalizar o enfocar la mirada en el arma" (*weapon focus*), que acontece comúnmente –por ejemplo– en los robos a mano armada, en donde los testigos o las víctimas, por enfocar toda su atención en el arma que se emplea para cometer el ilícito (a la cual pueden llegar a describir con gran precisión), pierden de vista el resto de los elementos que rodean al evento. Así, por ejemplo, a veces no recuerdan ningún dato físico o rasgo del rostro del atacante[107]. Este fenómeno será objeto de discusión más precisa, cuando se hable del stress del evento.

Para concluir podríamos afirmar que las personas en general pueden recordar fácilmente todo hecho emocional, tanto los eventos positivos como los negativos (claro que los positivos son bienvenidos, en tanto que los negativos no lo son en absoluto); mientras que los hechos neutrales o sin carga emotiva más difíciles de recordar. Con una leve diferencia, los eventos positivos, se relacionan con hechos familiares, en tanto los hechos negativos, tienen más precisión de detalles.[108]

---

[106] Schacter, Daniel L, op. cit., págs. 163, 164.
[107] Ibíd., pág. 164.
[108] Ibíd., págs. 163, 164.

Cuando la memoria lastima (*When memory hurts*)

La mayoría de los recuerdos negativos se disipan o van disminuyendo con el paso del tiempo. Todos, alguna vez, vivimos experiencias traumáticas y la mayoría de las personas hemos logrado superarlas, inclusive existe evidencia científica de que los malos recuerdos se borran con mayor rapidez que los recuerdos positivos.[109]

Sin embargo, lo que ocurre al poco tiempo de sufrido el evento traumático, es lo que muchas veces empeora las cosas.

Así pues, existe lo que se llama "pensamiento contrario a los hechos" (*Counterfactual thinking*). ¿Pero qué es lo que significa esto?. No es ni más ni menos que el proceso de analizar las distintas hipótesis de lo que hubiera acontecido –las consecuencias–, si hubiésemos optado por otra conducta diversa de la que efectivamente elegimos. Es algo así como un razonamiento contrario a los hechos concretos.

En buen lunfardo sería algo así como "hacerse el bocho", o "darse manija" sobre algún tema en particular.

Justamente este constante lamento, sobre los diversos aspectos o actitudes que se podrían haber adoptado respecto de una misma cuestión –que resultó negativa a tenor de lo sucedido–, provocan gran molestia, frustración y depresión en las personas.[110]

El experto en suicidios británico Mark Williams (psicólogo y profesor de la prestigiosa Universidad de Oxford y director del Centro sobre investigación de suicidios de la misma casa de altos estudios), comenta que es muy común que los familiares de las personas que cometen suicidio, se culpen a sí mismos por cosas que no hicieron o actitudes que no tuvieron respecto de la persona que, en definitiva, decidió quitarse la vida. Algunos familiares o amigos del suicida, se culpan a sí

---

[109] Shacter, Daniel L., op. cit., pág. 165.
[110] Ibid., pág. 165.

mismos por no intervenir; para prevenir que el ser amado, cometiera suicidio.[111]

Sin embargo, la actitud asumida por Donnie Moore no es la habitual ni la única. Por el contrario, existen muchos ejemplos de personas que adoptan otra actitud ante la adversidad, no se dan por vencidos y superan los recuerdos negativos.

Schacter, comenta como actitud diametralmente opuesta, a la adoptada por el ignoto golfista francés Jean Van de Velde, quién en julio de 1999, lidero la ronda final del prestigioso abierto británico, pero luego cometió groseros errores, y perdió la chance de ganar dicho torneo. Pero la actitud asumida por Van de Velde, fue muy distinta, ya que lejos de deprimirse, se relajo, y disfrutó de la performance que tuvo en el torneo.[112]

Lo único que sí se conoce con evidencia científica importante es que las personas que sufren de depresión clínica, o con baja autoestima, son más propensas a caer en el pecado de la persistencia, que las personas que no padecen esas afecciones.[113]

Así lo demostró un estudio llevado a cabo por el psicólogo Chris Brewin, en la Universidad de Londres, profesor del Sub Department of Clinical Health Psychology, del University College de Londres, y autor de un famoso libro intitulado "Posttraumatic stress disorder malady or myth", según el cual casi todas las personas que habían sufrido la muerte reciente de un ser querido, presentaban problemas de salud o habían sufrido algún tipo de abuso, reportaban memorias indeseadas, relacionadas con el evento que provocó el incidente.[114]

Otros estudios de laboratorio, han demostrado, que el estado de ánimo influye en los tipos de memoria que la gente tiende a recordar: Cuando se tiene buen humor, las recolecciones

---

[111] Ibíd., pág. 166.
[112] Shacter, Daniel L., op. cit., pág. 167.
[113] Ibíd., págs. 168, 169.
[114] Ibíd., pág. 169.

de experiencias positivas tienden a extenderse de modo más rápido que las experiencias negativas. Lo contrario acontece cuando una persona se encuentra con poco sentido del humor, melancólicas o tristes.[115]

Según algunos estudios existen diferencias entre las conductas que adoptan hombres y mujeres, frente a la depresión. Los científicos Nolen-Hoeksma, monitorearon episodios de depresión en hombres y mujeres durante un mes, y se demostró que las mujeres eran más proclives que los hombres a tener episodios de recuerdos persistentes sobre el evento depresivo. En tanto que los hombres eran más proclives a tener hobbies, o enfocarse en el trabajo, para evitar esos estados de humor negativos.[116]

A posteriori, el autor distingue lo que se conoce como "rumination", de lo que se denomina "disclosing".

El primer término implica una especie de reciclamiento obsesivo de pensamientos y memorias sobre eventos o hechos del pasado. Esto produce una sensación de malestar aún mayor.

El segundo término, consiste en comentar, ya sea en forma escrita o verbal, las experiencias (aún las negativas) a otras personas, práctica que puede tener grandes beneficios para todo aquel que lo hace.[117]

Se demostró que "disclosing" tiene muchos beneficios como: mejora el sentido del humor, mejora el sistema inmunológico, se producen menos visitas al doctor, reduce el absentismo al trabajo.

Terror en el pasado (*Terror in the past*)

Actualmente no existe duda de que toda experiencia traumática provoca efectos negativos que –casi siempre–, devie-

---

[115] Shacter, Daniel L., op. cit., pág. 169.
[116] Ibíd., pág. 170.
[117] Ibíd., pág. 171.

nen en memorias intrusivas y persistentes sobre el evento desagradable. Sin embargo, no siempre fue asi.

Estas cuestiones comenzaron a ser investigadas luego de la Primera Guerra Mundial por psicólogos británicos, que analizaban la conducta de soldados a los que se les producía el efecto de concha (*shell shock*), es decir, los soldados durante el combate, quedaban como paralizados. A raíz de esta conducta, a muchos de estos soldados se los acusaba de cobardía, y en no pocos casos se llegó a la ejecución de muchos combatientes.

Esto dio motivo a que se iniciaran investigaciones por parte de profesionales médicos, quienes *a posteriori*, lograron demostrar que en muchos casos la actitud que los jóvenes adoptaban, se debía a que sufrían de pesadillas y sueños desagradables que los incapacitaban para el combate.

A su vez estos sueños, o pesadillas, tenían como causa u origen, a la circunstancia de haber sufrido experiencias traumáticas que habían llegado a poner en peligro sus vidas durante los actos de combate.[118]

Sin embargo, no fue sino hasta el final de la guerra de Vietnam, que los médicos comenzaron a darle importancia y a reconocer los nefastos efectos que provoca el llamado estrés postraumático en la actividad diaria de las personas.

En estas últimas investigaciones se demostró que las memorias intrusivas y recurrentes que revivían los soldados, acerca de lo vivido en combate; interferían con la capacidad o aptitud de los veteranos de guerra de poder reinsertarse en la sociedad.[119]

¿Qué es lo que significa el stress post traumático? Podríamos conceptuarlo como una especie de desorden de ansiedad que puede desarrollarse luego de estar expuesto a uno o más eventos aterrorizantes, que han amenazado la vida de una per-

---

[118] Shacter, Daniel L., op. cit., pág. 173.
[119] Ibíd., pág. 174.

sona, o bien que le causaron un gran daño físico. Es un tipo de reacción emocional severa, causando por un trauma psicológico extremo.

Según Azcárate Mengual: "... El trastorno de estrés postraumático (TEPT) es un trastorno de ansiedad que una persona puede desarrollar después de experimentar o ser testigo de un suceso traumático extremo durante el cual siente un miedo intenso, desesperanza u horror. Las características dominantes del TEPT son entumecimiento emocional, hipervigilancia (irritabilidad o alerta constante de peligro) y reexperimentación del trauma (flashbacks y emoción intrusivas)...".[120]

En general todo tipo de experiencia traumática, puede provocar que las personas que los padecen; tengan *a posteriori* memorias intrusivas.

Asi por ejemplo: Ser víctima o ser testigo de abusos sexuales; haber sufrido o presenciado accidentes de tránsito; haber estado presente en guerras; haber sido víctima de vejámenes y/o torturas, etcétera. Se ha demostrado que al menos el 50% de las mujeres y el 60% de los hombres, han de sufrir, desgraciadamente, un evento traumático, al menos una vez en su vida[121].

Casi todas las personas que sufren estos eventos, pueden tener recolecciones visuales, escuchar sonidos, o recordar olores específicos relacionados con el evento traumático, entre otros tipos de manifestaciones somáticas.

Sirve de ejemplo, la conducta exhibida por el veterano de guerra y activista por la paz, Ron Kovic (Con interpretación estupenda de Tom Cruisce), en la película del director Oliver Stone "Nacido el 4 de Julio". Kovic, en una sección del filme, en el preciso momento en que pasea en un vehículo junto con

---

[120] Azcárate Mengual, Trastorno de estrés postraumático. Daño cerebral. Secundario a la violencia. Mobbing, violencia de género, acoso escolar; Ediciones Diaz Santos; año 2007, pág. 3.
[121] Schacter, Daniel L., op cit., pág. 174.

otros veteranos de guerra, y escucha el ruido de petardos que arrojan los niños en conmemoración con el dia de la independencia; se altera, se pone muy nervioso, y hasta tiene imágenes mentales que le hacen recordar los horrores que vivió durante su participación en la guerra de Vietnam. Todo esto es provocado, o detonado, simplemente por el ruido causado por los petardos o cohetes.

Según el psicólogo británico Chris Brewin, en muchos casos en donde una persona padece de estrés postraumático, también se presentan casos de depresión.[122]

Estudios realizados por Anke Ehlers, demuestran que existen trabajos, en donde existen grandes posibilidades de estar expuestos a episodios de memorias indeseadas, o intrusivas; como por ejemplo: Los bomberos, o los trabajadores de servicios de emergencia médica, entre otros.

Las fuentes más comunes de memorias intrusivas, eran los accidentes en donde se producía la pérdida de la vida de menores de edad; o los accidentes de personas conocidas; o también las muertes violentas; o personas que sufrían quemaduras severas; o intentos fallidos por salvar las vidas.[123]

Según algunos científicos, el tratar de suprimir el recuerdo de un evento traumático, en muchos casos produce un efecto rebote que empeora la situación. Porque el tratar de suprimir, el recuerdo, lo trae más a la memoria. Una posible razón de este fenómeno, es que, reexperimentar el fenómeno estresante, en un ambiente más calmo, y tranquilo, produce el fenómeno de la habituación (Que provoca una reducción de la respuesta psicológica al estímulo), lo que disminuye el efecto o respuesta psicológica al trauma.

Además, los intentos terapéuticos que se realizan para contrarrestar los efectos de la persistencia, en forma invariable se

[122] Schacter, Daniel L, op. cit. pág. 174.
[123] Ibíd. pág. 176.

enfocan en permitir a los pacientes reexperimentar el evento, en los confines seguros de la sala de terapia.

A su vez los eventos traumáticos se clasifican comúnmente en: 1°) Abuso: Mental, físico, sexual, verbal o modal; 2°) Catástrofe: accidentes, desastres naturales, terrorismo; 3°) Ataque violento: Asalto, maltrato y violencia domestica, violación; 4°) Guerra, batalla y combate: muerte, explosión, disparo.[124]

Las raíces de la persistencia
(*The Roots of Persistence*)

Según Schacter la respuesta de la mente a eventos traumáticos, tiene como principal actor a una pequeña parte del cerebro conocida como amígdala, que tiene forma similar a la de una albóndiga.[125]

Esto se logro demostrar porque los pacientes con daños cerebrales en las amígdalas, no exhibían temor al exhibírseles objetos que tenían relación con los eventos traumáticos sufridos por las personas. El experimento consistía en exhibir a las personas, una tarjeta azul cada vez que se hacía sonar una fuerte bocina, o un sonido desagradable.[126]

A su vez, empleando técnicas de neuroimagen se podía ver mayor actividad en la zona cerebral en donde esta ubicada la amígdala, cada vez que se mostraban situaciones de temor.

Y tal como acontecía con el experimento llevado a cabo por Pavlov con los perros –en el cual los perros, al escuchar una campana, comenzaban a salivar porque asociaban el ruido de la campana, con la entrega de un pedazo de carne, que venia acompañado conjuntamente con el sonido de la campana–, también las personas que sufren una experiencia traumática, vuelven a sentir ese temor extremo, cuando se configuran algunas de las circunstancias que rodearon al hecho concreto.

---

[124] Azcárate Mengual., op. cit., pág. 3.
[125] Schacter, Daniel L., op. cit. págs. 178, 179.
[126] Ibíd., pág. 179.

Así, por ejemplo, es muy común que las personas que han sido víctimas de un accidente de tránsito grave en circunstancias de conducir un vehículo determinado, al ver un vehículo igual o parecido al del siniestro, se apenan mucho o bien se deprimen o entran en estado de *shock*.

Según algunos estudios científicos, los beta-bloqueantes como el Propranolol, podrían ser administrados a las personas que han sufridos traumas para reducir las memorias persistentes sobre esos hechos traumáticos.

En sentido contrario, el consumo de yohimbina, parecería incrementar las chances de sufrir memorias intrusivas.

Los siete pecados: ¿Vicios o Virtudes?
(*The Seven Sins: Vices of Virtues?*)

En el último capítulo de su obra, el autor analiza los siete pecados de la memoria, y se pregunta, si en realidad son vicios, defectos o, por el contrario, son virtudes que ayudan a mantener la salud mental.

Seguramente todos alguna vez (Quizás en razón de haber olvidado las llaves dentro del vehículo; por haber extraviado el celular en algún lugar; en razón de perder los anteojos; por extraviar lapiceras o biromes, y/o por cualquier otro hecho concreto, que demuestre falencias de nuestra memoria) nos hemos sentido tentados a creer que Dios, nos ha provisto de una memoria muy falible, e inútil.

Situación que puede verse reforzada, si se leen las estadísticas, sobre la cantidad de personas que han sido condenadas sobre la base de testigos oculares que se equivocaron en los reconocimientos (Recordemos al respecto los numerosos casos denunciados por The Innocence Project; y otras organizaciones que luchan para modificar las leyes sobre la recepción de la prueba de testigo), o bien, por habérsenos olvidado el nombre de alguna persona, o artista conocido en el momento de haberlos visto, y al tratar de recordar su nombre.

Sin embargo, Schacter, considera que los pecados de la memoria, no son en realidad defectos, o fallas de la memoria, sino mecanismos o sistemas de adaptación de la memoria para poder funcionar bien en muchos otros aspectos.[127]

Los seguidores de la psicología evolucionista, consideran que las ideas de la selección natural de las especies de Darwin se aplican de igual modo a las cuestiones del cerebro, y en especial en relación con la memoria; por ello estiman que la memoria adquiere especiales habilidades para resolver problemas específicos, surgidos como consecuencia del medio ambiente y su necesidad de adaptación al mismo.

Aplicando los principios elaborados por la "ingeniería en reversa" (*Reverse-engineering*) –esto es, tratar de entender para qué se invento alguna máquina o dispositivo–, se tratan de demostrar las posibles funciones o utilidades de la memoria; y/o hasta los posibles beneficios de los pecados de toda memoria.

Recordemos que por el contrario, la ingeniería común (forward engineering) trata o procura inventar artefactos o máquinas para cumplir con alguna función específica, al servicio de satisfacer alguna necesidad.

Según Schacter, los vicios de la memoria, podrían ser considerados de igual modo –algo contradictorio–, pecados, defectos o virtudes, y explica el porqué.[128]

El autor estima que los mecanismos de la memoria, que en general nos sirven muy bien casi todo el tiempo, ocasionalmente nos pueden traer algunos problemas. Sin embargo, los pecados tendrían un aspecto positivo.

De todos los pecados de la memoria estudiados, el único en el que se ve fácilmente su lado positivo, es el pecado de la persistencia, pese a que quizás –al mismo tiempo–, es el más peligroso de todos. Dijo Descartes –citado por Schacter–: "... La

[127] Shacter, Daniel L., op. cit., pág. 184.
[128] Ibíd., pág. 187.

utilidad de todas las pasiones consiste en fortalecer los pensamientos, que son útiles que (el alma) preserve..."

Justamente la circunstancia de que persistan en la memoria recuerdos de experiencias muy traumáticas, las que pueden haber llegado al límite de poner en riesgo la vida de una persona, es útil y puede ser crucial para la supervivencia de los individuos.

Recordemos que el principio de auto-conservación de la especie, es quizás, el más importante en todos los seres vivos.

Más aún, el hecho de que persista el recuerdo de estas experiencias traumáticas, puede evitar que en el futuro ocurran experiencias similares, que vuelvan a poner en riesgo la vida de las personas.

En este caso, un defecto de la memoria, actúa como alarma y prevención de nuevos errores o de aviso de circunstancias potencialmente peligrosas para el individuo.

También, si lo analizamos de igual modo, es muy útil el pecado de la temporalidad de la memoria (*transience*).

Si bien es cierto y necesario recordar hechos del pasado o información adquirida, también es vital que se olvide o deje de recordarse información o eventos que no resultan útiles en la actualidad –por ejemplo números de teléfonos de personas que ya no vemos o no queremos escuchar, etcétera–, y que lo único que pueden hacer es sobrecargar de datos innecesarios a nuestro cerebro. Todos los estudiosos coinciden, en que una memoria llena de información inútil, es perjudicial, por ello es saludable que la memoria olvide la información que no necesita poseer.

Lo mismo sucede con el fenómeno de la información que no se recuerda, pero que uno tiene en la punta de la lengua (*Tip of the tongue*) y en lo supuestos de bloqueos comunes (*Blocking*).

Seguramente, si no se recuerda una información o algún nombre o dato, es porque han dejado de ser útiles o importantes, para dicha persona.

Lo contrario, recordar todo tipo de dato, evento o información, tornaría a la memoria como un recipiente atiborrado y caótico e inútil desde todo punto de vista.[129]

Otro tanto acontece con el fenómeno conocido como la distractibilidad de la memoria, y/o distracción (*absent mindedness*) ya que lo que se olvida es, en general, porque ya no es útil o no fue necesario que se le prestara tanta atención como para recordarlo[130]

En cuanto a los pecados de atribución errónea o equivocada (*missatribution*) y sugestibilidad (*suggestibility*), también tienen sus beneficios, porque una memoria que recuerda, con precisión absoluta, todos los detalles de cada evento que se presencia, se torna enfermiza y poco práctica.[131]

Con toda seguridad, no se necesita recordar todo detalle sensorial y contextual, de las experiencias que a diario se viven, salvo algunas excepciones. Justamente la frase "cuando menos es más", significa que a veces recordar menos cosas o detalles, es más importante que traer al recuerdo todos los detalles de los recuerdos o eventos percibidos.

Lo mismo podría decirse de los estereotipos y de los prejuicios egocéntricos. Respecto de los primeros, cabe acotar que en muchos casos los estereotipos –pese a que a veces este tipo de prejuicios, llevan a evaluaciones incorrectas de individuos y personas basada en experiencias pasadas–, son también útiles, porque las generalizaciones a las que estos arriban, son por lo general y en muchos casos, correctas.[132]

El segundo supuesto (*egocentric bias*) de prejuicio egocéntrico, también puede ser útil, en el sentido de que la confianza, y la autoestima que generan, pueden promover una memoria saludable.

---

[129] Shacter, Daniel L., op. cit., pág. 189.
[130] Ibíd., pág. 191.
[131] Ibíd., pág. 191.
[132] Ibíd., pág. 192.

Ello porque se ha probado con evidencia científica que las personas que en general actúan en forma positiva, se desempeñan bien en muchos otros aspectos de su vida.

En base a lo expuesto, queda en claro que lo manifestado por el Best Seller, "The Secret", no es una mera ilusión, y podría tener algún sustento fáctico.

¿Cuál es la fuente, causa u origen de los Siete pecados de la memoria?

Según Schacter, la fuente u origen de los siete pecados de la memoria reside en la adaptabilidad de esta[133], y por ello, serían causados por la evolución y necesidad de adaptación de la especie humana.

Ahora bien ¿qué significa que la memoria es adaptativa, o adaptable? Los psicólogos definen o emplean el término adaptación de la siguiente manera:

1°) En un primer aspecto, dicho término deriva de la teoría evolucionista de la memoria y tiene un significado muy técnico y específico. Según esta postura, la adaptación es una cualidad de las especies, que permite su existencia a través del sistema de selección natural, al incrementar la aptitud o capacidad reproductiva de los individuos.

Según Darwin, esta capacidad de adaptación, se basa en tres observaciones o reglas fundamentales:
   a) El observar que sólo una porción de cada generación de individuos puede reproducirse;
   b) La descendencia, que no es idéntica a los ascendientes, algunos son más altos, más rápidos, más fuetes, etcétera, es decir, siempre existe alguna diferencia física y psíquica entre ascendiente y descendente; estas diferencias se pasan de generación en generación;

---

[133] Shacter, Daniel L., op. cit., pág. 195.

c) Algunos aspectos de la variación hereditaria, que incrementan la posibilidad de la supervivencia y reproducción, de la descendencia.

2°) Según la segunda acepción del término, la adaptación es sinónimo de cualidad o característica de un organismo que tiene –por lo general–, consecuencias beneficiosas, independientemente de que se deriven o no del proceso de selección natural, propio de la evolución de las especies.

El paleontólogo de Harvard Stephen Jay Gould, ha elaborado el término "exaptacion" (*exaptation*) para referirse a las cualidades que permiten la aptitud de los organismos, pero que no fueron elaboradas o derivadas de un proceso de selección natural.

Según el diccionario Merriam's Webster's, el término exaptación podría ser definido del siguiente modo: "... Característica o cualidad de organismos o grupos taxonómicos que adopta/n una función que antes no poseía/n, y/o que es diferente de la función existente, y que deriva del proceso de evolución..."

Así, la capacidad de lectura de los seres humanos, sería un ejemplo de exaptación porque un gran porcentaje de la población mundial, ha comenzado a leer el siglo pasado.

Pero esta aptitud de leer ha sido creada por otras habilidades más genéricas, como la capacidad de ver, o la capacidad de conocimiento. Es decir la capacidad de lectura, no era imprescindible para adaptarse, y sobrevivir en el medio en el que se desarrolla la vida de los seres humanos.

Otro término acuñado por Gould, es el vocablo "spandrel", que sería un tipo especial de exaptación, una consecuencia no deseada o un producto de una cualidad o habilidad especial, pero no buscado directamente.

Los *spandrels*, no tienen función adaptativa alguna. Este término se emplea en arquitectura, para describir los espacios vacíos que existen entre los elementos estructurales de un edificio. Como por ejemplo los típicos espacios vacíos que quedan por debajo de las escaleras.

Todas estas explicaciones se han dado con el fin de mostrar cual podría ser la causa origen de los denominados "los siete pecados capitales" de la memoria; y/o cual es su concepto, y/o esencia. Asi para algunos psicólogos los pecados de la memoria serían típicas adaptaciones; en tanto que para otros estos pecados serian exaltaciones; y –también– para algunos en realidad se trataría de *spandrels.*

Para terminar, Schacter comenta que en 1980, junto con David Sherry, elaboraron un artículo teórico en donde comentaban que algunas características de la memoria son: Adaptaciones; en tanto que otras; Resultan ser típicas exaptaciones

Aplicando dicho análisis a los pecados de la memoria, Schacter afirma que los pecados de la persistencia y la temporalidad son probables adaptaciones.

Inclusive –basándose en investigaciones realizadas por Shelley Taylor–, también los prejuicios podrían ser considerados adaptaciones evolucionistas.

En tanto que el resto de los pecados capitales (Bloqueo, *blocking;* ausencia, *absent mindedness;* atribución errónea, *missatribution;* y sugestibilidad, *suggestibility*), probablemente son más *spandrels* evolucionistas.

Para concluir, Schacter refiere: "A pesar de que habitualmente se ven a estos como enemigos, los siete pecados son parte integral de nuestra mente porque están en íntima conexión con cualidades de la memoria que hacen que esta trabaje bien..."

Es decir que, según el autor, estas presuntas imperfecciones de la memoria, no son del todo malas o pecaminosas, sino que tendrían una función altamente positiva.

En igual sentido se han pronunciado los más importantes y prestigiosos investigadores del mundo, cuando analizan las falencias y/o debilidades de la memoria.

IMPLICANCIAS LEGALES Y JURISPRUDENCIALES SOBRE LA CAPACIDAD DE MEMORIA Y LA DECLARACIÓN TESTIMONIAL

1. PRUEBA TESTIMONIAL: CONCEPTO

¿QUÉ ES EL testigo? ¿Qué significa testimoniar? Según el notable autor de derecho procesal argentino el Doctor Hugo Alsina: "... Cuando el testimonio en juicio emana de un tercero, estamos en presencia de la prueba testimonial o por testigos. No siempre es posible la constatación de un hecho en forma directa, y cuando la parte a quien se le atribuye desconoce su existencia, la fe en la palabra del hombre que ha presenciado el hecho es uno de los pocos recursos que restan al juez para la averiguación de la verdad..."[134]

Más adelante el autor mencionado nos da su definición de lo que es un testigo: "... Testigo es la persona capaz, extraña al juicio, que es llamada a declarar sobre hechos que han caído bajo el dominio de sus sentidos. Para unos la palabra deriva de testando, que significa referir o narrar, para otros viene de 'testibus' que equivale a dar fe de la veracidad de un hecho..."[135]

¿Que importancia tiene la prueba testimonial?. Alsina sostiene que: "... La evolución histórica de la prueba demuestra que en los pueblos primitivos, cuando el acusado no confesaba

---

[134]Alsina, Derecho Procesal, Tomo III, Editorial EDIAR SA de editores, año 1961, pág. 530.
[135] Ibíd., pág. 532

el hecho que se le imputaba, se recurría, en primer término, a los testigos, no sólo porque se consideraba la palabra un medio suficiente de convicción, por la sencillez de las costumbres y las reducidas proporciones de los grupos sociales, sino porque la escritura no estaba desarrollada y era patrimonio de unos pocos. Pero, cuando la practica de la escritura se extendió, no tardo en superar en importancia probatoria a la prueba testimonial, pues traía sobre esta la ventaja de la permanencia de sus enunciaciones sin los peligros de aquella..."[136]

Pero con el paso del tiempo la prueba de testigos ha perdido el valor de antaño, aunque sigue vigente: "... No obstante los peligros de la prueba testimonial, el legislador no puede prescindir de ella, pues no sólo podrá resultar indispensable cuando las circunstancias no hubieren permitido la obtención de otra prueba, principalmente en materia de hechos, sino que es imposible desconocer la importancia que en la vida de relación tiene la fe en el testimonio ajeno..."[137]

[136] Alsina, op. cit, pág. 534.
[137] Ibíd., pág. 536.

2. Capacidad del testigo en el derecho argentino. Sistema de tachas y demás mecanismos para determinar la falta de aptitud del mismo. Elementos de apreciación del testimonio

Corresponde pues analizar cada uno de los recaudos necesarios para que el testigo –como medio de prueba–, sea valido como tal.

Según la doctrina y jurisprudencia, el mismo debe reunir los siguientes requisitos: 1º) Ser persona capaz; 2º) Debe darse la circunstancia de extraneidad al proceso; 3º) Debe existir una ilación Judicial; 4º) El testigo debe tener conocimiento de los hechos respecto de los cuales se les preguntan, y 5º) La prueba debe ser llevada a cabo de acuerdo con reglas legales.

Corresponde pues, analizar todos y cada uno de los requisitos mencionados en el párrafo anterior.

1º) Capacidad: "... La capacidad se presume generalmente en consideración a la edad del testigo. La experiencia enseña que el niño es por naturaleza impresionable e imaginativo y propenso a la mentira, por vanidad, por egoísmo o por sugestión de terceros, y su testimonio, por lo tanto, ofrece escasas garantías de veracidad..."[138]

Sin embargo, la mayoría de edad, ya no es óbice para escuchar el testimonio de un menor de edad (con los peligros que dicha declaración encierra).

Al respecto menciona Alsina que: "... El art. 179 del Código de Procedimientos Civil establece: «Puede ser testigo toda persona mayor de 14 años que no tenga alguna de las tachas enumeradas en los art. 206 y 207». Interpretando esta disposi-

---

[138] Alsina, op. cit, pág. 537.

ción, la jurisprudencia había decidido que la edad de catorce años se requiere en el momento de que se presta declaración y no cuando el hecho se produjo, y que ella debe ser estimada teniendo en cuenta las circunstancias particulares del caso. Pero habiendo el art. 32 de la ley 14.237 suprimido las tachas legisladas en los art. 206 y 207, debe entenderse que ya no rige la exigencia de un mínimo de edad. Tampoco lo requiere la ley 50, de procedimiento federal..."[139]

2°) Extraneidad: El testigo debe ser una persona extraña a la relación procesal, como condición de imparcialidad y veracidad. Debe ser un tercero distinto de las partes involucradas en el proceso.

3°) Citación judicial: Siguiendo a Alsina, nadie puede ser testigo en un proceso civil, si no media requerimiento judicial, y el testimonio sólo tiene valor cuando es prestado enfrente a la autoridad competente.

Aunque esto actualmente es discutible, en base, a un novísimo fallo dictado por la CSJN

4°) Conocimiento: Dice Alsina que: "... Los hechos deben haber sido percibidos directamente por el testigo. Carecen de eficacia, en consecuencia, las declaraciones que se fundan en referencias (*ex auditu*), provengan estas de terceros o de la parte que lo presento..."[140]

Según la mayoría de la doctrina nacional, y extranjera, los testigos de referencia, no son testigos en sentido propio; y sus dichos merecen muy poca consideración, salvo que estas declaraciones estén acompañadas de otros elemento de prueba. Por ello se ha aconsejado, que este medio de prueba, no puede

---

[139] Alsina, op. cit, pág. 539.
[140] Ibíd., pág. 540.

destruir la presunción de inocencia, salvo que esté acompaña-
da por otros elementos probatorios.

5°) Reglas Legales: Por último, el requisito exigido consiste
en que: "... La ley, al organizar la prueba testimonial, ha hecho
la clasificación de los testigos, determinando sus condiciones y
estableciendo reglas para la apreciación del testimonio: en esta
materia el legislador ha seguido el sistema de las pruebas legales..."[141]

La falta de aptitud y/o de capacidad del testigo se determina según nuestro sistema legal, por medio del sistema de tachas, que ha de ser explicado brevemente *a posteriori.*

Dice Alsina: "... Los peligros que derivan del carácter subjetivo de la prueba testimonial han determinado al legislador a
establecer, además de las restricciones para su admisión que
hemos examinado anteriormente, las circunstancias por las
cuales, aun siendo admisible la prueba, debe excluirse por
completo la declaración del testigo (tachas absolutas) y aquellas que no la excluyen pero que disminuyen su eficacia probatoria (tachas relativas)..."[142]

Sin embargo las tachas no analizan ninguna de las circunstancias que se han analizado en el presente trabajo.

Así por ejemplo, entre las tachas absolutas se mencionan a
las siguientes causales: a) Enajenación mental; b) Ebriedad
consuetudinaria; c) Falta de industria o profesión honesta conocida; d) Calificación de quebrado fraudulento; y e) Haber
sido condenado por delito de pena corporal,

Entre las tachas relativas, nuestra doctrina, jurisprudencia y
legislación han enumerado a las siguientes: 1°) Ser el testigo
pariente por consanguinidad dentro del cuarto grado, o por
afinidad dentro del segundo grado del litigante que se haya
presentado; 2°) Al prestar declaración, el testigo se desempe-

---

[141] Alsina, op. cit, pág. 541.
[142] Ibíd., pág. 620.

ñaba como dependiente o sirviente del que lo haya presentado como tal; 3°) Tener el testigo o sus parientes, por consanguinidad; parentezco dentro del cuarto grado civil o por afinidad dentro del segundo; para con alguna de las partes; y/o tener o haber tenido interés directo o indirecto en el pleito y/o en otro semejante; 4°) Ser acreedor o deudor del litigante; 5°) Haber estado ebrio en el momento de verificarse el hecho sobre el que depone, entre otras causas.

Es decir que la prueba testimonial, en nuestro sistema (Penal, Laboral y Civil) se ha limitado ha oponer objeciones respecto de la persona que declara como testigo, pero casi no se hacen observaciones respecto de cómo se obtiene el testimonio, ni las circunstancias fácticas que rodean al momento en que se percibe el evento, por parte del testigo.

Si bien, esto ha sido objeto de preocupación por parte de la doctrina, jurisprudencia y hasta la legislación patria, los trabajos han sido muy escasos y poco detallados, por ejemplo, el autor que seguimos en esta parte del trabajo sólo lo menciona como la teoría de la critica del testimonio.

Expresa Alsina: "... Cuanto más frágiles sean las pruebas y más expuestas a error, dice Gorphe, mayor es la obligación del juez de controlarlas. Esta es una regla que obliga particularmente en materia de testimonio, porque en ella el error es un elemento normal y constante. La psicología experimental, mediante la aplicación de los test, ha demostrado, efectivamente, que el testigo no sujeto a error no existe, y los anales judiciales lo comprueban a través de numerosos casos, bien conocidos, principalmente en materia penal, de condenas fundadas en testimonios que posteriormente resultaron desvirtuados... de aquí la necesidad de una construcción científica de la critica del testimonio, que permita establecer las causas permanentes y transitorias de error, dejando al descubierto la parte de verdad que contenga. No basta prevenir para que el testigo no engañe al juez, sino que es necesario que el testigo mismo no se haya engañado (...) Los peligros de la prueba testimonial constituyen una preocupación del legislador de todos los tiempos, pero se ha limitado a considerar el problema únicamente bajo el primer aspecto. Su técnica es bien sencilla y consiste principalmente en la exclusión de ciertos testigos (ascendientes, descendientes, cónyuges, art. 186) (...) Para resolver el segundo aspecto, la psicología ha propuesto diversos medios, como el peritaje de credibilidad, que consiste en determinar mediante un examen mental del testigo el grado de crédito que merece, constatado en un certificado, los distintos aparatos destinados a medir las reacciones nerviosas del testigo, como el automógrafo, el retinógrafo, el neumógrafo, etcétera. Este último, por ejemplo, registra los movimientos respiratorios, que guardan correspondencia con los sentimientos, pues se afirma que el placer hace la respiración más fuerte y más rápida, el dolor la torna más débil y más lenta. Pero, aparte de que ellos tienen aplicación en el momento en que se presta el testimonio, resultan insuficientes ante la complejidad de la naturaleza humana, y así podrán descubrir al que miente, pero no al que se equivoca de buena fe..."[143]

Continua el notable jurista argentino, hablando sobre los elementos de apreciación del testimonio: "... Hay un conjunto de principios que orientan el criterio del juez en la valoración del testimonio, la inverosimilitud de un hecho, por ser contrario a las leyes físicas o naturales, la probidad de una persona de vida intachable, la mayor facultad de percepción de un técnico respecto de un profano, o de un hombre con relación a un niño, etcétera, son conceptos comunes que el juez debe utilizar en el análisis del testimonio... El testigo es un sujeto vivo, que reacciona de distinta manera según las circunstancias, y, por consiguiente, deben tenerse en cuenta los factores siguientes: Idoneidad: El testigo debe reunir las condiciones que exige el art. 179 en cuanto a la capacidad y ausencia de tachas, absolutas o relativas, y en este último caso, su testimonio será apre-

---

[143] Alsina, op. cit, pág. 640 y ss.

ciado por el contenido del mismo. Moralidad: La verdad es una tendencia natural en el ser humano y la mentira un habito, cuyo grado varia con el ambiente (prostíbulos, truhanes), debiendo por ello considerarse, para calificar la moral del testigo, el medio en que actúa (...) Intelectualidad: la capacidad de percepción depende principalmente del estado de los órganos de los sentidos (no ser sordo, ciego, demasiado miope, duro de oído, etcétera), no tener trastornos sensoriales (muchas veces ignorados por el mismo sujeto), perdida de la memoria, etcétera. Depende también de la edad (en los niños y ancianos la percepción es más débil), del sexo (la mujer es más sensible y más imaginativa que el hombre), de las categorías sociales, etcétera. En la capacidad de comprensión tienen especial importancia la instrucción y la profesión del testigo. Afectividad: Los estados afectivos perturban la percepción alteran el testimonio. Nos gobiernan el interés, la simpatía, el odio, el espíritu de solidaridad..."[144]

Como vemos algunos de los factores que han de ser analizados en el presente trabajo, han sido considerados por anteriores autores, pero jamás se ha hecho un trabajo detallado que enuncie bajo que circunstancias un testimonio es más verosímil que otro, jamás se han descrito experimentos llevados a cabo para poder apreciar las circunstancias fácticas que rodean al testimonio, y que permitan dilucidar bajo que circunstancias el testimonio es creíble o no.

Esa ha de ser la compleja y apasionante trama del presente trabajo jurídico.

---

[144] Alsina, op. cit, págs. 645, 646.

3. CAPACIDAD Y APTITUD DEL TESTIGO SEGÚN LA POSTURA DE LA INVESTIGACIÓN CIENTÍFICA ANGLOSAJONA. TRABAJOS DE LA DOCTORA LOFTUS Y EL DOCTOR WELLS

EN ESTA PARTE del trabajo haremos referencia a los trabajos realizados por científicos cognitivos norteamericanos muy destacados, en especial a los doctores Loftus, y Wells (quizás dos de los más importantes y famosos científicos en la cuestión a nivel mundial).

3.1. ¿Qué es la identificación errónea?

Loftus al inicio de su obra hace referencia a lo que se conoce como identificación errónea (*mistaken identification*), situación que se produce cuando un individuo (testigo ocular) considera e identifica a otra persona (sospechoso) como el autor de un evento delictivo; pero *a posteriori* se acredita que dicha persona (sospechoso) no ha sido el verdadero autor del delito investigado.

Para ser sintéticos, se trata de identificar equivocadamente a una persona inocente como autora de un hecho delictivo, en razón de lo cual esta persona inocente es declarada como culpable o penalmente responsable.

Loftus hace referencia a casos míticos de la jurisprudencia norteamericana sobre identificaciones erróneas, entre los cuales destaca al caso de Sacco & Vanzetti.[145]

Al que hemos de hacer mención a continuación en forma muy sucinta.

El día 15 de abril de 1920, se produjo el homicidio de dos personas con la finalidad de robarles un portafolios cargado de

---

[145] Loftus, Elizabeth F., Eyewitness Testimony, Harvard University Press, Cambridge Massachussets, London England, 1996, págs. 1 y 2.

dinero, no existía evidencia directa del evento, sólo algunos testigos oculares que vieron el evento en circunstancias poco claras (por estar muy distantes, ser de noche, etcétera), y ninguno de los cuales pudo dar (en su primera declaración judicial), una descripción clara de los presuntos autores del hecho.

Algunos de los testigos manifestaron que uno de los agresores era moreno, en tanto otros mencionaban que era rubio, y parecía sueco o finés, es decir, no existía acuerdo sobre la descripción física de los ladrones.

Lo único que si se conocía con certidumbre, era que el arma empleada era de calibre 32 tipo Colt automática.

Unas pocas semanas después Nicola Sacco (un zapatero) y Bartolomeo Vanzetti (un pescadero, o sea un vendedor callejero de pescado), fueron arrestados, portando un arma Colt calibre 32 automática. Ninguno de los cuales poseía antecedentes criminales de ninguna naturaleza.

La policía –que estaba segura de que los detenidos eran los culpables– empleo un procedimiento (que según los estándares actuales sería inaceptable) consistente en llevar a los testigos para que pudieran ver a los dos detenidos en prisión, y solicitarles que indicaran si estos eran los presuntos autores del atraco.

Lo realmente cuestionable sobre el caso concreto (Entre otras muchas circunstancias) es que los testigos oculares, en un primer momento, no identificaron ni a Sacco, ni a Vanzetti, como responsables del hecho.

Pero *a posteriori*, y ante repetidas muestras de fotografías de los detenidos, indicaron que estos (Sacco y Vanzetti) podrían ser los autores del robo, y homicidios.

Para concluir hemos de mencionar que ambas personas fueron encontrados culpables en fecha 14 de Julio de 1927, y fueron ajusticiados en una silla eléctrica el día 23 de agosto de 1927.

Loftus, luego de mencionar algunos otros casos de supuesta identificación errónea, menciona que el problema es muy simple, el testimonio brindado por los testigos oculares es bastante creíble, y tiene influencia considerable en la decisión que adoptan los jurados (recordemos que el sistema anglosajón posee el juicio por jurados) y también los jueces (en nuestro país por nuestro sistema legal).

Sin embargo, el testimonio como prueba y sobre la base de evidencia científica concluyente no es muy creíble, ni merece el crédito que en materia judicial se le otorga.

Según la organización civil "The Innocence Project", casi el 75 % de las condenas injustas, a las que se somete a personas inocentes, se debe a las identificaciones erróneas; o sea; a que un testigo se equivocó, e identificó a un inocente, como el perpetrador de un hecho delictivo.

Por ello, este organismo, ha realizado una serie de sugerencias para evitar este tipo de condenas erróneas. Las que fueron mencionadas *ut supra*, pero son transcriptas nuevamente, por ser atinentes.

Sostiene The Innocence Project que: "... Identificación del testigo presencial. El elemento más común de las condenas que posteriormente han sido anuladas tras obtener las pruebas de ADN ha sido la identificación errónea del testigo presencial. Las ruedas de reconocimiento que llevan a error se han utilizado durante décadas sin un escrutinio serio. Ahora es el momento para reformar el sistema. A pesar de que se ha probado que los métodos tradicionales llevan a error –y que existen medidas simples para reformarlas– las identificaciones del testigo presencial siguen siendo la prueba más común en contra de los demandados criminales. Las identificaciones erróneas no sólo amenazan a los inocentes, también hacen descarrilar investigaciones. Mientras que el policía se centra en encontrar pruebas que incriminen a una persona inocente, el autor del crimen puede escapar...".[146]

---

[146] *http://www.innocenceproject.org/fix/Eyewitness-Identification.php?phpMyAdmin=52c4.*

Por ello, esta organización critica los mecanismos de reconocimiento existentes en la mayoría de los Estados Norteamericanos; y aconseja la implementación de nuevas practicas para evitar identificaciones erróneas: "... La mayoría de los departamentos de policía utilizan los mismos métodos que han utilizado durante décadas –ruedas de reconocimiento presenciales o fotográficas, conducidas generalmente por un oficial que ha sido informado de quienes son los sospechosos, o que no ha recibido las instrucciones apropiadas. Es estresante para las víctimas y también para los testigos oculares que deben identificar al autor. Como consecuencia de todo esto, se producen equivocaciones. Estos errores se producen a veces por un bloqueo de la memoria del testigo presencial o de su deseo de hacer una identificación a toda costa. En otros casos, las señales sutiles del policía –intencionales o no– conducen a una identificación falsa. Casi todos estos errores son evitables..."[147]

Luego agrega que: "... El momento para una reforma. Hay varios procedimientos viables que podrían disminuir perceptiblemente el número de identificaciones erróneas. Sin embargo, la aceptación de estos cambios ha sido lenta. The innocence Project recomienda que todas las jurisdicciones adopten inmediatamente las políticas siguientes: Administración oculta: La investigación y la experiencia han demostrado que se reduce el riesgo de identificación errónea considerablemente si el oficial de policía que administra las ruedas de reconocimientos presenciales o fotográficas no ha sido informado de quienes son los sospechosos. Composición de las ruedas de reconocimiento: Las personas de relleno (Las personas que no son las sospechosas incluidas en una rueda de reconocimiento) deben asemejarse a la descripción que los testigos oculares han dado del autor del crimen. El sospechoso no debe destacar (Por ejemplo: él no debe ser el único miembro de su raza en la formación, o el único con pelo facial). Los testigos oculares no

---

[147] *http://www.innocenceproject.org/fix/Eyewitness-Identification.php?phpMyAdmin=52c4.*

deben participar en ruedas de reconocimiento múltiples con el mismo sospechoso. *Instrucciones:* La persona que participa en una rueda de reconocimiento debe ser informada de que el autor puede no estar en la formación y que la investigación continuará sin importar el resultado de la formación. También deben ser informados de que no pueden solicitar consejos o la opinión del administrador. *Declaraciones de la confianza:* Inmediatamente después de la rueda de reconocimiento, el testigo presencial debe proporcionar una declaración, en sus propias palabras, expresando su nivel de confianza en su identificación. *Grabación:* Se deben grabar las ruedas de reconocimiento siempre que sea posible –la grabación protege a sospechosos inocentes de malas prácticas del administrador de la rueda de reconocimiento, y ayuda al fiscal que demuestra a un jurado que el procedimiento era legítimo. Las jurisdicciones deben también considerar el adoptar la presentación secuencial de formaciones: varias investigaciones han demostrado que es más efectivo presentar a los miembros de las ruedas de reconocimiento uno por uno (de forma secuencial), que a todos a la vez (de forma simultánea). Se reduce la posibilidad de que gente inocente sea identificada como autores de un crimen que no han cometido..."[148]

Esto demuestra que ya se han realizado estudios adecuados para evitar nuevas identificaciones erróneas, y muchas de estas sugerencias ya son legislación en varios Estados Norteamericanos. Lo que ha evitado que se continúen con condenas erróneas, algo que fue objeto de estudio y análisis –también– por parte de quién era fiscal general de los Estados Unidos la Dra. Janet Reno.

Por último, cabe mencionar que el anecdótico caso de Sacco & Vanzetti, no es algo alejado de la realidad, sino que refiere un caso mítico de la Jurisprudencia norteamericana, pero en los Estados Unidos, en la actualidad existen más de 230 idénti-

---

[148] *http://www.innocenceproject.org/fix/Eyewitness-Identification.php?phpMyAdmin=52c4.*

cos, porque esa es la cifra aproximada de condenas erróneas en los Estados Unidos.

Resulta suficiente tener presente el caso de Ronald Cotton, y Jennifer Thompson Canino, citado ut Infra, al cual nos remitimos.[149]

Nuestro país, por cierto, no es inmune a la existencia de este mal, es decir, también se han encontrado, y publicitado casos de personas que fueron erróneamente condenados, por el sistema judicial.

3.2. ¿Cuál es el impacto del testimonio ocular?

La Doctora Loftus, al inicio de su obra, hace mención a notables casos de condenas injustas ocurridas en el Reino Unido, entre ellas la de los Sres. Dougherty, y Virag, el primero de los nombrados estuvo preso nueve meses, de una sentencia de quince meses por ser presunto autor del delito de hurto (Crimen que no cometió), la segunda implicaba una condena por diez años, de los cuales el Sr. Virag, pasó en prisión cinco.

Este último era considerado responsable de varios delitos entre ellos, el de lesiones cometidas en perjuicio de un oficial de policía, que intentaba arrestarlo.[150]

Ambas personas fueron indemnizadas (Dougherty con dos mil libras esterlinas, y Virag con diecisiete mil quinientas libras esterlinas), y fueron motivo de una posterior investigación llevada a cabo por Lord Devlin, denominado el reporte Devlin, en donde se hicieron recomendaciones para los procedimientos en general, pero en especial, para las identificaciones llevadas a cabo por testigos en aras de evitar o disminuir injustas condenas en el futuro. Este informe reveló la enorme influen-

---

[149] *www.cbsnews.com/stories/2009/03/06/60minutes/main4848039.shtml.*
Eyewitness: How accurate is visual memory? CBS News, 8 marzo 2009. Ver páginas fs. 78, 91 inclusive.
[150] Loftus, Elizabeth F., op. cit, págs. 8 y ss.

cia que tiene el testimonio, para lograr sentencias de condena. Situación que se repite en nuestra jurisprudencia nacional.

La doctora Loftus, realizó múltiples experimentos, para demostrar el impacto que tiene la declaración del testigo ocular, en la decisión que adoptan los jurados y/o los jueces.

El siguiente experimento es explicado por la Dra. Loftus, en su libro[151]: Cincuenta (50) personas recibían las siguientes instrucciones e información sobre un crimen. Un día viernes en fecha 12 de noviembre de 1970, un señor X, que poseía una pequeña tienda, fue confrontado por un sujeto, quien le exigió dinero de su caja registradora.

El Sr. X le dio dinero de inmediato, en total la suma de Dólares Ciento Diez (US $ 110), cuando el delincuente pretendía huir, sin razón alguna, se dio vuelta, y le disparo al Sr. X, y a su pequeña nieta de cinco años, muriendo ambos en forma instantánea.

Dos horas y media más tarde, la policía arrestó a un individuo, y lo acusó de ser el autor del delito cometido (Robo con arma seguido de homicidio), llevo la causa a juicio, el que se fijo para el día 3 de febrero del año 1971.

La fiscalía presentó la siguiente evidencia: 1) El delincuente fue visto corriendo en una casa de departamentos, la misma en donde vivía el acusado, 2) Se encontró la suma de dólares u$s 123, en la habitación en donde vivía el acusado, 3) Restos de amoniaco (empleado para limpiar los pisos de la tienda del Sr. X), fueron encontrados en los zapatos del acusado, 4) Las pruebas de parafina (empleado para determinar si una persona posee restos de pólvora en sus manos, como evidencia de que el mismo puede haber disparado un arma) indicaban, que existía una remota posibilidad de que el acusado, haya disparado un arma el mismo día en que se cometió el hecho delictivo.

La defensa por su parte, poseía los siguientes argumentos y elementos de prueba a su favor: 1) El acusado expresó en su

[151] Loftus, Elizabeth F., op. cit, págs. 9, 10.

declaración que él mismo era Inocente, 2) El dinero que se encontró en el cuarto del acusado, representaba sus ahorros de al menos dos meses, 3) El acusado trabajaba como repartidor de mercaderías, en consecuencia, los restos de amoníaco que se encontraron en sus zapatos, podían haber sido obtenidos en cualquier otro lugar en que usaren los mismos productos de limpieza, 4) El acusado, manifestó que jamás había disparado un arma en su vida, lo que se probaba con la prueba negativa de parafina.

Con la evidencia presentada, de cincuenta personas designadas como jurados, sólo el 18 % de los jurados, encontró al acusado culpable del delito del que se lo acusaba.

Sin embargo, a otras cincuenta personas, que actuaban también como jurados, se le agrego (además de las pruebas referidas más arriba) la siguiente evidencia: Un empleado de la tienda manifestó haber visto al acusado disparar a las víctimas.

Sin embargo, de estos nuevos jurados, que recibieron la evidencia adicional de un testigo ocular que dijo haber visto al acusado disparar a las víctimas, aproximadamente el 72 por ciento consideró que el acusado era culpable.

Esto demuestra la notable influencia que tienen los testigos oculares en la decisión que se adopta, por parte de los jurados.

Sin embargo, no debemos subestimar la evidencia presentada por Loftus, sólo sobre la circunstancia de que en nuestro sistema judicial no existan jurados (pese a que la constitución los ha establecido expresamente).

Y por ello creer que en el sistema de jueces, no acontece lo mismo, por el contrario, las conclusiones son muy similares en el sistema de juicio por jueces, atento a que –también–, los jueces, le dan mayor relevancia de la que deberían a los testimonios de testigos oculares.

Pero Loftus fue más lejos aún, en una tercera versión del mismo caso (en el que se emplearon a un nuevo grupo de 50 personas que se desempeñaban como jurados), se agregó a todas las pruebas referidas más arriba, el siguiente elemento de prueba: El abogado defensor del acusado, demostró que el único testigo ocular –quien afirmó haber visto al acusado disparar a las víctimas–, poseía una deficiente capacidad de visión, por lo que necesitaba emplear anteojos constantemente, agregando que en el momento en que se produjo el evento, dicha persona NO estaba utilizando dichos lentes.[152]

Sin embargo, el 68% de los cincuenta jurados, igualmente, consideraron que el acusado era culpable del hecho. Esto demuestra, la importancia, que los jurados, le dieron al testimonio del único testigo presencial, pese a la evidencia que demostraba la poca fiabilidad que merecía esta probanza (por la deficiente visión del sujeto).

Además de esta investigación realizada, existen muchas otras. Así por ejemplo según Tversky y Kahneman (1977), en el caso de los testigos oculares sobre un accidente de transito, la situación es similar (es decir, se tiende a sobreestimar la declaración de los testigos oculares).[153]

El caso que analizaremos es el siguiente. Un taxi estaba involucrado en un *hit and run accident* (o sea, aquellos casos en donde un vehículo golpea a una persona, y luego huye de la escena del crimen, sin poder ser identificado en forma precisa).

En la ciudad en que ocurrió el accidente, operan sólo dos compañías de taxi, la compañía de taxis verde, y la compañía de taxis azul. El 85 % de los taxis de la ciudad son verdes, y el 15 % restante son azules.

Un testigo identificó al taxi, como un taxi de color azul. El tribunal testeó la capacidad del testigo, de acuerdo a las condiciones de visibilidad apropiadas, y el testigo realizó identificaciones correctas en un 80 % de los casos. La pregunta que se le hizo a los testigos fue la siguiente: ¿Cuál es la probabilidad de que el automotor involucrado en el accidente sea azul, en vez de verde?. La gran mayoría de las personas entrevistadas,

[152] Loftus, Elizabeth F., op. cit, pág. 10.
[153] Ibíd., pág. 11.

dijeron que la probabilidad de que el vehículo que participó en la colisión sea un taxi de color azul, era de un 80%.

Es decir, que pese a que la realidad demostraba, que habían mucho más probabilidades de que el vehículo que haya colisionado al individuo, sea de color verde (porque un 85% de los taxis era de ese color), la gente entrevistada le creyó más al único testigo ocular, dejando de lado, evidencia más objetiva y creíble (el hecho real y concreto de que la gran mayoría de los taxis que circulaban en la ciudad eran de color verde).

Otro experimento citado por la doctora Loftus, corresponde a la autoría del doctor Gary Wells, y sus colegas (1978). En el experimento, a un grupo de jurados, se le preguntaba sobre las impresiones que tenían respecto de un testigo que había declarado en un juicio simulado.[154]

El experimento, se condujo en dos etapas, la etapa de la comisión del crimen, y la etapa del juicio propiamente dicho.

En la primera fase del experimento, un grupo de testigos (tres por sesión) ingresaba en un lugar, y presenciaba que una persona, se apersonaba al lugar, (el autor del hecho era de sexo femenino), esta persona veía una calculadora, que examinaba, y luego la ponía en su bolso, todo el incidente duraba unos pocos minutos.

Luego, unos treinta segundos más tarde, ingresaba el encargado del experimento a la habitación, y le daba a cada uno de los testigos un cuestionario, en el que se pedía una descripción física de los ladrones, y les solicitaba que trataran de identificar a los testigos de entre un grupo de seis fotos; y de ser posible expresaran el grado de confianza del reconocimiento.

En la segunda fase del experimento, un nuevo grupo de sujetos –los jurados–, recibieron la información sobre el incidente de parte de los testigos oculares del hecho, luego de lo cual estas personas (jurados) realizaban preguntas a uno de los tes-

---

[154] Loftus, Elizabeth F., op. cit, págs. 18, 19.

tigos oculares del hecho, y decidía si sus dichos merecían credibilidad o no.

En realidad el grupo de jurados, se dividió en dos, respecto de los cuales, uno realizó preguntas a un testigo veraz, y el otro grupo a un testigo falso.

Por último, a los jurados, se le hicieron preguntas sobre su reacción u opinión sobre los dichos de los testigos (uno de los cuales era veraz, y el otro no), y si sus manifestaciones merecían credibilidad o no.

Sin embargo, los resultados fueron sorprendentes, ya que en ambos casos, los jurados, tendían a creer como verdadera a la declaración del testigo, en un 80 % aproximadamente (de igual modo en ambos supuesto, es decir, examinando testigos veraces, y no veraces).

Todo esto, demuestra con evidencia científica, que los jurados le otorgan mucho valor, y creen en las manifestaciones de los testigos, con mayor razón si el testigo declara con confianza o seguridad (en contraposición a aquellos testigos que declaran con menor seguridad).

Podemos concluir citando una frase de Loftus, que expresa: "... Toda la evidencia indica la conmovedora conclusión de que no existe casi nada más convincente que un ser humano que toma posición en el estrado, y apunta con su dedo al acusado, y dice: Ese es el individuo..."[155]

3.3. La percepción de eventos

Según Loftus "... Cuando experimentamos un hecho importante, no grabamos el evento en nuestra memoria, tal y como lo haría una filmadora... La situación es mucho más compleja. Casi todos los analistas teóricos del proceso lo dividen en tres etapas... Primero, existe la etapa de adquisición –la percepción del evento original– en la cual la información es

---

[155] Loftus, Elizabeth F., op. cit., pág.19.

codificada (...) e ingresada en sistema de memoria de una persona. En segundo lugar, existe la etapa de la retención, o sea, el periodo de tiempo que pasa entre el momento en que se presencia el evento, y la eventual recolección o recuerdo de una información especifica. En tercer lugar, existe la etapa del recuerdo, o sea el momento durante la cual una persona recuerda la información ingresada... Este análisis de las tres etapas es de central importancia en el concepto de la memoria humana, y es universalmente aceptado entre los psicólogos...",[156]

Continua explicando Loftus que: "... Cuando un evento complejo es experimentado, algunas de las características de la experiencia son extraídas para ser grabadas, y luego utilizadas cuando llega el momento de tomar decisiones... En la etapa de la adquisición, el observador debe decidir a que aspecto del estímulo visual debe atender... Nuestro entorno visual – generalmente– tiene bastas cantidades de información, pero la proporción de la información percibida es muy pequeña. El proceso de decidir que atender, puede ser desmenuzado en más pequeñas series de decisiones, cada una de las cuales corresponde a donde la persona va a realizar su posterior fijación de ojos...",[157]

Luego explica: "... Una vez que la información asociada con un hecho ha sido codificada o grabada en la memoria, algo o parte de dicha información permanece sin cambios, en tanto otras porciones no (es decir sufren cambios). Algunas cosas pueden sucederle al testigo durante esta etapa crucial de retención de información. El testigo puede verse involucrado en conversaciones sobre el evento, o reescuchar conversaciones, o leer sobre la historia en periódicos –todo esto

[156] Loftus, Elizabeth F., op. cit., pág. 21.
[157] Ibíd., pág. 21.

puede provocar poderosos e inesperados cambios en la memoria del testigo..."[158]

"... Finalmente, en cualquier momento luego de presenciado el evento, un testigo puede ser indagado sobre el mismo. En este momento el testigo debe recrear de las memorias de larga duración esa porción del hecho necesaria para contestar las preguntas en particular. Esa recreación puede basarse o bien en información adquirida durante la experiencia original, o en información adquirida *a posteriori*. En otras palabras, tanto la etapa de adquisición como la etapa de retención son cruciales en lo que sucede en la etapa del recuerdo. La respuesta que una persona da se basa en esta recreación..."[159]

Agrega la notable autora, que la memoria puede producir fallas en cualquiera de las etapas antes descriptas, por lo cual se pueden producir fallas en la memoria o recuerdos.

Dice Loftus: "... Eventos o sucesos vividos en cualquier de las etapas descriptas, pueden ser la causa de errores en el recuerdo. En primer lugar, puede que la información simplemente no haya sido percibida –fallas en la etapa de adquisición–. La información puede haber sido percibida adecuadamente, pero luego se olvida o sufre interferencias durante la etapa de retención, y finalmente, la información puede haber sido percibida en forma adecuada en primer lugar, pero puede tornarse inaccesible durante la etapa de cuestionamientos –fallas en la etapa de recuerdos–. Usualmente es muy difícil determinar en que etapa o cuál de estas es la causa de las fallas. Este capítulo hace hincapié en las causas de fallas en la etapa de adquisición..."[160]

Ahora bien, Loftus, se encarga de analizar los elementos físicos necesarios, para que un hecho sea percibido en primer lugar. Y los analiza pormenorizadamente: "... Antes de que un testigo pueda recordar un evento complejo, el hecho o inci-

---

[158] Loftus, Elizabeth F., op. cit., pág. 21.
[159] Ibíd., pág. 22.
[160] Ibíd., pág. 22.

dente debe haber sido adecuadamente percibido... Debe haber sido incorporado a la memoria. Pero antes de poder ser incorporado, el evento debe encontrarse dentro del radio de percepción del testigo, lo que implica que debe ser lo suficientemente ruidoso, y estar en una cercanía necesaria para que los sentidos lo puedan recoger o percibir. Si los detalles visuales han de ser percibidos, la situación debe estar lo adecuadamente iluminada. Y antes de que cualquier información puede ser recordada el testigo debe haber prestado suficiente atención (...) Sin embargo, aunque un hecho sea lo suficientemente iluminado, ruidoso cercano, y el testigo haya prestado atención, aún pueden producirse errores significativos (...) Entre los cuales podemos nombrar a dos grupos de factores que influyen en la capacidad del testigo de recordar hechos en forma adecuada: a) Factores externos del evento, y b) Factores personales del testigo..."[161]

Hemos decidido citar textualmente dichas expresiones de la doctora Loftus, por la claridad, y elocuencia de sus expresiones, que demuestran la complejidad de los procesos involucrados en la memoria de una persona.

Pero debemos tener en cuenta que aun cuando se den las condiciones necesarias para que sea físicamente posible, haber percibido un hecho, se pueden producir fallas o errores en la memoria de una persona, circunstancias analizadas *a posteriori*.

En igual sentido resultan muy ilustrativos los artículos que al respecto, se han escrito en español, y/o elaborado a través de material audiovisual, que se pueden ver por la Internet como los elaborados por Eduard Punset, sobre la falibilidad de la memoria; y las distorsiones que esta puede elaborar para dar coherencia a la realidad.[162]

---

[161] Ibíd., pág. 22.
[162] Vease: Eduard Punset "Los siete pecados de la memoria", Redes n° 9. *http://www.blip.tv/file/1015912* entrevista con Daniel Schacter; "Porque nos engaña el cerebro", Redes n° 331.

3.3.1. Factores externos del evento

Existen una serie de factores propios del incidente en sí mismo, que pueden limitar la capacidad del testigo de obtener recuerdos veraces en la etapa de la percepción.

Entre ellos podemos mencionar a los siguientes: a) Tiempo de exposición, b) Frecuencia, c) Detalles sobresalientes, d) Tipo, y e) Violencia del evento.[163]

a) Tiempo de Exposición: Se trata de un elemento objetivo y obvio, cuanto menor es el tiempo que el testigo tiene para mirar o percibir algo, su capacidad de percepción es menos precisa.

En el año 1909, Whipple, menciono la necesidad de que el testigo o la persona, perciba u observe el evento por un lapso de tiempo importante, para que sea factible recordar el mismo *a posteriori*.

Loftus en un experimento, realizado por Laughery sus colegas (En el año 1971), hace referencia y analiza el tiempo de exposición, y la capacidad de retención.

En dicho experimento un grupo de personas tenía la obligación de observar una serie fotografías de rostros humanos, en diferentes posiciones, una a la vez. Cuatro en total.

A uno de los grupos se de individuos se les dio un plazo de diez (10) segundos para ver estas imágenes (2.5 segundos por cada imagen), a otro grupo de personas, se les dio treinta y dos (32) segundos (8 segundos por cada imagen).

Se emplearon dos tipos de rostros en el experimento –algunos vieron un hombre caucásico con cabello claro, que usaba anteojos y los otros vieron un individuo caucásico con cabello oscuro, y sin anteojos.

Aproximadamente ocho (8) minutos después los individuos tenían que mirar una serie de 150 imágenes de rostros huma-

---

[163] Loftus, Elizabeth F., op. cit., pág. 23.

nos, siendo su tarea indicar en una hoja, si alguna de las imágenes exhibidas había sido mostrada con anterioridad o no.

Como era de esperarse, los investigadores concluyeron, que la capacidad de memoria era mucho más precisa y veraz, cuando el individuo había sido expuesto o había visto la imagen por 32 segundos, que cuando habían visto esa imagen por 10 segundos solamente.

Así un 58 % de las personas que vieron las imágenes por 32 segundos respondieron correctamente, en tanto que sólo un 47% de aquellos que vieron las imágenes por 10 segundos, lo hicieron de modo correcto.

Como conclusión Loftus, sostiene, que cuando es mayor el tiempo que una persona observa un rostro, es probable que recuerde más características del mismo.

b) Frecuencia: En este caso hablamos, de la cantidad de oportunidades que una persona tuvo de haber visto detalles particulares de un hecho, que necesitan ser recordados con posterioridad.[164]

Un autor muy importante que investigo al respecto fue Burtt (1948), quien escribió sobre la memoria para recordar detalles de un crimen. Burtt concluyo que cuando un evento es experimentado varias veces, va a ser recordado mucho mejor que cuando es vivido una sola vez.

Loftus textualmente cita a Burtt, quien expresa: "... Una persona que ha visto al mismo sospechoso ingresar en una puerta en forma reiterada, es probable que recuerdo el hecho mejor que una persona que sólo vio el evento una sola vez..."[165]

c) Detalles sobresalientes o destacados (*Detail Salience*): Cuando un evento complejo es percibido, no todos los detalles

---

[164] Loftus, Elizabeth F., op. cit., pág. 24.
[165] Ibíd., pág. 24.

son memorables para dicha persona. Algunas cosas son percibidas con mayor rapidez que otras, un detalle sobresaliente, es aquello (del evento) que tiene más probabilidades de ser espontáneamente mencionado por las personas que han vivido o experimentado esa circunstancia.[166]

Según un autor llamado Gardner, citado por Loftus (1993) "... Lo extraordinario, colorido, nuevo, inusual, y las escenas interesantes llaman nuestra atención y mantienen nuestro interés, ambos la atención y el interés son importantes, por lo que ayudan a la memoria..."[167]

Y agrega: "Lo opuesto a lo expresado, es inversamente verdadero, así lo rutinario, los lugares comunes, las circunstancias insignificantes son raramente recordados como eventos específicos..."[168]

d) Tipo de evento: Existen tipos o especies de hechos, más fáciles de recordar que otros. Cattell (1895) fue el primero en realizar estudios sobre los diferentes tipos de información. Entre las preguntas que le hacía a los alumnos a quienes les daba clases, podemos mencionar a las siguientes: ¿Cómo estaba el clima hace una semana atrás?[169] Las respuestas que los jóvenes dieron, reflejaban, en general cual era el posible clima al principio de marzo en los EEUU. Porque sólo el 10% dio la respuesta correcta, o sea, que en esa fecha nebó a la mañana, y salió el sol por la tarde.

Lo importante de las investigaciones de Cattell, son las conclusiones, entre las cuales se menciona que la mayoría de las personas tiene gran dificultad para recordar, estimaciones de la duración de un evento, y que en general, tienden a sobre-

---

[166] Loftus, Elizabeth F., op. cit., pág. 25.
[167] Ibíd., pág. 27.
[168] Ibíd., pág. 27.
[169] Ibíd., pág. 27.

estimar el tiempo de duración de un hecho (es decir, le otorgan un mayor lapso que el real).

Inclusive otros estudios (Sarason and Stoops, 1978), han demostrado, que cuando una persona siente stress o ansiedad, tiende a sobreestimar el paso del tiempo aún más.

A pesar de la dificultad que ello implica, en general a los testigos se los obliga a dar estimaciones de tiempo (en las cortes de Justicia), que a veces tienen una influencia tremenda.

Loftus, cita un caso judicial, para ilustrar esto, en donde colaboro con un defensor oficial de Seattle. En un caso se investigaba el homicidio cometido por una joven en perjuicio de su novio.

Según el fiscal, el caso era un homicidio en primer grado (semejante a un homicidio agravado), pero el abogado defensor de la joven, argumentaba que existía un caso de legítima defensa.

Entre los pocos hechos concretos, estaba la circunstancia de que durante una discusión la joven corrió a la habitación, y le disparo a su novio seis (6) veces. Pero el meollo, giraba en torno a la determinación del tiempo que transcurrió entre el momento, en que la joven agarró el arma, y produjo el primer disparo. La inculpada, sostuvo, que sólo habían transcurrido dos segundos, en tanto, que el fiscal sostenía que habían transcurrido cinco (5) minutos.

Según la defensa, el homicidio ocurrió de pronto, en situación de estar temerosa, y sin tiempo de pensar nada, sin hesitación, el jurado, debe haber creído esta versión de los hechos, porque terminaron absolviendo a la imputada.

e) Violencia del evento: Podemos concluir que cuando un evento es violento, es más difícil de recordar.

Clifford y Scott (1978) hicieron un experimento, consistente en la exhibición de dos videotapes en blanco y negro. En el cual, dos policías, lograban encontrar a un presunto criminal, merced a la escasa ayuda de un tercer individuo.[170]

Ambos videos eran idénticos en el inicio y el final, pero diferían –porque se introducían diversas secuencias entre medio de ambas versiones– en la sección media de la filmación.

En una de las versiones uno de los policías discutía con el tercer individuo, que se negaba a dar información sobre el presunto delincuente.

En otra de las versiones, uno de los policías, directamente atacaba al tercer individuo, para así obtener información.

Cuarenta y ocho sujetos (la mitad de ellos hombres, y la mitad mujeres), vieron alguna de las dos versiones de la filmación. Luego de algunas entrevistas, a los sujetos se le hicieron preguntas.

En ambos casos (tanto para hombres, como para mujeres), la habilidad para recordar el evento fue muy superior en la versión no violenta, que para la versión violenta.

Según los autores del trabajo, la posible causa de dicha situación, es que existe más stress cuando se presencia un evento violento, que cuando no existe violencia.

El documental sobre el caso de Ronald Cotton, emitido por el programa 60 minutes, resulta muy importante tener presente, y prestar atención a los comentarios que realizan Gary Wells, y Elizabeth Loftus, sobre el tema del stress, y su influencia en la capacidad de percepción.

Como conclusión, podemos decir que los testimonios de hechos violentos, deben ser tratados con mayor precaución por parte de aquellas personas que tienen a su cargo la entrevista de dichas personas. Por ser más proclives a errores, en virtud, de tener recuerdos menos precisos.

[170] Loftus, Elizabeth F., op. cit., pág. 31.

3.3.2. Factores personales del Testigo

Entre los factores personales propios de los testigos debemos mencionar a los siguientes: a) El stress por el que atraviesa; b) Las expectativas; c) La actividad perceptiva, d) El estado de ansiedad; e) El sexo; f) Edad de la persona; g) El entrenamiento del testigo; h) Conocimiento previo de lo que ha de suceder.[171]

A su vez entre los factores personales de las expectativas (b) corresponde mencionar a las siguientes: 1) Expectativas Culturales; 2) Expectativas sobre la base de experiencias del pasado; 3) Prejuicios Personales; y 4) Los llamados Prejuicios Temporales,

Todos estos factores personales han de ser objeto de análisis pormenorizado a continuación.

a) Stress: El rol que juega el stress en el momento en que el testigo percibe un evento complejo, ha sido objeto de la creación de la llamada ley de Yerkes –Dodson (denominada así en honor a sus creadores).[172]

Según esta ley, los fuertes estados emotivos (tal y como el stress, o la emoción, etcétera) facilitan el conocimiento y la performance de una persona, hasta un determinado punto, a partir del cual la atención y/o performance comienza a decrecer.

La ubicación del punto a partir del cual comienza a decrecer la capacidad de conocimiento y performance, se determina por la dificultad de la tarea realizada.

Según Hilgard y sus colegas, a niveles bajos de dificultad (como cuando se realizan tareas sencillas como caminar) el sistema nervioso no funciona en su plenitud, en tanto que a niveles medios se produce interés y alerta, pero cuando los

---

[171] Loftus, Elizabeth F., op. cit, págs. 32 y ss.
[172] Ibíd., págs. 33 y ss.

estados emotivos se vuelven intensos, sean placenteros o no, esto resulta en una reducción de la performance.

Los estudios realizados demuestran que sólo aquellas personas acostumbradas a situaciones de peligro importante, o de stress extremo, no sufren una reducción de la performance en las tareas que realizan, por ejemplo los paracaidistas, tarea que para alguien que no esta acostumbrado, resulta muy estresante.

Sin embargo, las situaciones de stress extremo, producen la diversidad de la atención, como sucede con el fenómeno de la *weapon focus* (atención o focalización de toda la atención en el arma que se emplea; dejando de prestar atención a otros factores).

Recordemos que aquellas víctimas de delitos que son apuntadas por armas, concentran casi toda su atención en la visión del arma empleada por el asaltante y mucho menos tiempo procesando otros datos de la situación que viven.

¿Qué significa weapon focus?. Dice Loftus que dicho fenómeno: "... Implica que el testigo de un delito, concentra toda su atención en el arma que se emplea, y la consecuente reducción de la habilidad para recordar otros detalles del delito..."[173]

Por ello, estas víctimas, al concentrar toda la atención en focalizar el arma, no toman en cuenta el resto de las circunstancias que rodean al evento.

Existen varias y serias investigaciones realizadas sobre el fenómeno del weapon focus, como por ejemplo un experimento realizado por Loftus, Loftus y Messo sobre el fenómeno del weapon focus.

Dice Loftus, al comentar el experimento: "... Los psicólogos y abogados hacen mención al fenómeno denominado weapon focus, o enfoque del arma. El mismo hace referencia a que el testigo concentra toda la atención en el arma que se emplea durante la comisión de un delito –el filo de un cuchillo, o el barril del arma–, prestando menos atención a los demás

---

[173] Loftus, Elizabeth F., Geoffrey Loftus, Messo, Jane; Some facts about weapon focus, Law and Human Behavior, Vol. II, N° 1, 1987, pág. 55.

ítems. Un profesor de derecho (Taylor 1982: Pág. 32) sugirió que las personas concentran una excesiva atención en el arma, lo que provoca que no se le preste atención a cualquier otra cosa u objeto... " agrega más adelante que: "... Muchos investigadores en el campo del testimonio ocular dan la existencia del fenómeno del weapon focus por segura... casi el 90% de los expertos coincidieron en que en las situaciones de comisión de delitos, la víctima es probable que focalice su atención en el arma, lo que ha de interferir con su habilidad de recordar el rostro del criminal..."[174]

La autora comenta posteriormente las conclusiones extraídas de los experimentos realizados. En el primer experimento se empleó a 36 personas (De entre 18 y 31 años) estudiantes de la Universidad de Washington, la mitad fue reclutado mediante el empleo de avisos colocados en dormitorios del campus universitario, y se les pagó US $ 3.50 por su participación; el 50% restante eran alumnos de psicología, y se les dio crédito extra por participar de dichos experimentos.

El estímulo, consistía en la exhibición de 2 series de 18 fotografías, de 35 mm, cada uno. Las 18 fotos de cada serie, describía a personas moviéndose a través de una línea de órdenes de un restaurante de Tacos. En una de las series la 2° persona de la línea (persona B) le entregó al cajero un cheque para pagar la compra; y el cajero le da de vuelto algo de dinero.

En la otra serie (en donde se empleaba el arma), la persona B, le exhibe un arma al cajero y la cajera le da dinero. Ambas series de fotografías, eran casi idénticas con la sola excepción de que en una serie se exhibe un cheque, y en la otra se muestra un arma. Tanto el arma, como el cheque aparecían en 4 fotografías.

El mecanismo de exhibición empleado fue un proyector Kodak, con disparador de taquitos copio. Los movimientos de los ojos de los sujetos eran captados, empleando un mecanis-

---

[174] Loftus, Elizabeth F., Geoffrey Loftus, Jane Messo, op. cit, págs. 55, 56.

mo de reflección de córneas. Por ello, los movimientos de los ojos eran gravados en un videograbador.

Procedimiento realizado. Las fotos eran exhibidas una detrás de otra, a razón de 1.5 segundos por cada placa fotográfica. Luego se les dijo a las personas que verían dos series de fotografías, la primera normalmente (En la cual se grabó el movimiento de los ojos), y la segunda con atención. Luego de un intervalo de 15 minutos, se les exhibió otras fotografías, y las personas tenían que escribir una detallada descripción de las fotos. A posteriori se les realizaron 20 preguntas, para ser respondidas por opción múltiple (*Multiple Choice*), de 4 alternativas cada pregunta, sólo una de las cuales era correcta.

Por último las personas debían hacer un reconocimiento fotográfico de entre 12 opciones; y tenían que expresar el grado de confianza del reconocimiento (Puntuando de 1 a 6 – 1= Adivinando u opción azarosa; y 6 = muy seguro).

Resultados: En el cuestionario de 20 preguntas los sujetos del experimento en donde se empleo el arma, estuvieron, levemente menos precisos en la corrección de las respuestas (45,8% contra 50.3%); en relación con las personas que vieron el evento sin emplear el arma.

En cuanto a las ruedas de reconocimiento. A los sujetos se les exhibierón a 12 personas en los reconocimientos. Siete (7) de las personas que vieron las fotografías sin arma (38.9%), hicieron una elección correcta. En tanto que sólo dos (2) de los sujetos; que vieron las fotos en donde se exhibió el arma, hicieron un reconocimiento correcto (11.1%).

En cuanto al grado de seguridad exhibido por los sujetos, esto no difería en absoluto.

Los datos sobre el análisis del movimiento de los ojos, demostró que las personas fijaban más la atención en el arma, que en el cheque.

Las conclusiones a las que arribó Loftus, fueron las siguientes: Los sujetos que vieron las fotografías de un robo armado simulado, emplearon más tiempo mirando el arma empleada, que los sujetos a los que no se les mostró el arma.[175]

El segundo experimento consistía en lo siguiente. Personas empleadas: 80 estudiantes de la Universidad de Washington, que fueron como voluntarios, a cambio de crédito extra en las clases de psicología.

Se emplearon las mismas fotografías del experimento anterior, pero a 40 personas se les mostró la versión no violenta, y a los restantes 40 se les exhibió la versión violenta. Cada foto se mostró por espacio de 1.5 segundos; y luego a los 15 minutos posteriores, se les hacía un cuestionario tipo opción múltiples de 7 ítems; y una rueda de reconocimiento con el empleo de 12 fotografías.

Los resultados fueron los siguientes: Las 7 preguntas relativas al sujeto B, demostraron que la versión no violenta fue más precisa 67% casos correctos; en tanto que la versión violenta del incidente fue del 56 %.

Finalmente en el reconocimiento ocular, sólo el 15% de los sujetos que vieron la versión violenta, lograron reconocer al delincuente; en tanto que en la versión no violenta, dieron una respuesta correcta en el 35 % de los casos.[176]

Concluye Loftus: "... Estos experimentos proveen la primera y real prueba sobre la viabilidad del concepto "weapon focus". En el primer experimento, los sujetos que vieron un robo armado simulado, emplearon más tiempo mirando el arma, que las personas que miraron la otra versión casi idéntica que involucraba el empleo de un cheque. Fijaron más veces las miradas sobre el arma, y con una duración mayor. Una de las consecuencias fue que se redujo la habilidad para reconocer a la persona que empleaba o sostenía el arma. En el segundo experimento, los sujetos que miraron el evento, que involucraba el empleo del arma, tuvieron menos precisión para identifi-

---

[175] Loftus, Elizabeth F., Geoffrey Loftus, Jane Messo, op. cit., págs. 58-60.
[176] Ibíd., pág. 60.

car al perpetrador, y además, fueron menos precisos para responder preguntas específicas sobre el mencionado sujeto...">[177]

Finaliza Loftus diciendo que: "... ¿Por qué la presencia del arma, disminuye la performance de la memoria de un testigo?. En situaciones reales de la comisión de un delito "la fijación en el arma"... provoca gran estrés que puede causar la perdida de focalización perceptiva...">[178]

Estimamos que las conclusiones a las que arriba la autora, sobre dicho fenómeno son elocuentes.

b) Expectativas: Esto significa que las expectativas (O sea, aquello que la persona considera que ha de acontecer, o suceder con posterioridad), tienen un rol muy importante en los testimonios que las personas brindan.

Existe una tendencia a ver y escuchar, lo que uno espera ver y escuchar (Whipple 1918), aunque esto no sea lo que realmente sucedió luego.[179]

Se pueden identificar cuatro tipos de expectativas que pueden afectar nuestra percepción: 1°) Expectativas culturales o estereotipos, 2°) Expectativas de experiencias pasadas, 3°) Prejuicios Personales, y 4°) Expectativas momentáneas o temporales.

Cuando alguna de estas circunstancias se encuentra presentes, se puede producir una distorsión de la percepción, en concordancia con la expectativa que se tiene.

1°) Expectativas culturales o estereotipos: Una expectativa cultural es una creencia simple que es sostenida por un gran número de personas de un determinado grupo cultural.

---

[177] Loftus, Elizabeth F., Geoffrey Loftus, Jane Messo, op. cit., pág. 61.
[178] Ibíd., pág. 60.
[179] Loftus, Elizabeth F., Eyewitness Testimony, Harvard University Press, 1996, Cambridge Massachussets, London England, pág. 36.

A modo de ejemplo cotidiano y un poco grosero, típico de una expectativa cultural, podemos citar los adagios comunes de nuestra cultura argentina. Como por ejemplo, sostener que: "... Las mujeres al volante son peligro andante... o... que no existe enano que no sea agrandado..."

Las expectativas culturales son simples y ampliamente aceptadas, pero, habitualmente, resultan incorrectas. Allport y Postman (1947–23) demostraron como las expectativas culturales pueden afectar la percepción, estudio citado por Loftus.[180]

Según dicha investigación para demostrar estas expectativas, los autores exhibieron una imagen que acontece en un subterráneo de New York, lleno de gente. En esa imagen, se ve que la mayoría de las personas que viajan en el subterráneo, están sentadas, y sólo dos personas se encuentran paradas.

Un individuo joven de raza negra, delgado, y elegantemente vestido, y una persona de raza blanca, de mediana estatura, de contextura rellena y calvo, que sostiene una navaja de barbero en sus manos. Ambas personas parecen estar discutiendo.

La tarea consistía en lo siguiente: Un primer individuo veía la imagen del dibujo por un escaso periodo de tiempo, luego esta persona le relataba lo visto en esta imagen a un segundo individuo, y este a su vez a un tercer sujeto, y así sucesivamente (hasta un máximo de siete personas).[181]

Las personas que participaron del experimento, eran individuos comunes, y de diversa raza (gente afro-americana, anglosajones, etcétera), de actividades diversas, entre las cuales podemos citar a policías, estudiantes, pacientes de un hospital, niños, y jóvenes, etcétera.

Como conclusiones extraídas del experimento se establece que casi el 50% de las personas que dieron el último reporte sobre la imagen exhibida (es decir aquel individuo que recibió

---

[180] Loftus, Elizabeth F., op. cit., págs. 37, 38.
[181] Ibíd., pág. 38.

el último comentario sobre el dibujo o imagen que se les exhibía), dijeron que en la imagen se veía a un hombre de raza negra que blandía una navaja en su mano. E inclusive algunos manifestaron que este individuo exhibía el arma blanca, en forma amenazante.

Según Allport, y Postman, esta distorsión exhibía un odio, y temor a los hombres de raza negra. Además de que las cosas se perciben y recuerdan del modo en que usualmente acontecen, o se cree que han de suceder. Aunque la realidad sea diferente. El estudio citado, ayuda a comprender, el tem de las expectativas culturales.

2°) Expectativas de experiencias pasadas: Para explicar dicho concepto, Loftus, emplea el siguiente ejemplo.[182]

Dos personas acaban de robar un apartamento, un testigo que circunstancialmente pasa por el lugar, logra darle una mirada precisa a uno de los sujetos que acaba de robar el departamento, y lo reconoce.

Sin embargo, a pesar de que este testigo ocular, no pudo divisar al compañero del ladrón que reconoció, lo identifica como un amigo cercano, del otro sujeto porque habitualmente esta persona se encuentra con el sujeto que fue visto y reconocido.

El segundo individuo, tiene una importante coartada, estuvo en otra provincia, al tiempo de producirse el robo, lo que desacredita este segundo reconocimiento.

Justamente, el ejemplo citado, sirve para conceptuar a las expectativas de experiencias pasadas. Es decir, alguien, sobre la base de lo que le sucedió o conoce con antelación, hace una inferencia (Sin pruebas suficientes) sobre una situación presente, lo que muchas veces es un error.

Los investigadores Bruner y Postman –citados por Loftus–, remarcan que cuando las expectativas no han sido cumplidas

182 Loftus, Elizabeth F., op. cit., pág. 39.

(es decir cuando lo que el individuo consideraba iba a suceder no se configura) se produce una suerte de resistencia –por parte del sujeto– a reconocer lo inesperado o incongruente, o una negación.[183]

3°) Prejuicios Personales: Análogamente a lo que ocurre cuando un grupo de personas tiene la creencia de ciertos estereotipos que afectan su percepción, también se pueden dar casos en donde un individuo tiene algún prejuicio personal que puede afectar su forma de percibir la realidad.

Como ejemplo, podemos citar, la creencia que tienen algunos hombres de que las mujeres no saben conducir vehículos, o de que todas los negros son violentos o ladrones. En los Estados Unidos existen personas que tienen prejuicios contra los judíos, latinos, musulmanes, indios, villeros, etcétera

En forma análoga a lo que ocurre con los estereotipos, estas creencias si bien son simples, y creídas por algunas personas, son habitualmente falsas, o al menos no están fundadas en evidencia adecuada. Podemos citar como ejemplo el caso del periodista de raza negra norteamericano que silbaba una pieza musical de Vivaldi para ganarse la confianza de los transeúntes de color blanco, citado por Schacter.

Cuando se recibe un testimonio, deben tenerse en cuenta los prejuicios de quien indaga o recibe dicha declaración.

3.1) Prejuicios Temporales: Es un tipo de prejuicio que se produce en diversos tipos de incidentes como ser accidentes de tránsito, accidentes de cacería, etcétera.[184]

Así por ejemplo, no son pocas las muertes que se producen en los accidentes de cacería (muy dolorosas porque a veces se dan entre familiares y/o personas muy afines entre sí).

---

[183] Loftus, Elizabeth F., op. cit., pág. 40.
[184] Ibíd., pág. 42.

En los Estados Unidos –solamente–, durante el año 1974-1975, murieron más de 700 personas a causa de los accidentes de cacería.

En efecto, las personas que se ven envueltas en la actividad propia de la cacería estiman que ciertos movimientos, y/o sonidos pertenecen a animales cuando en realidad son de personas que han sido lesionadas, y/o han sufrido la muerte a causa de un incidente desgraciado, quizás causado por el propio compañero de caza.

Otro ejemplo de este tipo de prejuicio se produce cuando se muestran imágenes de animales y luego se exhibe una caricatura o imagen que puede parecerse o bien a un animal o bien a un rostro, y el individuo cree que ve un animal.[185]

Según un experimento citado por Loftus, llevado a cabo por Bugelski y Alamply, se logró demostrar que entre el 85 y el 95% de las personas analizadas, percibieron la figura del hombre-rata, como hombre si antes habían visto rostros humanos; y/o como rata si antes habían visto imágenes de animales.[186]

Un autor que analiza muy bien esto es Stephen Covey, en su trabajo "The Seven Habits of Highly Effective People", cuando explica el poder de los paradigmas, al mostrar las distintas imágenes de una mujer (En las cuales parece una anciana, o una joven y atractiva mujer), a poco de iniciar su trabajo.

3.2) Actividades perceptivas: En este caso debemos tener presente las diferentes actividades que estaba desarrollando la persona, en el momento, en que presenció el hecho.

Por ejemplo: puede que durante un robo, el testigo, este viendo el rostro del ladrón, o bien focalice su atención en el arma empleada (fenómeno conocido como *weapon focus*), o bien puede suceder que miré la cara del ladrón, pero esté maqui-

---

[185] Loftus, Elizabeth F., op. cit., pág. 44.
[186] Ibíd., pág. 45.

nando la forma en que ha de tratar de escapar de la situación de peligro.[187]

La actividad que realiza el sujeto en ese momento, es importante, para tratar de demostrar cuan bien algunos aspectos del incidente serán recordados *a posteriori*.

Un experimento llevado a cabo por Bower y Carlin, asi lo demostró. La tarea consistía en exhibir fotos de rostros humanos a un grupo de personas, mientras tanto las personas o sujetos debían realizar algunas actividades respecto de dichos rostros. Por ejemplo a algunos sujetos se les pidió que juzgaran sobre el sexo de la cara o rostro –opinión superficial–, a otros sujetos se les pidió que juzgaran sobre la honestidad o no de las caras mostradas –opinión más profunda.

A posteriori se les hizo un test de memoria y se logró demostrar que las personas que habían debido emitir una opinión más profunda sobre las caras que les fueron mostradas, tuvieron mejor rendimiento.

Como conclusión los autores citados por Loftus, aconsejan lo siguiente: "... Si quiere recordar el rostro de una persona, trate de elaborar una serie de difíciles opiniones sobre el rostro, la primera vez que lo ve..."[188]

La posible explicación que da Loftus, es que quizás, cuando los sujetos tratar de juzgar sobre la honestidad del sujeto, realizar un escaneo más profundo del rostro.

Quizás tratan de pensar en una persona honesta que conocen, y tratan de ver sobre las similaridades o disparidades de esos rostros.[189]

3.3) Conocimiento previo: Se ha demostrado que las expectativas, y las actividades perceptivas están interrelacionados; y

---

[187] Loftus, Elizabeth F., op. cit., pág. 48.
[188] Ibíd., pág. 48.
[189] Ibíd., pág. 49.

que teniendo un poco de conocimiento previo sobre un evento, antes de que ocurra puede influenciar como el testigo ha de mirarlo, que ha de mirar, y a que cosas prestara más atención, y/o a que detalles se ha de mirar con más precisión; dicho de otro modo; lo que el testigo conoce de antemano, puede afectar lo que el testigo hará al momento del incidente.[190]

Evidencia científica así lo demostró. En un experimento llevado a cabo por Leippe y sus colegas, a las personas se les daba información sobre el importante valor económico que tenia un objeto, y su capacidad de identificación.

El experimento era el siguiente: El que administraba el experimento ingresaba a la habitación en donde estaban los estudiantes, y les decía que estaba hablando por teléfono, con una persona que antes había participado de una sesión, quién le dijo que había olvidado su bolso en la habitación. Y les preguntaba si lo habían visto. Una de las personas le apuntó a una bolsa de papel marrón, que estaba cerca del escritorio. Entonces, el experimentador le respondía si esa es, allí hay una calculadora. Indicando asi que el objeto era valioso. A otros grupos de estudiantes en vez de emplear la palabra calculadora se les decía que había un paquete de cigarrillos, indicando que el objeto era poco valioso. El administrador dejaba la habitación y el sujeto que le había señalado la bolsa (Cómplice del experimento) tomaba, la bolsa, la que se le caía la suelo, pero era recogida, y este huía del lugar. Luego regresaba el administrador del experimento, y les volvía a preguntar sobre la bolsa marrón, los estudiantes le respondían lo que había sucedido. A posteriori, se llevaba a los estudiantes a otra habitación en donde se les comentaba, que habían logrado apresar a un sospechoso, y les iban a exhibir 6 fotografías, para ver si podían hacer un reconocimiento correcto. Luego de realizado el experimento se llegó a las siguientes conclusiones: a) Las personas consideraban que el valor aproximado de la calculadora era

---

[190] Loftus, Elizabeth F., op. cit., pág. 49.

muy superior al del paquete de cigarrillos (US$ 46.44-US$ 1.49 respectivamente); b) Las personas tendían a pensar que al ser el objeto más valioso, la ofensa criminal era más grave; c) Las personas que estimaban la ofensa criminal era más grave hicieron identificaciones correctas en un porcentaje del 56%; en tanto que las personas que estimaban que el delito no era tan grave (Por el escaso valor económico del objeto) hicieron una identificación correcta en un 19%. Los investigadores creen que el conocimiento previo, del suceso a percibir, motiva al testigo a prestar más atención, y posiblemente más características faciales el delincuente son tomadas en cuenta.[191]

d) Estado de Ansiedad del Testigo: Se ha demostrado con evidencia científica (Loftus and Saranson) que las personas que tienen gran ansiedad, y preocupación tienden a tener peor rendimiento en tareas como testigos oculares.

Esto demuestra que la ansiedad, y la preocupación, provocan poca eficiencia, en la realización de tareas de percepción (tal y como es la del testigo ocular). Lo que puede suceder porque estas personas, no prestan la importancia adecuada al medio que los circunda, y por ello pueden dejar de percibir información importante.

El experimento consistía en analizar a 84 estudiantes, y cada estudiante debía completar 4 tests completos sobre los siguientes temas: a) Ansiedad; b) Stress en su vida cotidiana; c) Tareas sobre testimonio Ocular; d) Test designado para medir el grado de preocupación personal del sujeto.[192]

a) El test de ansiedad consistía en analizar una lista de 132 adjetivos (Ejemplo: agitado, calmo, desesperado, etcétera); los sujetos debían responder mencionando los adjetivos que describían su estado de ánimo actual. 21 de estos adjetivos eran relevantes para determinar cuan ansiosa es una persona.

---

[191] Loftus, Elizabeth F., op. cit., pág. 50.
[192] Ibíd., págs. 154 -155.

b) El test sobre el estrés de la vida cotidiana, consistía en 57 preguntas sobre diveros hechos, en las cuales los sujetos debían indicar los eventos que habían experimentado el año anterior (Ejemplo: muerte de algún amigo cercano, matrimonio, trabajo nuevo, etcétera). Debían responder indicando si esos sucesos habían sido positivos o negativos, y sobre estas respuestas se podía determinar el deseo de cambio que habían experimentado los testigos.

c) El test sobre las tareas típicas de testigo ocular, se diseñó para determinar la habilidad para percibir y recordar eventos complejos. A los testigos se les exhibían una serie de 24 placas fotográficas, en donde se describía el incidente del robo de una billetera en un pueblo pequeño, y los sujetos debían contestar un cuestionario diseñado para determinar la precisión del recuerdo. El que consistía de 35 ítems dirigidos a detalles del incidente. Por ejemplo: El ladrón usaba: a) Remera; b) Abrigo de invierno; c) Chaqueta liviana, etcétera.

d) La escala de preocupación personal medía el grado de preocupación del individuo, con relación a las tareas que se le encomendaban. Las que eran poco relevantes.

Las conclusiones a las que arribó el experimento, demostraron que la habilidad del testigo, para hacer reconocimientos, tenía relación directa con el grado de ansiedad del mismo, para ser sintéticos podríamos expresar que las personas que son generalmente ansiosas, neuróticas, o que están habitualmente preocupadas tienden a tener un peor desempeño como testigo.[193]

e) Sexo del testigo: Según las investigaciones científicas realizadas, hay opiniones para todos los gustos. Así para algunos investigadores las mujeres tienen mejor desempeño como testigos oculares que los hombres, y para otros ocurre exacta-

---

[193] Loftus, Elizabeth F., op. cit., págs. 155, 156.

mente a la inversa, pero también existen científicos que no ven diferencias de ninguna índole.

Sin embargo, trabajos realizados por la doctora Loftus, reseñan, que tanto hombres, y mujeres tienen mejor desempeño como testigos oculares según sean las preguntas o la orientación del cuestionario que se realice, o bien sobre las cuestiones objeto de indagación.

El experimento realizado por Loftus, consistía en exhibir a 50 personas una secuencia de 24 fotografías en donde se podía ver el robo de una billetera, luego tenían que contestar un cuestionario de 30 preguntas aproximadamente.[194]

Al día siguiente los sujetos debían leer unos párrafos (sugestivos por cierto), que tenían dos versiones posibles. Una precisa, y otra errónea.

La primera versión contenía información precisa sobre cuatro cuestiones esenciales, el segundo de los párrafos, contenía información errónea sobre estas mismas cuestiones fundamentales, por último los individuos debían contestar un último cuestionario.

Como conclusión, sobre la base de los estudios y experimentos realizados podríamos afirmar que en todas aquellas cuestiones que llaman más la atención de las mujeres, el desempeño de estas como testigos, suele ser mejor, y viceversa (es decir en temas de mayor interés para los hombres su desempeño suele ser mejor que el de las mujeres).

Por ejemplo: Las mujeres son más precisas al momento de contestar preguntas concernientes a ropa, o moda en general (relativas a las fotografías del ladrón que se les exhibió), en tanto que los hombres tuvieron un mejor desempeño en cuento a la apariencia física, y otros aspectos externos del presunto ladrón).[195]

---

[194] Loftus, Elizabeth F., op. cit., págs. 157, 158.
[195] Loftus, Elizabeth F., op. cit., págs. 156, 157.

Estudios subsecuentes, han demostrado lo expresado por Loftus y otros autores es decir, que tanto hombres como mujeres, tienden a tener un mejor o peor desempeño como testigos oculares, según sea la cuestión objeto de pregunta, y el interés de los individuos.

Loftus describe un experimento realizado por ella. A 50 personas de distinto sexo se les mostraban 24 fotos o diapositivas, en las cuales se describía un robo de billetera. Luego las personas debían contestar un cuestionario de 30 preguntas, las que fueron diseñadas para verificar la precisión de los recuerdos. Al dia siguiente a los sujetos se les daba a leer dos párrafos sugestivos del mismo incidente. Estos párrafos se diferenciaban en 4 ítems centrales, una versión de los párrafos era veraz; y la otra versión era falsa o equivocada. Por último, las personas debían tomar un último test, en donde tenían que responder 20 nuevas preguntas, diseñadas para verificar cuanta información erronea, se logró incorporar en la memoria de las persnas. Como conclusión podemos mencionar a las siguientes: Las mujeres eran más precisas para describir ropas, o acciones que llaman la atención de las mujeres; y los hombres fueron más precisos en la descripción del ladrón y del ambito geográfico en que se produjo el hecho. Las mujeres eran más susceptibles de incoporar información erronea que los hombres. Para finalizar se puede afirmar que las mujeres son más precisas para recordar cosas o hechos, que llaman su atención; y los hombres; son más precisos para recordar hecho que igualmente llaman su atención.[196]

f) Edad del testigo: Según la doctora Loftus, se han realizado serios experimentos que permiten inferir algunas conclusiones muy importantes sobre la capacidad del testigo y la edad.

---

[196] Loftus, Elizabeth F., op. cit., págs. 157, 158.

Entre ellas podemos mencionar que el niño como testigo es poco preciso, y resulta muy susceptible a ser influenciado, o sugestionado en su declaración testimonial.

Junto con otros investigadores –entre ellos Ellis, y sus colegas– en el año 1973, llevaron a cabo un experimento que involucraba como testigos a un grupo de niños de entre 17 y 12 años respectivamente.

La prueba consistía en exhibir a estos niños 20 fotografías a colores, de alumnos, la mitad niños, y la otra mitad niñas.

Cuatro horas más tarde las primigenias 20 fotografías eran mezcladas con otras 40 nuevas fotos y estas fotografías (mezcladas) en forma conjunta, eran nuevamente exhibidas a los niños, para que indicaran y distinguieran las fotografías que habían sido vistas antes de las que no les fueron exhibidas previamente.

Como conclusión se obtuvo el dato de que los niños de 17 años tenían una eficacia mayor en el reconocimiento de fotografías que los niños de 12 años (concretamente 79% vs. 72 % de eficacia).[197]

Estos resultaron indicaban claramente que los niños de edad más avanzada, tienen más precisión para hacer reconocimientos que los niños más pequeños.

Whipple (1913), y Varendonck (1910) entre otros, afirman que los chicos o menores de edad: "... son los más peligrosos de todos los testigos... ", Y "... son más proclives a ser sugestionados que los adultos..."[198]

Un procedimiento sugestivo, puede inducir a que el niño diga que ha visto, o presenciado, lo que el adulto que lo circunda y/o está a su lado, o quien lo indaga al respecto desea que haya visto o presenciado.

Así otro autor notable como Brown expreso que: "... Elaboren, si ustedes desean una idea de que es lo que el niño va a

---

[197] Loftus, Elizabeth F., op. cit., págs. 159, 160.
[198] Ibíd., pág. 161.

ver u oír, y el niño es muy probable que vea o escuche lo que usted desea...".

Inclusive se ha demostrado con trabajos científicos que a preguntas sugestivas o indicativas, los niños suelen responder de manera afirmativa. Esto es, son más proclives a ser sugestionados.

Lo llamativo es que en el Estado de Washington, en los EE.UU., durante la década del 70-80 según cita la doctora Loftus en su trabajo, los niños de 9 años eran considerados competentes para declarar como testigos, pero existen casos en donde se ha considerado como admisibles las declaraciones testimoniales de menores de hasta 5 años de edad.

Es decir, un verdadero despropósito, a la luz de las actuales investigaciones científicas. Resulta muy importante recordar la película que se realizo sobre el caso Mc Martin, que cuenta con la actuación del gran actor James Woods.

En dicho film se advierte claramente la influencia que ejerce la sugestión en las declaraciones de los menores de edad. Como dato anecdótico, recordamos, que en dicho juicio criminal se termino absolviendo a los acusados.

También podríamos afirmar que las personas de edad avanzada (más de 60 años) tienden a tener una leve disminución de su capacidad de percepción de eventos (por los achaques propios de la edad, perdida de la visión, perdida del sentido de la audición, etcétera), pero ello no implica perdida de capacidad de razonar, y/o de relacionar elementos, que se ha demostrado permanecen en buen estado.

En cuanto a las personas de 60 años o mayores aún, lo único preciso, es que efectivamente pueden tener una leve disminución de sus facultades de percepción de detalles de los eventos, por lo que también debe analizarse con espíritu crítico sus declaraciones sobre hechos concretos, en los que resulta de vital importancia la percepción.

Como ejemplos gráficos de los errores típicos que se cometen al analizar los dichos de los testigos, se puede tener presente a la filmacion "Mi primo Vinnie" (según su traducción al español), y el brillante descrédito que hace de los testigos oculares el abogado representado por Joe Pesci, en especial, respecto de la mujer adulta que tenia una grave disminución de su capacidad de visibilidad.

g) Entrenamiento: Loftus, analiza a los oficiales de policía, como personas altamente capacitadas para detectar e identificar testigo, y si esta experiencia cotidiana de identificar a personas los hace más fiables como testigos presénciales de un hecho delictivo.

Nuestros tribunales de justicia, llaman a los oficiales de policía, que han visto u oído un testimonio, y les dan –en muchos casos–, mayor credibilidad que a otros testigos simples.

Lo único cierto, es que las expectativas previas, y el conocimiento que una persona posee, pueden influenciar la percepción y la memoria, incluso el solo hecho de mencionarle a una persona que es lo que se está por presenciar puede afectar la memoria del evento.

En un estudio llevado a cabo por Thorson & Hochhaus (1977), 60 estudiantes vieron una escena fílmica de 80 segundos, que involucraba un accidente de transito entre dos (2) vehículos en una intersección de calles.[199]

A la mitad de los estudiantes se les dijo lo siguiente: "Están por ver un video que involucra un evento de 8 segundos. Miren cuidadosamente", a la otra mita de los estudiantes se les dieron instrucciones muy diferentes: "Están por ver una escena que demora unos 8 segundos, y que involucra un accidente de transito.

Luego de ello deben responder algunas preguntas. Primero: qué tipo de vehículos estuvieron involucrados; Segundo: Cuantas personas se encuentran en cada vehículo; Tercero: Cuan rápido iba cada uno de los vehículos; Cuarto: Qué vehículo come-

---

[199] Loftus, Elizabeth F., op. cit., págs. 163, 164.

tió alguna falta". Luego de unos diez (10) minutos, los sujetos respondieron preguntas. A algunos de ellos se les formularon preguntas sugestivas, en tanto que a otros estudiantes, se les hacen preguntas neutrales.

Los resultados –algunos de ellos– fueron los siguientes: 1) Las personas que respondieron preguntas sugestivas produjeron estimaciones de velocidades más altas; 2) Las personas a las que se les produjeron preguntas sugestivas y estaban informadas, tendían a sobreestimar la velocidad a la que circulaban los vehículos, en tanto que, las personas a las que se les hicieron preguntas neutrales y sin información, tendían a subestimar la velocidad de los vehículos; 3) Lo más importante fue que, una mayor proporción de personas a las que se les brindó mayor información, dio respuestas precisas.

Otro estudio fue llevado a cabo por Tickner & Poulton, que exploró las diferencias entre reconocimientos llevados a cabo por policías, y civiles. Así a 24 policías y 156 civiles se les exhibía una filmación de una escena callejera que fue elaborada desde un primer piso de un edificio enfrente de la calle.[200]

Las cámaras mostraban el movimiento usual de tráfico, peatones y otro número adicional de personas y acciones que eran introducidos a propósito.

La tarea esencial de los individuos era la de mirar a personas en particular, que habían sido exhibidas mediante fotografías con antelación, y se les pedía que realizaran algunos comentarios al respecto.

Los resultados fueron sorprendentes: Por ejemplo, las acciones y personas eran detectadas con mayor precisión cuando se realizaban cerca de las cámaras de filmación, los policías detectaron con más asiduidad falsas detección de robos y/o eventos que los civiles, pero en cuanto a las detecciones de verdaderos robos y hechos, NO existían diferencias sustanciales, es decir, que los policías no tenían un rendimiento mejor,

[200] Loftus, Elizabeth F., op. cit., pág. 165.

sino incluso peor que los civiles, porque tendían a ver como defectos o faltas, hechos que no eran tales.

Como posible conclusión podríamos decir (parafraseando las conclusiones de Loftus) que los oficiales de policía NO tienen mejor rendimiento en sus identificaciones personales que las personas comunes y/o civiles, y el entrenamiento extensivo de ciertos grupos de personas reciben, NO les da más precisión para estos hechos,

Otro experimento realizado se baso en el desarrollo de las identificaciones de los rasgos faciales. Este programa tuvo en cuenta las investigaciones llevadas a cabo por Penry (1971).

Este autor aboga o sugiere que el mejor modo de recordar un rostro es tratando al mismo, como una recolección de características. Se trata de separar las distintas partes del rostro en cada uno de sus componentes (boca, nariz, ojos, frente, etcétera), esto permite discriminar mejor las caras, y recordar los distintos rostros. Así en principio se debe tratar de ver el rostro como un todo, y luego separarlo en sus partes. Es bueno tratar de ignorar los movimientos faciales.

Un estudio llevado a cabo por científicos británicos (Woodhead) en el cual se analizaba el rendimiento de policías que estaban siendo entrenados para mejorar el desempeño en el reconocimiento de personas, en comparación con individuos civiles, demostró la siguiente llamativa conclusión: No existe una diferencia importante entre el rendimiento entre personas entrenadas, y personas sin entrenamiento alguno, para detectar hechos ni reconocer personas.[201]

El experimento consistía en entrenar durante 3 días a un grupo de personas; luego se procedía a la exhibición de fotografías (24 en total) de personas (hombres blancos), que además usaba disfraces de sencillo reconocimiento (Bigotes o pelo artificial, anteojos, etcétera), durante diez (10) segundos cada placa fotográfica.

---

[201] Loftus, Elizabeth F., op. cit., pág. 166, 167.

A posteriori, tres días más tarde, a este grupo de personas entrenadas, y a personas sin entrenamiento alguno, se les exhibian las mismas fotos, junto a otras nuevas, que jamás habían sido exhibidas, la tarea consistía en tratar de reconocer aquellas imágenes que habían sido exhibidas con anterioridad (entre otras labores, o experimentos analizados), y diferenciarlas de las que jamás se habían mostrado con antelación.

Luego de 15 minutos, se mostraban 72 fotografías, entre las cuales se encontraban fotos que antes les habían sido exhibidas, y la tarea de los sujetos, era identificar las que habían visto antes. Tanto a los individuos entrenados como a las personas comunes.

El resultado (tal y como lo dijimos *ut supra*) fue sorprendente, y demostró, que casi no había diferencia en el rendimiento entre personas con entrenamiento especial para reconocer personas, en relación con personas que jamás habían sido entrenadas para dichas labores.

Lo que desmitifica la creencia, errónea, de que los policías son mejores testigos que las personas comunes.[202]

3.4. La retención de información en la memoria

El día 6 de abril del año 1975, una persona de nombre Aaron Lewis, fue arrestado en circunstancias en que abandonaba una tienda, transportando botellas de vino y cerveza impagas.

Lewis fue detenido más tarde, porque un empleado del negocio, le aviso a la policía sobre el robó, y lo acusó de ser el individuo que cometió otro delito más grave en su perjuicio, mediante el empleo de un cuchillo, en fecha 15 de febrero del año 1975.

La policía detuvo a Lewis, a dos cuadras de la tienda, y lo acusó del robo acontecido con anterioridad. Y la única eviden-

---

[202] Loftus, Elizabeth F., op. cit., págs. 167, 168.

cia en contra de Lewis, era la palabra de un solo testigo ocular, el empleado de la tienda.[203]

Casos como el de Lewis, acontecen a diario, en donde la única evidencia en contra del presunto autor es la propia declaración de la víctima.

Sin embargo qué es lo que realmente pasa dentro de la mente de una persona, cuando transcurre un lapso de tiempo importante.

Como vimos en el capítulo anterior, cuando una persona percibe un evento complejo, muchos factores entran en juego al incorporar dicha información, entre los que podemos mencionar a los siguientes: el tiempo de exposición, los hechos sobresalientes, las expectativas del testigo, etcétera

Sin embargo, luego de que la información ha sido codificada, otros cambios pueden acontecer. El tiempo que transcurre entre el momento en que un evento es presenciado, y el momento en que se hace el esfuerzo por recordarlo es crucial.

Tanto el tiempo que transcurre, como los hechos que la persona experimenta durante ese período afectan el testimonio de una persona, y los recuerdos sobre cualquier hecho.

Es un hecho absolutamente indubitado que cuanto más tiempo transcurre, los recuerdos son menos precisos y veraces.

Ebbinghaus, fue el primero en demostrar que el paso del tiempo produce la perdida o disminución de los recuerdos.

En igual sentido, el famoso autor Daniel Schacter (También citado en este trabajo) menciona que la temporalidad (transience) de la memoria, implica la perdida de la información por el mero transcurso del tiempo.

[203] Loftus, Elizabeth F., op. cit., págs. 52, 53.

3.4.1. Información adquirida luego de acontecido el evento (Postevent Información)

Según Loftus, el mero transcurso del tiempo (*per se*) no es la única causa que acarrea la perdida de la memoria, sino que también tiene influencia lo que pasa durante ése lapso.[204]

Habitualmente luego de haber presenciado un hecho trascendente, las personas (que lo vivieron) son expuestas a nueva información sobre el mismo acontecimiento. Como por ejemplo, cuando leen un periódico, escuchar información en la radio o miran televisión, o cuando comparten esos datos con otras personas.

Nueva evidencia ha demostrado, que la exposición a información nueva sobre algún hecho, puede afectar en forma dramática la memoria o recuerdos del evento original.

La información adquirida luego de ocurrido el hecho puede provocar alguna de las siguientes consecuencias: a) Mejorar el rendimiento de la memoria (*enhancing memory*), b) Memorias consensuadas (*compromise memory*), c) Introducción de objetos inexistentes (*introduce non existent objects*), d) Diferencia en la percepción de detalles centrales en contraposición con detalles periféricos, y otras situaciones, las que han de ser objeto de análisis a continuación.

3.4.1.1. Mejorando los recuerdos (*Enhancing Memory*)

Es muy común que aquellas personas que vivieron un evento traumático, lo discutan *a posteriori* con otras personas.

Así por ejemplo, si en una conversación entre dos testigos (por ejemplo) de un robo, uno le dice al otro si vio el sombrero que empleaba uno de los ladrones, es posible, que luego, el otro de los testigos oculares también recuerde haber visto el sombrero, y hasta de precisiones sobre el objeto.

[204] Loftus, Elizabeth F., op. cit., págs. 54, 55.

Esto implica, que en algunas ocasiones, el sólo hecho de mencionar algún hecho concreto, en el instante mismo de haber experimentado el evento, puede mejorar la capacidad de memoria, y hacer que dicho detalle sea recordado con posterioridad.[205]

En un experimento de la Doctora Loftus, se exhibió a un grupo importante de sujetos, una filmacion sobre un accidente de transito en donde un vehículo no se detuvo ante una señal de detención (stop), giro a la derecha (en el sentido de circulación de la calle de más importancia), y provocó que unos vehículos (tratando de evitar la colisión) chocaran entre sí.

Al final de la filmación, las personas, fueron entrevistadas de diverso modo: a) A algunos, de los entrevistados, se le preguntó cuan rápido iba el vehículo cuando pasó de largo la señal de detención, b) En tanto a otros se les preguntó cuan rápido iba el vehículo, cuando giró a la izquierda.

Aquellas personas a las que con anterioridad se les menciono la existencia de una señal de detención, recordaron en un 53 % aproximadamente, haber visto dicha señal de transito, en tanto que a las personas a las cuales no se les menciono la existencia de una señal de detención sólo recordaron en una proporción del 35 % la existencia de dicho cartel indicativo.

3.4.1.2. Memorias consensuadas
(*Compromise Memories*)

Según el diccionario Webster compromise es sinónimo de: "... acuerdo por árbitros o concesiones mutuas...", o bien, entre sus otras acepciones: "... Concesiones o acuerdos entre ideas, o deseos conflictivos...".

Esto le sucede internamente al testigo que ve un evento *per se*, y luego, escucha o ve otro tipo de información que se contradice con algún aspecto de lo que percibió con sus sentidos con anterioridad.

---

[205] Loftus, Elizabeth F., op. cit., págs. 55, 56.

Loftus expresa que en estos supuestos, el testigo, realiza una especie de consenso entre lo que vio, y lo que *a posteriori* le dijeron, miro, o escucho en otros medios de difusión (por ejemplo en diarios, televisión, radio, etcétera).[206]

Un experimento llevado a cabo por Loftus (Año 1975), demostró el fenómeno de las memorias consensuadas, así en una filmación 42 personas, veían a ocho (8) revoltosos ingresar a una clase de un profesor en forma alborotada, y luego retirarse del lugar. Luego de lo cual se le realizaban, preguntas (Algunas capciosas), a un grupo de testigos se les preguntó si vieron a los cuatro (4) alborotadores ingresar a la clase, y al otro grupo se le preguntó si vieron a los doce (12) alborotadores ingresar al lugar.

Una semana más tarde, se les volvió a reiterar esta pregunta, y el grupo de individuos al que se les sugirió (Con la pregunta) que eran 12 los alborotadores que habían ingresado a la clase respondieron que vieron un promedio de 8.9 individuos ingresar a la clase, en tanto que al grupo de personas a las que se les preguntó sugestivamente que eran 4 los alborotadores, respondieron que habían visto a un grupo de 6.4 personas irrumpir en forma bochinchera a la clase. Esto demuestra que el solo hecho de mencionar a un número de personas distintas, del número real de individuos percibidos, provocó una suerte de consenso mental, lo que a su vez hizo que el sujeto mencionara haber percibido un número diferente de individuos (Pero que resulta del consenso de ambas cantidades de personas).

En otros experimentos, se llego a la conclusión de que la introducción de información errónea, puede lograr que las memorias percibidas por el sujeto sean consensuadas entre lo que efectivamente percibieron, y lo que sugestivamente (Pero de modo falso) se les sugirió.

---

[206] Loftus, Elizabeth F., op. cit., págs. 56, 57.

3.4.1.3. Introduciendo Objetos Inexistentes (*Introducing non existent objects*)

Cuando se trata de hacer una estimación del numero de personas, o recordar el color de algo, los testigos pueden tratar de consensuar los recuerdos entre lo que efectivamente vieron, y lo que se les dijo sobre el evento.

El fenómeno de la consensuación puede ser o bien consciente y deliberado, o bien, inconsciente.

Esto se ha demostrado con evidencia científica (la propia doctora Loftus llevo a cabo experimentos en donde se veía una filmación en donde se exhibía una determinada señal de transito, y luego se sugería por medio de preguntas, que en realidad eran otras las señales que habían sido exhibidas), que la sola mención (aun casual) de la existencia de un objeto inexistente incrementa la posibilidad de que esa persona pueda con posterioridad reportar o manifestar haber visto ese objeto inexistente.[207]

El ejemplo por antonomasia sobre el fenómeno en cuestión fue dado por el psicólogo Jean Piaget (en el año 1962) quien recordaba en forma vivida una experiencia sufrida cuando era muy pequeño (a la edad de dos años aproximadamente) cuando su niñera en forma muy valiente, lo había protegido (sufriendo daños físicos en su cuerpo) para evitar que fuera secuestrado por un individuo, hasta que pudo recibir ayuda de terceras personas.

Años más tarde (cuando Piaget tenia 15 años de edad), la misma niñera, quien había ingresado al ejercito de salvación le remitió una carta devolviendo a los padres de Piaget, un reloj que le había sido regalado por la heroica hazaña, como un gesto de arrepentimiento por malas acciones.

En dicha carta manifestó que jamás había realizado tamaña hazaña, y que todo había sido inventado por esta, fingiendo

---

[207] Loftus, Elizabeth F., op. cit., págs. 58, 59.

(inclusive) los daños físicos sufridos. El relato demuestra el poder del fenómeno de la introducción de objetos extraños en la psiquis de las personas.

3.4.1.4. Detalles centrales vs. Detalles periféricos

Dritsas y Hamilton (1977) se interesaron en la comparación de lo fácil que podía modificarse la memoria sobre detalles periféricos, o no centrales.

El experimento consistía en exhibir tres filmaciones sobre distintos tipos de accidentes de trabajo industrial. En la primera de las películas un trabajador, sufre un golpe en el ojo, con un trozo de metal.

En el otro accidente se veía un trabajador que sufría un golpe en la espalda, y caía. El tercer video, mostraba a un trabajador que atascaba su mano en una prensa. Luego se hacían treinta preguntas sobre los accidentes, entre las cuales seis preguntas eran sugestivas, tres acerca de hechos centrales, y tres sobre cuestiones periféricas.

Las conclusiones fueron las siguientes –pese a las preguntas sugestivas o capciosas–: casi el 81% de las personas recordaba en debida forma los hechos centrales, en tanto que sólo el 47% de las personas recordaba sin fisuras los hechos periféricos.[208]

Loftus y otros investigadores demostraron *a posteriori*, que los detalles centrales eran recordados con mayor precisión y cran mucho más difíciles de modificar con información errónea que los detalles periféricos.

3.4.1.5. El tiempo de la información posterior al evento

En este caso se trata de determinar cuando es más probable que una información errónea produzca una modificación en los recuerdos.

Según las investigaciones llevadas a cabo por la autora en cuestión y otros renombrados investigadores norteamericanos,

---

[208] Loftus, Elizabeth F., op. cit., pág. 63.

en tanto sea mayor el tiempo de retención de la información en la memoria, la performance será peor aún,

Así pues la información consistente mejora la performance, y la información errónea perjudica los recuerdos. La información errónea, que es dada de inmediato que se produce un evento tiene menor impacto que la información errónea que se suministra poco tiempo antes de que se intenten traer los recuerdos del hecho.

En principio, darle la chance de borrarse de la memoria a la información sobre el evento, hace posible que sea más fácil introducir información errónea. Por ello las personas tienden a recordar como válida o real, la ultima información recibida sobre el evento. Aunque esta no sea verdadera.

3.4.1.6. ¿Que ocurre un año después?

La mayoría de los psicólogos han estudiado la memoria en intervalos de un día, una semana, y ocasionalmente un mes (Algunos pocos han realizado estudios por un plazo de hasta cuatro meses).

Sólo un estudio llevó adelante investigaciones durante un año (En concreto Davis & Shina 1950), para determinar la capacidad de memoria, sobre recuerdos tan antiguos. El estudio consistía en tratar de recordar una historia de 750 palabras, sobre una reconciliación entre dos familias, y una fiesta llevada a cabo por dicha razón.

Un año después a los mismos individuos a quienes se les leyó la historia, hubo una total y completa mixtura sobre el evento. Es decir, sufrieron una gran perdida de memoria, sobre el evento que debía ser recordado. Esto demuestra, que los recuerdos sobre eventos tan antiguos, son muy imprecisos y poco Confiables. Llama poderosamente la atención que nuestros jueces, no tenga en cuenta dicha circunstancia.[209]

---

[209] Loftus, Elizabeth F., op. cit., págs. 68-70.

3.4.1.7. Las Recolecciones Subjetivas pueden variar de acuerdo a la forma en que se formulan las preguntas.

Las recolecciones subjetivas pueden variar de acuerdo al modo de formulación de las preguntas. En efecto, las investigaciones realizadas, demuestran que según el tipo de pregunta que se realiza, se puden producir alteraciones en la forma de recordar los mismos eventos.[210]

Así por ejemplo, si las preguntas que se realizan son en modo objetivo y sin insinuación alguna, las respuestas tienden a ser dadas en modo más objetivo, e imparcial, en tanto que cuando las preguntas se formulan de manera sugestiva, las repuestas tienden a estar influenciadas y a ser más parciales.

Loftus, en colaboración con Altman, realizo un experimento consistente en exhibir a un grupo de 50 personas, una video filmación tomada de la película "Diary of a student revolution" (Diario de una revolución estudiantil), la secuencia describía la irrupción de 8 estudiantes, en una clase, la que era relativamente ruidosa, pero básicamente no violenta, y terminada con los jóvenes dejando la clase. Al final las personas, recibían dos tipos de cuestionarios. Uno neutral / pasivo, consistente en 35 preguntas. El otro era más emotivo, con preguntas realizadas en forma agresiva. Una semana más tarde, los sujetos retornaban, y contestaban una nueva serie de preguntas, entre las cuales se les daba una escala de 5 puntos, como posibles respuestas. Por ejemplo: Se les preguntaba si el incidente podría ser descripto como: Tranquilo - ..... - .... - ..... - ..... - ruidoso. Los sujetos debián responder ubicando una X, para marcar el lugar, que se adecuara más al recuerdo que tenián del incidente. Como conclusión podemos mencionar que los sujetos que eran interrogados en forma emotiva, o agresiva, comentaron que el incidente fue más ruidoso, y violento, o con estudiantes más beligerantes; que las personas cuyas preguntas

---

[210] Loftus, Elizabeth F., op. cit., pág. 70.

eran más neutrales, y pasivas. Por ello, la sola circunstancia de interrogar con un pequeño cambio de palabras, modificó los recuerdos de las personas sobre el incidente.[211]

Las sugerencias dictadas al respecto por los profesionales de la memoria, y que fueran receptadas por la gestión a cargo de la Dra. Janet Reno, por los trabajos y sugerencias realizadas a las fuerzas de seguridad, sobre el mejor modo de recepcionar, y resguardar la prueba de testigos; son prueba evidente de lo expresado, y de la importancia que tiene la forma en que se formulan las preguntas.

3.4.1.8. Influencias No Verbales

Las palabras, de hecho, son sólo una pequeña parte de la información que se puede dar a otras personas, el tono de voz, los movimientos de la cabeza, los ojos, la postura, etcétera, pueden ser empleados para sugerir respuestas a otras personas.

Muchos estudiosos de Harvard, han realizado investigaciones analizando el poder de la comunicación no verbal, entre ellos Hall (1978). Pero es más importante aún, la importancia que tienen las influencias no verbales en el ámbito legal.[212]

Así por ejemplo, un oficial de policía que le dice a un testigo que una de las personas que tiene que reconocer está sospechada de ser el autor del hecho delictivo investigado, no necesita decírselo en forma directa, y/o verbalmente, tan sólo insinuándoselo con una mayor entonación o mayor ahínco en el numero del sospechoso, puede insinuar que el mismo es el presunto autor del hecho delictivo; o un simple comentario realizado a posterior de un reconocimiento (Por ejemplo, como en el caso de Ronald Cotton) puede reforzar un recuerdo.

Ello nos hace concluir que es necesario una inmediata y eficaz reforma sobre la recepción de la prueba testimonial, y sobre todo, en la realización de las ruedas de reconocimientos

---

[211] Loftus, Elizabeth F., op. cit., págs. 71, 72.
[212] Ibíd., pág. 72.

que se llevan a cabo dentro del ámbito penal, en la Republica Argentina.

Al respecto resultan de suma utilidad las sugerencias realizadas por la organización "The Innocence Project"; y por los grupos de trabajo dirigidos por Janet Reno –durante su gestión– en cuanto a la poderosa influencia no verbal, que pueden ejercer las personas a cargo de las ruedas de reconocimiento en relación con las personas que practican reconocimientos.

Cabe tener presente las sugerencias elaboradas por "The Innocence Project"; entre las que podemos destacar, para el puntual caso de las influencias no verbales, a las siguientes: 1°) Administrador Ciego: La experiencia e investigaciones han demostrado, que el riesgo de las identificaciones erróneas puede reducirse en forma dramática, si los oficiales de policía que administran la rueda de reconocimiento en vivo, o a través de fotografías, desconocen la verdadera identidad del sospechoso; 2°) Instrucciones: La persona que participa de la rueda de reconocimiento, debe ser informada de que el perpetrador puede estar o no estar en la rueda de reconocimiento, y de que la investigación va a continuar independientemente del resultado de la rueda de reconocimiento. Además, se les debe informar de que no debe mirar al individuo que practica la rueda de reconocimiento, para buscar consejo; 3°) Grabación: El procedimiento de identificación debe ser filmado –en lo posible– esto proteje al sospechoso inocente, de cualquier inconducta que pudiera ser realizada por parte del administrador del reconocimiento; eso ayuda además a la fiscalía para poder demostrar al jurado que el procedimiento fue legítimo.[213]

Coincidimos, con lo expresado por dichos autores, en el sentido de que de repetarse dichas propuestas, se podrían evitar o aminorar las condenas injustas, causadas por las influencias no verbales.

---

[213] *http:www.innocenceproject.org/fix/Eyewitness-Identification.php.*

3.4.1.9. Investigaciones llevadas a cabo por Policías y Abogados– ¿Por qué la información que se brinda con posterioridad al evento funciona e influye?

En este caso, Loftus analiza, la importancia que tiene la información que la policía, u otros organos de una investigación criminal le brindan al testigo o víctima de un delito, con posterioridad a la producción del evento, y lo mucho que esto puede influir en los recuerdos que las personas tienen, y la distorsión que puede provocar en sus memorias.

Tiene relevancia tener presente, el caso de Jennifer Thomson Canino, y la importania trascendente, que tuvo el comentario inintencional que formulara el policia a cargo de la investigación, cuando le confirmó que el individuo reconocido en la rueda de reconocimiento presencial, era el mismo, que había sido reconocido en la rueda de reconocimiento fotográfico.

Loftus, menciona un experimento llevado a cabo por Vidmar en el año 1978, en el cual se exhibía a unos sujetos un incidente de 10 minutos de duración, en el cual se producía una discusión dentro de un pub, hecho que terminaba en una pelea, en donde el imputado de nombre Zemp, golpeaba a la víctima Adams, en la cabeza, con una botella. El incidente se exhibia por medio de un proyector y una videograbadora, diseñadas para ser ambiguas en cuanto al lugar. Una de las versiónes del incidente era claramente perjudicial para el imputado Zemp. Luego se les comentaba a los sujetos de que hiban a ser citados como testigos en el juicio civil, a realizarse en una semana. En el cual Adams, accionaba en contra de Zemp, por daños y perjuicios. Cada uno de los testigos era entrevistado por un estudiante, que cumplía el rol de abogado del imputado, o de la víctima respectivamente, al cual era incentivado para obtener un resultado favorable a su defendido o representado (respectivamente). Luego a estas personas se las citaba a juicio en donde deponían verbalmente sobre el incidente, frente a un alumno que cumplía el rol de juez.

El caso –cabe acotar–, era claramente favorable al actor (Víctima de las lesiones). Lo llamativo era que cada testigo, según fuera el abogado que lo entrevisto, deponía en forma favorable, o desfavorable para el imputado, esto demostraba, que la sola interrogación de un testigo por parte del abogado o del imputado, o de la víctima, modificaba el recuerdo que dicha persona poseía sobre el evento; siendo según el caso favorable, o desfavorable para el procesado o víctima. El juez concluía manifestando que había testimonios totalmente favorables al accionado, pese a que el caso objetivamente favorecía al actor del proceso civil.[214]

En un experimento llevado a cabo por Loftus y Palmer, sobre la influencia que tiene en los recuerdos; la información que se provee con posterioridad al mismo hecho. En el experimento unas personas veían una filmación en donde se producía un accidente de transito, y luego respondían preguntas sobre el referido evento. A algunos individuos se les preguntaba lo siguiente: ¿Qué tan rápido iban los vehículos cuando se estrellaron entre sí? En tanto, que a otro grupo de personas se les hizo otro tipo de pregunta: ¿Cuán rápido iban los vehículos cuando colisionaron entre sí?. La primera de las preguntas, implicaba, una estimación de velocidad muy superior, a la que se sugeria en la segunda pregunta. Una semana después, sin que fuera posible que las personas (objeto de la investigación) vieran nuevamente la filmación, respondieron una serie de preguntas. La más importante de las cuales, fue la siguiente: ¿Vieron restos de vidrio rotos?. En realidad en el accidente, no se veían restos de vidrios rotos, pero las personas en las cuales se empleo la palabra estrellarse (que da la idea de un choque muy violento) respondieron afirmativamente en una proporción muy superior al otro grupo de personas que recibió una pregunta más imparcial.[215]

---

[214] Loftus, Elizabeth F., op. cit., págs. 76, 77.
[215] Ibíd., págs. 77, 78.

La posible explicación de este fenómeno es la siguiente, y ocurre siempre que un fenómeno complejo es experimentado; la memoria del evento se nutre de dos fuentes: a) La primera está compuesta por la visión o percepción del evento original; b) La segunda fuente de datos, está conformada por la pregunta o información posterior a la percepción del evento, en donde se dio una idea sobre la posible velocidad real de los vehículos.

En consecuencia, la idea de restos de vidrios rotos, esta asociada, con una colisión violenta, y por ello, las personas a las que se les preguntó, con el término estrellarse, asociaron la rotura de vidrios, como consecuencia necesaria o lógica del accidente de tránsito en sí mismo.[216]

Como conclusión, podemos decir, que cada vez que una persona experimenta un evento complejo, está expuesto a nueva información sobre el mismo hecho, la nueva información puede venir en forma de preguntas, conversaciones, artículos de periódicos, etcétera; y generalmente influyen y modifican los recuerdos.

Por ello, los interrogatorios que lleva adelante la policía, o los jueces que investigan un hecho complejo, deben hacer lo posible por ser objetivos, y además imparciales, procurando no introducir información externa en la memoria del testigo.

3.4.1.10. Influenciando los pensamientos del testigo (*Intervening thoughts of a witness*)

Loftus, menciona el hipotético caso de un accidente de transito en donde un vehículo conducido por el Sr. David Allen (Trabajador de la empresa Americraft) colisiona a una niña menor de edad de nombre Mary Lou Duncan, quien sufre importantes lesiones físicas. Este evento hipotético, fue mencionado por el 29° Instituto de Abogacía celebrado en la

---

[216] Loftus, Elizabeth F., op. cit., pág. 78.

Universidad de Michigan. El caso hipotético se denomino Duncan v. The American Craft Industries Inc.[217]

La única testigo ocular, resulta ser la madre de la menor, quien cuando fue entrevistada por primera vez, lo único que decía era: "... Dios mío, no hubo nada que él pudiera hacer ".

A posteriori en el hospital, más calma, manifestó que: "... No recordaba la velocidad exacta a la que circulaba el vehículo, como tampoco si el mismo se desplazaba a gran velocidad o despacio...".

Pero un año más tarde ante un tribunal de justicia, la madre de la menor recordaba los hechos de modo muy diverso, así entre sus declaraciones la misma manifestó: "... El vehículo venia a una velocidad endemoniada, e inclusive escuche el ruido de las frenadas del vehículo..."[218]

En este caso la Doctora Loftus, explicó que podían suceder muchas cosas que hayan modificado la percepción original del evento, entre ellas: 1°) Que el testigo este mintiendo en forma deliberada; 2°) Que la testigo haya estado expuesta influencias externas (inducidas por preguntas, o bien por notas leídas en periódicos, radio; televisión; etcétera), que han modificado los recuerdos del evento, o bien; 3°) Que los deseos o pensamientos del testigo, hayan provocado que sus declaraciones se manifiesten en un sentido favorable a las necesidades del propio testigo (en este caso la madre de la víctima).

El modo en que una persona piensa, evidentemente influye en el modo en que las cosas son evocadas. Recordemos el pecado del prejuicio analizado por Schacter, en su trabajo "The Seven Sins of Memory".

3.4.1.11. Encuadrando o etiquetando cosas (*Labelling*)

Estudios clásicos en la materia han demostrado que el modo en que una persona encuadra, estima o etiqueta algo,

---

[217] Loftus, Elizabeth F., op. cit., págs. 78-80.
[218] Ibíd., págs. 79, 80.

influye en el modo en que ese evento es recordado con posterioridad.

Loftus cita un experimento llevado a cabo por un investigador de apellido Carmichael, en la década del 30. El experimento consistía en exhibir a un grupo de sujetos una serie de figuras. A estos grupos de sujetos, o bien se les exhibía la figura original; o bien a otros se les mostraba la figura original, y se le daba una denominación o nombre a la figura. Más tarde cuando a los sujetos se les pedía que reprodujeran la figura que les había sido mostrada, dos consecuencias se producían.

En primer lugar, los sujetos a los que se les dio denominación o etiquetaciones verbales reproducían más figuras exhibidas primigeniamente; que las personas que no habían recibido nombre o denominación de las figuras.

En segundo lugar; los sujetos que habían recibido algún tipo de etiquetación verbal, al dibujar las figuras, estas se veían más similares a las etiquetaciones verbales recibidas; que los dibujos de las personas que no habían recibido etiquetación o denominación alguna para los objetos exhibidos.[219]

De modo análogo, ya en situaciones concretas de la vida cotidiana, si un grupo de personas siempre habla mal o hace comentarios pésimos sobre alguna persona, pese a que uno ni siquiera conozca al individuo.

A posteriori, cuando se tiene la posibilidad de conocer a ese alguien, las personas que han estado acostumbradas a escuchar malos comentarios de una persona, tienen a tener un concepto negativo del individuo (pese a que quizás son erróneos, falsos, etcétera).

3.4.1.12. Adivinando o Intuyendo cosas (*Guessing*)

En este caso la autora analiza la situación fáctica de los testigos oculares que son llamados a realizar un reconocimiento en persona. Como por ejemplo, cuando a una persona se le

---

[219] Loftus, Elizabeth F., op. cit., págs. 80, 81.

pide que comparezca a reconocer al posible autor de un hecho delictivo de entre 5 o 6 individuos que están parados uno al lado del otro.[220]

Según Loftus, si se da el caso que el individuo (testigo) que está realizando el reconocimiento responde que: "... No estoy seguro, pero el numero cinco (5) se parece al presunto autor del hecho delictivo"... El testigo está dando una respuesta que se asemeja más al azar o a la adivinación, que a una expresión confiable. Desgraciadamente, esta respuesta azaroza con el tiempo se transforma en una observación semejante a un reconocimiento certero... "[221]

Tal fue el caso hipotetico citado por Loftus, sobre la declaración de la madre de la menor Mary Lou Duncan, quién primero justificaba la colisión, y hasta le daba la razón al conductor del vehiculo que embistió a su pequeña hija; sin embargo luego; ya en los estrados judiciales; responsabilizó totalmente al conductor del vehículo de la colisión.

Reiteramos, que la intuición, o el azar, pueden ser muy peligrosos, porque lo que en principio demostraba una suerte de adivinación, e inseguridad, *a posteriori* se puede transformar, en una afirmación tajante, y muy segura por parte del mismo testigo. Inclusive hasta existe una presión social (De la comunidad toda, de los investigadores, de los familiares, etcétera), de ratificar *a posteriori*, lo mismo que se dijo con anterioridad, en sede policial o penal.[222]

En un experimento que es analizado por Loftus, las personas miraban una pequeña filmación de un accidente de tránsito entre un vehículo y un peatón. Luego de ver la película, las personas respondían una serie de preguntas. Se hicieron algunas preguntas centrales a un grupo de las personas (No a todas). Una de estas preguntas expresaba lo siguiente: ¿De qué

[220] Loftus, Elizabeth F., op. cit., págs. 83, 84.
[221] Ibíd., págs. 82, 83.
[222] Ibíd., pág. 84.

color era la combi o Van que pasó por el lugar del accidente?; cabe acotar que esta camioneta no se vio en la filmación, es decir no existía. Y se instó a las personas a dar una respuesta al azar, cuando no se conocía la respuesta. Más tarde se le realizó una nueva serie de preguntas, entre las cuales la central fue: ¿Vió usted la Van o combi que pasó pro el lugar del incidente?. Los sujetos debían de responder la pregunta, y además debían expresar el grado de seguridad de la respuesta, sobre la base de una escala de 5 puntos, en donde el 1 indicaba una respuesta al azar, y el número 5 indicaba gran confianza o seguridad en la respuesta. Dos dias más tarde las personas retornaban y respondían otra serie de preguntas. En conclusión se logró demostrar que a las personas a las que se sugirió que dieran respuestas al azar sobre el color de la camioneta, más tarde pensaban –en proporciones mayores al grupo de personas que no recibieron esta pregunta sugestiva– que efectivamente existió dicho vehiculo.[223]

Una posible explicación de este fenómeno (Según Loftus) es que el solo hecho de especular, con la respuesta que se da modifica la memoria del testigo, las lagunas de la memoria de la persona, se rellenan con la información de cualquier tipo que posee el testigo, para darle coherencia al relato. Y cada vez, que se recuerda el evento, el testigo, parece tener recuerdos más nítidos del hecho.

Por lo que el individuo que en principio se mostraba dubitativo, luego, tiende a demostrar seguridad en el estrado judicial. Esto es lo que los testigos, habitualmente hacen cuando comparecen a los estrados judiciales, ya que se limitan a ratificar lo expresado en sede policial. Por ello seria importante filmar, grabar y/o fotografiar las ruedas de reconocimiento, como también la declaración de los testigos. Una solución a medias es la que dan los nuevos códigos procesales de Argentina,

---

[223] Loftus, Elizabeth F., op. cit., págs. 82, 83.

que ahora se limitan a fotografíar a los participes de los reconocimientos, pero que estimamos, es insuficiente.

3.4.1.13. Efecto de congelación (*Freezing effects*) o persistencia

Según Loftus cuando a una persona se le pide que recuerde un material aprehendido o estudiado con anterioridad, las manifestaciones que se realizaron en las primigenias recolecciones tienden a reaparecer con posterioridad, sean veraces, o no.

Análogamente si el testigo ocular de un accidente de tránsito –por ejemplo– manifiesta que el vehículo cruzó la calle, cuando la luz del semaforo estaba de color rojo, es muy probable que este detalle se reitere más tarde, sea verdadero o no.

Este alto grado de persistencia en los recuerdos, se conoce o denomina "efecto de congelamiento", y esencialmente significa que los primeros comentarios frecuentemente se congelan en la memoria de una persona, y reaparecen cuando se trata de evocar el suceso.[224]

El verdadero problema de este suceso, es que no sólo se recuerdan en forma persistente los recuerdos veraces, sino también, los que son falsos.

Estudios realizados por Kay, han demostrado, que hasta un 95% de los errores que existieron en la primera versión que sobre un evento da una personas pueden, volver a presentarse con posterioridad. El experimento realizado por este autor consistía en leer un párrafo, a un grupo de personas, y luego pedirles que lo reprodujeran, 5 minutos más tarde. Los párrafos eran leídos nuevamente, y las personas debían volver a reproducirlos. A posteriori, cuando el científico analizaba los párrafos reproducidos por las personas, que participaban del evento, se demostró, que los errores, que se exhibián en la primigenía versión dada por estos sujetos, persistián en las posteriores reproducciones.

---

[224] Loftus, Elizabeth F., op. cit., pág. 84.

Mi experiencia particular enseña que es común nombrar a alguien por el nombre equivocado, o incorrecto, si de entrada se lo aprendió de ese modo, o se hizo alguna asociación errónea, con dicho nombre.

Loftus concluye el capítulo expresando que: "... Desde el momento en que el evento es percibido, y hasta el momento en que se debe recordar el mismo –periodo conocido como intervalo de retención– los trozos, y pizcas de información adquiridos a traves de la percepción original no residen en forma pasiva en la memoria de las personas, esperando a ser extraídas como se saca un pez del agua. Por el contrario, esta información es objeto pasivo de numerosa influencia. La información exterior que se provee puede modificar la memoria del testigo, como también los propios pensamientos del sujeto, ambos, pueden producir dramáticos cambios en los recuerdos del evento. La memoria de las personas es frágil. Y es importante percatarse lo fácil que puede introducirse información en la memoria, para comprender porque sucede, y para evitar cuando sea indeseado..."[225]

[225] Loftus, Elizabeth F., op. cit., págs. 86, 87.

4. RECORDANDO INFORMACIÓN DE LA MEMORIA EL AMBIENTE IDEAL PARA RECORDAR. TIPOS DE RECUERDOS. PREGUNTAS SUGESTIVAS. ¿QUIÉN HACE LAS PREGUNTAS?. CONFIANZA EN LOS RECUERDOS PROPIOS. HIPNOSIS Y RECUERDOS.

EXISTE EVIDENCIA CIENTÍFICA que demuestra que el lugar, y las circunstancias, en donde se percibió un evento originalmente, influye en la capacidad para recordar dicho acontecimiento.

Según Loftus, el científico Abernathy, durante el año 1940, logró demostrar mediante el analisis del rendimiento académico de estudiantes, que el rendimiento será diferente según sea el lugar, y quién tomaba los exámenes.

Asi cuando los alumnos eran examinados por el mismo profesor, y en el mismo lugar en donde se les impartía clases; tenían un rendimiento académico superior, a cuando eran examinados por un profesor distinto del que les había impartido clases o en un ámbito geográfico distinto (Por ejemplo otro salón, o aula del establecimiento educacional). Pero el rendimiento académico de los alumnos era peor aún, cuando los estudiantes rendían examen en un aula diferente, y por un profesor distinto al que les impartía clases habitualmente.[226]

Otro autor muy importante fue Gustave Fcingold quién durante el año 1914 (Hace casi cien años), sugirió, que sería muy importante, para el mejor reconocimiento del testigo ocular, que se llevara al testigo al lugar en el que se produjo el incidente (escena del crimen), y permitir al testigo ver al presunto autor del hecho delictivo, en el mismo lugar y rodeado del mismo ambiente en que se produjo la primigenia percepción del evento.

---

[226] Loftus, Elizabeth F., op. cit., págs. 88, 89.

La pregunta que dicho autor se hacía es la siguiente: ¿Cuál es la probabilidad de que el sospechoso sea reconocido en un lugar diferente –como puede ser una estación de policía–, al lugar en que se lo vio, u ocurrió el incidente?

Sobre la base de los experimentos realizados por dicho autor, el nuevo ambiente en que se produce el reconocimiento, produce una inhibición en la capacidad de reconocer cosas u objetos. Según Feingol: "... El modo apropiado de obtener reconocimientos exitoso, no consiste en llevar al testigo a la estación de policía, sino que el mismo debería ser llevado al lugar en donde el presunto delincuente fue visto, en el mismo angulo, y en las mismas circunstancias en que se produjo la percepción original..."[227]

Si bien lo que sugiere Feingold, es poco probable que suceda en todos los casos objeto de investigación penal, estas sugerencias ayudan a explicar porque el reconocimiento que el testigo realiza del presunto autor del hecho delictivo, que se realiza dentro de una seccional de policía o en tribunales, no tiene tanta eficacia como se pretende; y los muchos casos de condenas erroneas que saltaron a la fama en los últimos años son prueba irrefutable de esta afirmación.

4.1. Tipo de Recuerdos-Sugerencias

Sobre la base de estudios muy importantes realizados (algunos de los cuales han de ser analizados en capítulos posteriores), lo ideal es que al testigo le sea permitido reportar libremente los hechos acontecidos, es decir, que manifiesten con total y absoluta libertad lo que recuerdan sobre el hecho objeto de investigación. Luego de lo cual se podrían realizar preguntas o interrogatorios, para tratar de incrementar la información percibida del evento.

---

[227] Loftus, Elizabeth F., op. cit., págs. 90, 91.

Uno de los experimentos citados, fue el elaborado por Marquis, y sus colegas en el año 1972. El mismo consistía en exhibir una filmacion de dos minutos. En donde se veía a dos muchachos de edad escolar arrojando un balón de fútbol en las afueras de un supermercado, mientras un hombre joven, y una mujer salen del supermercado conversando y cargados de mercaderías. El hombre expresa que se olvidó algo, y se vuelve al local comercial, mientras la mujer continuá caminando y es colisionada por un vehículo, y la mercadería es arrojada en el suelo. Luego de lo cual la mujer y el conductor del vehículo empiezan a discutir, en ese momento se produce el retorno del compañero de la mujer, y empieza a discutir con el conductor del vehículo, este último empuja al acompañante de la mujer y lo tira al suelo. A posteriori los chicos que juegan football, reaparecen, y uno de los muchachos corre en dirección al supermercado para llamar a la policía. Los sujetos entrevistados eran 151 hombres de entre 21 y 64 años de edad, y se los entrevistó en formas diferentes.

Entre las conclusiones del experimento podemos citar las siguientes: 1°) Las personas a las que se le pidió que hicieran un reporte libre, hicieron reportes más precisos, pero menos completos; 2°) A otro grupo de personas se le permitió contestar preguntas en forma libre, como por ejemplo, se les pregunto: Comentenme.¿ Cual era el clima y las condiciones del trafico?. A las preguntas realizadas, las respuestas brindadas, eran menos precisas, pero más completas; 3°) En otros casos se hicieron perguntas más precisas, en forma de respuesta de elección múltiple (*Multiple Choice*). Como por ejemplo: ¿Adónde ocurrieron los incidentes: En la calle, en la vereda, etcétera. Las respuestas dadas a estos interrogatorios eran menos precisas, pero aún más completas.[228]

Según Loftus, lo aconsejable es en primer lugar permitir un reporte libre de los eventos percibidos porque esto permitiría

---

[228] Loftus, Elizabeth F., op. cit., págs. 91, 92.

más precisión y veracidad sobre los recuerdos que el testigo posee del evento; y *a posteriori*; este reporte libre debería ser seguido de una serie de preguntas específicas sobre el incidente, para incrementar la cantidad de información.[229]

4.2. Preguntas sugestivas

Previo a analizar lo expresado por Loftus, cabe tener en cuenta algunos conceptos. ¿Qué es una pregunta sugestiva o compleja?. Es aquella pregunta que está sugiriendo la respuesta que se busca lograr.

Dice Copi: "... Pregunta compleja. De todas las falacias que se utilizan en el razonamiento cotidiano, una de las más comunes es la de formular una pregunta de tal forma que se presupone la verdad de alguna conclusión implícita en esa pregunta, es probable que la pregunta misma sea retórica y no busque genuinamente una respuesta. Pero al formular con seriedad la pregunta, muchas veces se logra de modo falaz el propósito de quién interroga... Por ejemplo: Abogado: Los datos parecen indicar que sus ventas se incrementaron como resultado de la publicidad tendenciosa. ¿No es así?. Testigo: ¡No¡. Abogado: Pero usted admite, entonces, que su publicidad es tendenciosa. ¿Cuánto tiempo ha estado incurriendo en ese tipo de prácticas?. Es más común, sin embargo, que la falacia tome la forma menos explícita y más truculenta en la cual un solo hablante, o escritor, plantea deliberadamente la pregunta compleja, la responde él mismo y luego extae la inferencia falaz..."[230]

Esto sirve para adentrarnos al tema, y conocer con precisión de que se trata, cuando hablamos de preguntas complejas, sugerivas o indicativas.

[229] Loftus, Elizabeth F., op. cit., pág. 93.
[230] Introducción a la lógica, Irving Copi, Carl Cohen, Editorial Limusa Noreiga Editores, Año 2001, págs. 131, 132.

Estudios llevados a cabo por Harris (1973), demuestran que las respuestas que una persona da sobre un determinado evento, pueden verse afectadas por las preguntas que le realiza el entrevistador, aunque sólo un término o palabra del entrevistador se hayan modificado.[231]

O simplemente el haber dado confianza a un reconocimiento (Tengamos en cuena el caso de Ronald Cotton, en donde el policía le dio confianza a la mujer que hizo el reconocimiento, afirmandole que el individuo reconocido en vivo, era el mismo, que había sido reconocido medidante fotografías).

Las preguntas que analiza Harris, y que demuestran las diversas respuestas obtenidas son entre otras las siguientes: ¿Qué tan alto era el jugador de basketball? O ¿qué tan bajo era el jugador de baketball? ¿Qué tan larga fue la película exhibida? O ¿Qué tan corta fue la película exhibida?. Y las respuestas fueron sorprendentes. En respuesta a la primera serie de preguntas las personas respondieron en promedio, que el jugador medía entre 7.9 y 6.9 pies respectivamente (para la primera y segunda pregunta), en tanto que en cuanto a la duración del filme manifestaron que la filmación duro entre 130 y 100 minutos respectivamente primera y segunda pregunta).[232]

Esto demuestra, que una sola palabra que cambia durante el proceso de formulación de preguntas, puede modificar la respuesta que se obtiene.

En otro experimento se emplearon preguntas influenciadas por términos. Así se exhibía una filmación en donde colisionan dos vehículos. Pero las preguntas eran distintas. En una de ellas la pregunta era: ¿Qué tan rápido iba el vehículo cuando se estrello con el otro vehículo?. En tanto que la otra pregunta era: ¿Qué tan rápido iba el vehículo cuando colisiono con el otro automotor?. Las respuestas también variaron, a la primera pregunta, las respuestas mayoritarias eran que el vehículo se

---

[231] Loftus, Elizabeth F., op. cit., pág. 94.
[232] Ibíd., págs. 94, 95.

desplazaba una velocidad promedio de 40.8 millas por hora, en tanto que a la segunda pregunta las respuestas daban un promedio de velocidad de unos 34.0 millas por hora.[233]

El sistema legal ha recepcionado –en parte– la necesidad de que se hagan preguntas abiertas, y por ello, prohíbe expresamente las preguntas sugestivas, y/o indicativas (nuestro Código Procesal Civil, y Procesal Penal así lo establecen en forma expresa), y aconseja que versen sobre un solo hecho a la vez.

Pero la solución a las preguntas complejas, indicativas, o sugestivas, se limita a las actuaciones que se llevan a cabo, en presencia del Juez o Secretario de Juzgado, y en sede tribunalicia, pero NADIE estudia, ni controla a las preguntas que se realizan en sede policial (en donde además no existen los más mínimos recaudos de seguridad para el imputado, ya que no existen grabaciones ni filmaciones, ni ningún otro medio de prueba que permita verificar la forma de interrogar que poseen nuestras fuerzas de seguridad), al menos nada de eso existe en nuestra provincia de Jujuy.

4.3. ¿Quién formula las preguntas?
¿Qué garantías rodean al proceso de preguntas?

En este caso analizamos la influencia que una persona de gran estatus social, o con dotes de mando, o persuasiva, puede tener en la forma que interroga a un testigo, y las respuesas que recibe de estos.[234]

Esta demostrado que una persona, puede manipular y persuadir a las personas de que cambien sus actitudes. ¿Varia en algo que el interrogador sea comprensivo o ameno? O ¿Es igual que el que interrogador sea chocante, desafiante o hasta intimidatorio para el testigo?

---

[233] Loftus, Elizabeth F., op. cit., págs. 96, 97.
[234] Ibíd., pág. 97.

Se ha demostrado, que los testigos son más colaboradores, tienen menos estrés, y actúan de modo más positivo, cuando quien los entrevista actúa en forma comprensiva y amena. Estudios realizados por Marquis y sus colegas lo demostraron. Se empleó un entrevistador amable, y uno desafiante. El amable, sonreía y que daba confianza, dejó que el testigo realice informes en forma libre y narrativa. A lo largo de la entrevista, el sujeto, empleo frases para indicar la aprobación de la performance del testigo, y decía frases tales como: Esta bien, usted es muy útil. Lo hace bien, continué. El entrevistador desafiante expresó desaprobación por las recolecciones de recuerdos libres, no sonrió, insertó objeciones a las declaraciones prestadas, e inclusive hizo comentarios negativos en relación con algunos dichos. Como conclusión se pudo observar que los testigos, estaban más conformes, con el entrevistador amable, que con el entrevistador desagradable. Sin embargo, los resultados no tenían grandes diferencias, los testigos, independientemente del entrevistador, eran igualmente satisfactorios.[235]

En tanto que también existe evidencia científica que demuestra que cuando el que entrevista es hosco, hostil, y/o hasta intimidatorio, el testigo, actúa de modo negativo, y en forma poco agradable. Sin embargo, reiteramos, no hay grandes cambios en cuanto a la veracidad de los recuerdos, es decir la atmósfera, y el individuo que preguntan, no producen grandes cambios en cuanto a la veracidad de los dichos de los testigos, siempre que el entrevistador tenga similares facultades.

4.4. ¿Influye la confianza en los dichos del testigo en la veracidad de las manifestaciones realizadas?

Se ha demostrado científicamente que NO. Es decir (entre otros Wells) que los testigos que han hecho falsas identifica-

---

[235] Loftus, Elizabeth F., op. cit., pág. 99.

ciones, pueden actuar con tanta confianza, como los testigos que realizan recolecciones verdaderas.[236]

E inclusive hay estudios que demuestran que un testigo falso (o que hizo reconocimientos erróneos) puede actuar con más confianza aún, que un testigo que ha declarado en forma veraz.

Reiteramos que NO existen estudios serios, que demuestren que existe vinculación o relación causal alguna, entre veracidad y confianza, o seguridad en los dichos de una persona.

Para concluir podríamos concluir que se trata de una mera especulación, o suposición infundada.

Sin embargo, existen numerosos fallos judiciales que le han dado más veracidad a los dichos de los testigos seguros de sí mismos, que a aquellos testigos que se muestran dubitativos.

En nuestra jurisprudencia nacional e internacional, asi lo demuestra.

4.5. El efecto "Siempre lo supe"

Este fenómeno" de siempre lo supe"ha sido analizado científicamente, por un autor de nombre Fischhoff en el año 1977.

Según este autor, si se le dice a una persona como ha de ser la conclusión o finalización de un determinado evento, esta persona tiende a creer que sabia cuál iba a ser el desenlace de los hechos con antelación, sin tener en cuenta que conocía el resultado de antemano.[237]

Esto se conoce como el fenómeno de "siempre lo supe" (*I know it all along*), y tiene algunas implicancias legales en la prueba testimonial.

La persona tiende a subestimar que conocía de antemano el resultado, o la conclusión del hecho analizado, sino que tiene

---

[236] Loftus, Elizabeth F., op. cit., págs. 100, 101.
[237] Ibíd., pág. 103.

la errónea creencia de que adivino el resultado del hecho por sus propias condiciones o cualidades.

Este hecho puede ser ejemplificado gráficamente con un hecho concreto que seguramente a todos nos ha sucedido en alguna ocasión, como por ejemplo, cuando alguien nos comenta cuál es el final de alguna película que deseamos ver, cuando vemos la filmación tendemos a creer que por deducción lógica arribamos a la conclusión, como sino lo hubiésemos sabido de antemano, pero nos olvidamos que alguien nos aviso del resultado previamente.

Este efecto, tiene serias implicancias legales, por ejemplo, si el policía que lleva adelante la rueda de reconocimientos, sugiere o indica al testigo de algún modo cual es el verdadero sospechoso, esta sola sugerencia, puede provocar más adelantes condenas erróneas.

Al respecto comenta Loftus: "... Estos descubrimientos tienen implicancias en el proceso legal. Haber recibido información, aun indirectamente o de foma sutíl, que el culpable tiene bigotes o que un determinado automovil cruzó el semaforo cuando tenía la luz roja encendida, puede llevar a que el testigo crea que conocía este hecho –que le fue comentado– inclusive. En consecuencia, el incidente que es comentado luego de un evento trascendente junto con alguna expresión que haga incapié "Lo supe antes, pero me olvide de mencionarlo", tiene que ser tratado con suma prudencia..."[238]

Consideramos que lo expresado por Loftus, es tan claro que los comentarios resultan superabundantes.

Sin embargo, esta es otra de las razones, por las cuales se impone tener en cuenta las sugerencias que realiza The Innocence Project, Gary Wells, y otros notables cientificos al respecto, cuando aconsejan el empleo de rueda de reconocimientos doblemente ciegas. Las que serán explicadas en la seccion oportuna del presente trabajo.

---

[238] Loftus, Elizabeth F., op. cit., pág. 104.

4.6. Hipnosis y recuerdo

La Dra. Loftus, empieza el capítulo en cuestión haciendo refererencia, al incidente conocido como el secuestro de Chowchilla. Asi comenta que en fecha 15 de Julio de 1977, un autobús que transportaba veintiséis niños provenientes del pueblo de Chowchilla, en el Estado de California, en los Estados Unidos, desapareció por completo. *A posteriori*, se supo que tres hombres enmascarados y armados, secuestrador a los niños, y al conductor del autobús de nombre Ed Ray.

Luego de conducir a este grupo de personas hasta un lugar en done se encontraba un camión tipo trailer abandonado, que se encontraba enterrado seis pies bajo tierra se dieron a la fuga, allí permanecieron enterrados 16 horas, hasta que la policía logró rescatarlos.

Después se interrogó a las víctimas del secuestro, pero ninguna de las personas pudo dar pista alguna sobre la descripción física y/o datos del vehículo de los posibles autores del crimen. Por ello el FBI (*Federal Bureau of Investigation*) como medida extrema pidió la colaboración a un hipnotizador, quien hipnotizó al conductor del autobús.

En dicho estado (hipnosis) el Sr. Ed Ray, logró recordar, casi todos (excepto un dígito) los dígitos de la patente de la van de color blanca, en la que se desplazaban los autores del secuestro, gracias a esa información trascendente, los investigadores lograron atrapar, y juzgar a los responsables del memorable secuestro.[239]

El tema de la hipnosis como ayuda para la investigación, no es novedoso, en los Estados Unidos, ya que desde principios de la década del 60 se ha empleado este método para la resolución de crímenes, en algunos casos con resultados sorprendentes (como el caso del estrangulador de Boston, o el Doctor Sam Sheppard, etcétera).

---

[239] Loftus, Elizabeth F., op. cit., págs. 104, 105.

Así por ejemplo, varios estados de los Estados Unidos, han regulado, y consideran como válidas las declaraciones realizadas por una persona en estado e hipnosis. Como por ejemplo, el Estado de California.

Sin embargo, según Loftus, el uso de la hipnosis tiene varias e importantes críticas, entre ellas las que mencionamos a continuación:

a) Cuando funciona, la hipnosis, no parece ser como una especie de solución extraordinaria, sino más bien, un medio para relajar a la persona objeto del interrogatorio o concentrarla más adecuadamente; lo que deriva en mayor cooperación por parte del mismo para con el entrevistador;

b) En segundo lugar, la hipnosis NO siempre funciona, sino que en muchos casos no se logra siquiera hipnotizar a las personas;

c) Los más serios hipnotizadores norteamericanos, han considerado que la hipnosis sólo puede ser útil con algunos recaudos esenciales, entre ellos, que exista una orden judicial que lo autorice, que se haga la hipnosis con supervisión medica, y debidamente grabada por medio de filmaciones;

d) Además, se ha demostrado, que en muchos casos las personas en estado de trance hipnótico, pueden ser más fáciles de sugestionar, y por ende, son más susceptibles de ser objeto de influencia por medio de preguntas sugestivas.[240]

Por ello, el tema de la hipnosis, sigue siendo objeto de estudio, y sin conclusiones tajantes, porque algunas personas la consideran de vital importancia, y otros autores, estiman que a veces dicho elemento de prueba no resulta tan importante y trascendente.

Estimamos que el tema de la hipnosis es importante a considerar; y lo llamativo es que nuestro sistema judicial; hasta la fecha ni siquiera ha sido analizado, como posible solución o via de investiación judicial.

[240] Loftus, Elizabeth F., op. cit., págs. 105, 109.

5. RECONOCIMIENTO DE PERSONAS. IDENTIFICACIÓN DE PERSONAS DE DISTINTA RAZA. TRANSFERENCIA INCONSCIENTE. RUEDAS O LÍNEAS DE RECONOCIMIENTO. EXHIBICIÓN DE FOTOGRAFÍAS. DETECCIÓN DE RUEDAS DE RECONOCIMIENTO INJUSTAS

LA HISTORIA DE David Webb, es muy traumática, y será comentada como ejemplo de las nefastas conclusiones que pueden derivarse de las identificaciones erróneas.

A Webb se lo acusó, y condenó sobre la base de un testimonio equivocado por considerarlo autor del delito de violación, tentativa de violación, y tentativa de robo.

El arresto de Webb, se produjo por sus semejanzas físicas, con un dibujo o identikit elaborado sobre el presunto delincuente, y luego, sobre la base de los testimonios de personas que lo sindicaron como el individuo que abusó sexualmente a uno de los testigos, y como la persona que trató de abusar sexualmente y de robarle al segundo de los testigos.

Todo esto sucedió en dos tiendas de la ciudad de Everett (Washington) sobre la base de dichas probanzas Webb fue condenado a más de cincuenta años de prisión.

Por suerte para Webb, meses después, otro individuo, confeso ser el autor material de los delitos por los cuales se había condenado a Webb, por ello la Policía investigó esta confesión, se hizo una nueva rueda de reconocimiento a Webb, y al individuo que confeso ser autor de los delitos, en donde las víctimas del delito no pudieron identificar a Webb, como la persona que los había atacado anteriormente.por ello, fue liberado de la Penitenciaría Estatal de Washington el mes de febrero del año 1978, luego de estar detenido, casi diez meses por un crimen que el jamás cometió.[241]

Sin embargo la historia de Webb, desgraciadamente, no es el único caso de condenas erroneas, basadas en identificacinoes equivocadas. Tal y como lo comentamos en otra parte del presente trabajo, la organización "The Innocence Project", y otros organismos han demostrado, que el tema es candente, y habitual. Recordemos que más de 230 personas han sido liberadas en los Estados Unidos solamente, por demostrarse que previamente habían sido condenadas de modo erroneo; y la principal causa, es decir más del 75% de las veces, la equivocación parte de un testigo ocular que se equivoca. Recordemos, por ejemplo, el caso de Ronald Cotton, que fuera analizado en otra parte del presente trabajo.

Por esa razón los psicólogos realizan investigaciones y experimentos en donde exhiben a personas realizando actividades de diversa índole, y luego se formulan preguntas sobre lo que se les mostró a los testigos oculares. Para verificar la certeza de los recuerdos.

Una de las investigaciones científicas más inquietantes e interesantes llevadas a cabo por estos psicólogos cognitivos, fue la realizada por parte Buckhout, investigación que contó con la cooperación de la NBC (una muy importante estación de televisión de Nueva York), en dicho experimento, que arrojo la notable cifra de más de 2000 personas equivocadas.

Así en fecha 19 de diciembre del año 1974, los televidentes del canal de noticias nocturno (Channel 4 NBC) vieron una filmación en donde se veía a una joven mujer caminando, luego –en la misma escena– un hombre que vestía una campera de cuero, corrió hacia la víctima, tomó su bolso, y la golpeó.

A posteriori, este individuo se escapó corriendo, pero en dirección a la cámara (es decir que su rostro, y demás características físicas eran muy visibles). Todo el incidente televisado,

---

[241] Loftus, Elizabeth F., op. cit., págs. 134, 135.

duró poco más de doce segundos. Luego el conductor del programa, mostró una línea o rueda de reconocimiento de seis personas, y le anunció a la audiencia, que el autor del evento, podría estar entre los seis individuos, o no. Por último, se mostraron números de teléfono, en la pantalla, y se invitaba a los televidentes a llamar, respondiendo a la inquietud.

Cabe acotar que el verdadero autor del hecho delictivo, sí estaba entre los posibles autores, en la posición numero dos. Como corolario del experimento, debemos mencionar que, se produjeron más de dos mil llamadas, y las conclusiones del experimento demostraron lo siguiente.[242]

Sólo el 14.1% de la totalidad de las llamadas realizadas hicieron una identificación correcta del presunto autor del hecho delictivo, cifra idéntica a la que se obtendría de una mera elección hecha al azar, con las consecuencias que de ello se derivan.

Tal y como se ha analizado en otras secciones del presente trabajo, cuando una persona trata de identificar a otra, muchos factores juegan roles importantes. Algunos han sido discutidos anteriormente, pero otros serán analizados *a posteriori*, a saber: a) Identificación interracial, b) Transferencia Inconsciente, y c) La dificultad de obtener identificaciones en ruedas de reconocimiento, o por exhibición de fotografías, que sean realizadas en forma justa, razonable, y adecuada.[243]

5.1. Identificación de personas de distinta raza

Se ha demostrado científicamente, que las personas, tienen mayor capacidad de hacer reconocimiento correcto, en personas de su misma raza, que con individuos de diferente etnia o grupo racial.

---

[242] Loftus, Elizabeth F., op. cit., págs. 135, 136.
[243] Ibíd., pág. 136.

Loftus cita las investigaciones realizadas por Malpass & Kravitz, durante el año 1969 en la Universidad de Illinois, y en la Universidad de Howard. La primera de las cuales (Por ese entonces) era una casa de altos estudios en donde asistían personas predominantemente de raza blanca, en la segunda de dichas casas de altos estudios, asistían en su mayoría personas de raza negra. El material empleado para los reconocimientos eran 40 fotografías de hombres blancos de edad escolar, y 40 fotografías de hombres negros de edad escolar. El experimento se desarrolló del siguiente modo, a los individuos se les exhibían 10 fotografías de personas de raza blanca, y 10 fotografías de personas de raza negra; por aproximadamente 1,5 segundos cada una de dichas fotografías. Luego de lo cual, se les mostraban 40 fotografías de hombres blancos, y 40 fotografías de hombres negros, para ver, si reconocían entre dichas fotografías a personas que habían sido exhibidas con anterioridad.[244]

El experimento demostró que las personas tienen mayor facilidad para reconocer a individuos de su propia raza, que personas de razas diferentes.

Una investigación más reciente llevada a cabo por Brigham & Barkowitz (1978), llegó a las siguientes conclusiones: a) Tanto los hombres blancos, como los hombres negros, tienen mayor precisión identificando a miembros de su propio grupo racial, b) Las personas prejuiciosas, tienen menos precisión en sus identificaciones interraciales, que las personas sin prejuicios, c) Las personas que tienen más contacto, y experiencias, con individuos de otros grupos raciales, tienen más precisión en las identificaciones interraciales, que aquellos que no tienen contacto y/o experiencias.[245]

Sin embargo –según Loftus– las dos últimas conclusiones no son veraces.

---

[244] Loftus, Elizabeth F., op. cit., págs. 137, 138.
[245] Ibíd., pág. 138.

Como es fácil advertir nada de esto es tenido en cuenta por las fuerzas de seguridad locales, ni por nuestros legisladores, ni magistrados al momento de analizar las pruebas obrantes en las actuaciones judiciales.

¿Cuál es la causa de esta diferencia en la capacidad de reconocer a personas de distinto grupo racial?. Según algunos, esto se debe a que existen prejuicios entre los diversos grupos raciales, o menos experiencias o contacto con otros grupos étnicos. Los psicólogos aún no han encontrado una respuesta precisa. Una hipótesis plausible es que los diferentes grupos raciales tienen características físicas que los distinguen de otros grupos étnicos (Ejemplo: Los de origen asiático, tienen ojos rasgados); justamente estas características distintivas, implicaron el consumo de tiempo y esfuerzo por parte de los testigos, y esto provocó que *a posteriori*, les resulta hacer un reconocimiento correcto.[246]

5.2. Transferencia inconsciente

Se denomina transferencia inconsciente al fenómeno en el cual una persona que es vista por un individuo en una determinada situación, es confundida o recordada como otra persona distinta a la que se vio en una situación también diferente.[247]

Un caso típico de transferencia inconsciente, podría ser, el del famoso psicólogo que fue confundido por una mujer que fue víctima de un abuso sexual, con el abusador, en virtud de haber estado (la víctima) viendo el programa en el cual se escuchó a dicho psicólogo, momentos antes de haber sido víctima del abuso sexual. Citado por Daniel Schacter, en su obra los siete pecados capitales de la memoria. Y en las entrevistas,

---

[246] Loftus, Elizabeth F., op. cit., págs. 139, 140.
[247] Ibíd., págs. 142, 143.

que dicho autor, realizó con el destacado periodista y científico español Eduard Punset, a las que hice mencion anteriormente.

Según Loftus, parece ser que la exposición –aunque sea breve– a una persona, puede provocar que esa misma persona nos parezca familiar con posterioridad. Esa familiaridad, puede a su vez provocar, la errónea creencia de estar frente al autor del delito, y luego causar condenas injustas.

Por ello, para concluir, podemos afirmar que muchas veces, se acusa injustamente a personas, que pueden haber estado en la escena del crimen, o cerca de dicho lugar, sin ser los autores materiales del hecho investigado, o bien, que se acuse, injustamente, a personas que se vio antes de presenciar el delito, o cuyas fotografías se exhibieron (por parte de personal policial), pocos instantes luego de cometido el delito.

¿Cuál es la posible explicación de este fenómeno?. Según Loftus: "...La transferencia inconsciente es un subproducto de la naturaleza integrativa, y maleable de la memoria humana. Parece ser que una breve exposición a una persona, puede provocar que esa persona nos parezca familiar cuando es vista con posterioridad. Por ejemplo: Un personaje o individuo, que se vio antes de presenciar un delito, puede verse familiar para un testigo que esta tratando de identificar a los sospechosos de entre un grupo de fotografías. El personaje nos luce familiar, y más tarde por ello, se nos aparece familiar con las personas que particparon del delito en sí mismo. Pero en realidad la familiaridad se debe al hecho de haber sido presenciado antes de ver el hecho delictivo. Este individuo se integra, con la memoria que tiene el testigo del hecho delictivo..."; continuá más adelante la autora: "... El testigo dice que el acusado cometió el delito. El acusado niega ser el autor del delito, pero admite haber estado en la escena del crimen, puede que al momento de producirse el evento, o antes de cometido el mismo. O quizas el acusado y el testigo viven cerca el uno del otro, y pueden haber tenido la oportunidad de verse por ejemplo, en la lavandería local. Sin más información disponible, nadie puede asegurar que

se produjo, o no se produjo el fenómeno de la transferenia inconsciente. Todo lo que se puede decir es que el fenómeno de
la transferenia inconsciente existe, y que existen situaciones en
donde es más o menos probable que ocurran..."[248]

Las palabras de Loftus, son más que elocuentes y no necesitan de mayor explicación, tengamos en cuenta los casos explicados *ut supra*, sobre las condenas erroneas, y se verá que el
fenómeno no es raro, y se produce en la realidad.

5.3. Exhibición de Fotografías o ruedas de reconocimiento fotográficas:

Cuando un crimen es cometido, en muchas oportunidades
a los testigos del hecho, se les exhiben fotografías de individuos, y se les pregunta, si la persona cuya imagen es mostrada
es o no es la persona que cometió el hecho delictivo.

En otras ocasiones la investigación realiza ruedas de reconocimiento en vivo. Es decir, se pone a un grupo de personas
–que deberían tener características físicas semejantes al presunto autor del delito o similares a la descripción dada por el
testigo ocular –juntas, para que los testigos indiquen si alguna
de estas personas es o tiene un parecido importante con el autor del hecho delictivo.

Muchas veces, las personas que participan de los reconocimientos piensan que la Policía, no haría el procedimiento salvo
que tuviera razones válidas o motivos suficientes para creer
que el verdadero responsable está entre los individuos exhibidos.[249] Pero esto no es real en absoluto, por el contrario, en no
pocos casos se emplea como relleno a personas inocentes. Resulta atinente recordar el notable caso de Ronald Cotton,
mencionado *ut supra*.

---

[248] Loftus, Elizabeth F., op. cit., págs. 143, 144.
[249] Ibíd., pág. 144.

Esta es una de las razones por la cuales, en muchas ocasiones los testigos, se sienten obligados a reconocer a alguna de las personas que participan de la hilera, y por ello, escogen –en muchos casos– a la persona que más se parece al presunto delincuente, aunque de hecho el verdader responsable no se encuentre entre las personas que participan del reconocimiento.

5.3.1 Detectando ruedas de reconocimiento inadecuadas:

Loftus comienza esta parte del trabajo mencionando que: "... Cuando el sospechoso de un delito, es un hombre grande y con barba, la mayoría de la rueda de reconocimientos no incluyen a niños pequeños, damas mayores en silla de ruedas, u hombres ciegos con bastones... En un caso el sospechoso que era de una determinada raza o nacionalidad, fue colocado junto a individuos de diverente nacionalidad o grupo racial. Por supuesto que ese tipo de ruedas de reconocimiento son groseramente sugestivas, y las identificaciones que producen carecen de todo tipo de valor..."[250]

Según las investigaciones llevadas a cabo por los psicólogos, para que una rueda de reconocimientosea adecuada o justa, deben emplearse al menos a seis personas (Incluyendo al sospechoso, y cinco personas de relleno), y las probabilidades de que una persona que no ha percibido el evento, y en base a la descripión fisica que el testigo diera del sospechoso, lo sindique como responsable, debe ser de una entre seis.[251]

Loftus, comenta una experiencia personal en donde se logró detectar una rueda de reconocimientos injusta, dice la autora: "...Practique una prueba de ese tipo en un verdadero caso acontecido en Santa Mónica, California, muchos años atrás. El caso era más o menos asi: William Soto fue arrestado e imputado del delito de robo armado en perjuicio de una estación de

---

[250] Loftus, Elizabeth F., op. cit., pág. 145.
[251] Ibíd., pág.. 145.

gasolina. El testigo –víctima, Richard Quinones, primigeniamente le manifestó a la policía que el ladrón era un hombre de
entre 21 a 23 años de edad; de entre 68 - 72 kg.; y medía entre
5 pies y 7 pulgadas, y 5 pies y 8 pulgadas de alto; con cabello
negro de mediana longitud. Más tarde, Quinones identificó a
Soto en una rueda de reconocimientos fotográfica, en donde
sólo una o dos personas podría decirse que tenían cabello me-
dianamente largo. Practique un experimento de reconocimiento empleando fotografias, asi leí la descripción dada más arriba
a 20 personas en forma individual, y luego les pedi que vieran
las fotografías y escogieran a la persona que pensaran cometió
el delito. Si la rueda de reconocimientos era absolutamente
imparcial, sólo 3 o 4 personas deberián haber escogido la fotografía de Soto (1 de 6 testigos no presenciales). 13 personas
lo escogieron. En consecuencia, incluso las personas que no
presenciaron el delito, tenián la tendencia a escoger a Soto, lo
que indicaba que el reconocimiento no fue justo..."[252]

Otro caso citado por Loftus, es el de una prueba practicada
en Canada por Doob y Kirsherbaum, en el caso Regina v.
Shatford. En dicho precedente un testigo ocular fue decisivo
para condenar al imputado Shatford. Este fue acusado como
uno de los dos ladrones que robaron una tienda, llevándose
más de $ 7.000. El cajero no recordaba demasiado excepto que
estaban bien vestidos, eran atractivos, y se veían como hermanos. Tres dias luego de cometido el robo, la testigo estuvo casi
6 horas con dibujantes de la policía haciendo dibujos del sospechoso. No recordaba demasiadas características fisicas del
sospechoso, pero pudo identificarlo en una rueda de reconocimiento en la que participaron 12 personas. ¿Cómo es posible
que alguién que dio una descripción tan vaga y poco precisa,
haya podido escoger al sospechoso de entre los participes del
reconocimiento?. Según Doob y Kirschenbaum esto se debió
a que la testigo recordaba la descripción parcial del sospechoso

---

[252] Loftus, Elizabeth F., op. cit., pág. 146.

que dio a la policía; o sea que los sospechosos estaban bien vestidos, eran buenmozos, y parecián hermanos. Quizas, el hecho de que fueran bien parecidos, fue la clave de la elección del sospechoso, porque los otros dos factores considerados no eran útiles para poder escoger a algún sospechoso. En consecuencia, se hizo un nuevo experimento con 21 sujetos a los que se les dio como unica descipcion del sospechoso, que se trataba de una persona "más o menos atractiva". La conclusión fue la siguiente los testigos, sólo se limitaron a escoger a la persona más atractiva de la rueda de reconocimiento, porque eligieron al sospechoso 11 veces, de entre los 21 participes del reconocimiento, lo que demostraba que el reconocimiento fue parcial o sugestivo.[253]

Para que una rueda de reconocimientos sea adecuada, se deben tener en cuenta muchos factores, entre ellos cabe mencionar los siguientes: a) El número de personas que están en la rueda de reconocimiento (se aconseja que sean al menos seis); b) El aspecto físico o como se ven estas personas (la rueda correcta debe tener personas con características físicas similares); c) La ropa o vestimenta empleada por las personas no debe ser demasiado diferente; d) La altura aproximada, la raza a la que pertenecen, el sexo (debe ser el mismo) de los participes del reconocimiento; e) la edad aproximada de los participantes del reconocimiento.

Basándonos en lo expuesto, podemos afirmar, que todas aquellas ruedas de reconocimiento que no reúnan las características descriptas *ut supra*, deberían ser eliminadas, por no ser lo suficientemente adecuadas, y por que no garantizara la imparcialidad.

Resulta atinado recordar en esta parte del trabajo, las sugerencias que realiza "The Innocence Project", sobre los recaudos que debería de cumplimentar el reconocimiento para ser justo: 1°) Administrador Ciego; 2°) Composición de la Rueda

---

[253] Loftus, Elizabeth F., op. cit., págs. 146, 148.

de Reconocimiento (Los participes del reconocimiento debieran ser similares a las descripción que dio el testigo del perpetrador); 3°) Instrucciones (Se debe instruir al testigo de que el perpetrador puede estar o no estar entre los sospechosos que se exhiben; y quela investigación ha de continuar independientemente del sospechoso); 4°) Declaración de confianza (Luego de realizado el procedimiento de reconocimiento; se debe solicitar al testigo, que manifieste por escrito con sus propias palabras el grado de confianza de la identificación realizada); 5°) Grabación (En soporte visual –en lo posible– mediante filmación; o al menos videogración; y fotografías del acto del reconocimiento); 6°) Ruedas de Reconocimiento secuenciales (Se exhibe un sospechoso detrás del otro, en vez de mostrarlos a todos de una sola vez).[254]

5.3.2. Rueda de Reconocimientos basadas en fotografías exhibidas anteriormente

Es común en nuestro sistema legal, al igual que en el Sistema Norteamericano, que la policía proceda del siguiente modo para investigar delitos. Si es que existe un testigo ocular del hecho investigado, lo primero que se hace es exhibirle fotografías del presunto autor del hecho delictivo, luego de lo cual si es reconocido, al mismo individuo (testigo) se le solicita que haga un reconocimiento en vivo del presunto autor del hecho delictivo.[255]

En este caso, el gran problema, es que el testigo con casi absoluta certeza, ha de elegir y/o sindicar como autor del hecho delictivo al mismo individuo que reconoció anteriormente mediante fotografías, es decir, que la rueda de reconocimientos se realiza con prejuicios o sugestivamente.

Según Loftus: "... Este tipo de rueda de reconocimientos tiene serios inconvenientes, desde que casi en forma invariable

[254] *http://www.innocenceproject.org/fix/Eyewitness-Identification.php.*
[255] Loftus, Elizabeth F., op. cit., pág. 150.

sólo una persona es vista en la rueda de reconocimiento fotográfico y en la rueda de reconocimiento en vivo. Es muy poco probable que el testigo identifique a alguna otra persona que la que se escogió previamente en las fotografías. Las probabilidades de una identificación errónea se incrementa dramáticamente en estas circunstancias, y estos reconocimientos se conocen como "ruedas de reconocimientos fotográficas prejuiciosas..."[256]

El problema con las fotografías exhibidas a las personas para hacer reconocimientos es similar al tema de la transferencia inconsciente, es decir, que cuando el testigo que participa de la rueda de reconocimiento, por una cuestión de mayor familiaridad, tiende a sindicar como culpable a aquella persona, que se le exhibió con anterioridad por medio de fotografías.

Loftus, cita un experimento realizado por Brown y sus colegas en el año 1977, el que consistía en lo siguiente: a un grupo de personas se les mostraban dos grupos de criminales (Totalmente desconocidos) en tandas de cinco personas cada grupo, durante 25 segundos a cada individuo; y se aconsejaba a los participantes del experimento a estudiar los rostros con detenimiento. Porque con posterioridad, esa misma tarde, se les iba a exhibir libros con fotografías de sospechosos (entre las cuales se han de encontrar a las imágenes de los criminales exhibidos anteriormente, junto con fotografías de personas inocentes). Y finalmente, una semana después, los mismos sujetos debían de participar en ruedas de reconocimientos en vivo, en las cuales la tarea era indicar, entre las personas que participaban de la rueda, aquellas que habían sido vistas en la primera ocasión y eran reconocidas como delincuentes. Los resultados fueron los siguientes: un 8% de las personas que participaban como rellenos de las ruedas de reconocimiento que no habían sido vistas previamente –es decir individuos inocentes–, fueron erróneamente escogidos como criminales,

---

[256] Loftus, Elizabeth F., op. cit., pág. 150.

pero casi un 20 % de estas personas (rellenos de los reconocimientos) fueron erróneamente sindicadas como criminales, sí habían sido vistos, previamente, en los libros de reconocimientos con fotografías (*smugshots*).[257]

Según Loftus: "... El problema de las ruedas de reconocimientos fotograficas prejuiciosas es similar al problema de la transferencia inconsciente. Cuando un testigo presencia, o participa de un reconocimiento la persona cuya fotografía le fue exhibida previamente, le resulta familiar. Esta familiaridad equivocadamente la relaciona con el crimen, en vez de vincularla con las fotografías exhibidas (A donde en realidad pertenece). En consecuencia, la rueda de reconocimiento fotográfico prejuiciosa, es un modo específico de transferencia inconsciente..."[258]

Termina sabiamente expresando la autora: "... En conclusión, cuando el testigo de un hecho delictivo, es llamado a identificar al presunto responsable de la comisión del crimen, muchos factores psicológicos entran a jugar. Algunos de estos factores, como el tiempo de retención, la calidad de la iluminación, y la cantidad de estrés que el testigo experimentó durante evento, pueden afectar la precisión de cualquier testimonio, incluyendo el testimonio sobre el reconocimiento de personas. Sin embargo algunos fenómenos son específicos del caso en donde el testigo trata de identificar o reconocer a personas. El problema del reconocimiento interacial es un ejemplo perfecto: Las personas cometen más errores cuando tratan de reconocer los rostros de personas que pertenecen a un grupo racial distinto; del reconociente, que cuando reconocen a miembros del mismo grupo racial. El segundo fenómeno es la trasnferencia inconsciente, en donde una persona que ha sido vista en una determinada situación es erróneamente recordada por el testigo, como si hubiera sido vista en una situación diferen-

[257] Loftus, Elizabeth F., op. cit., pág.150.
[258] Ibíd., pág. 151.

te..."[259]. Las ruedas de reconocimiento son importantes por el rol crucial que juegan para poder determinar en muchos casos, una condena o absolución del acusado.

La sapiencia de dichas expresiones, tal y como en otras secciones del presente trabajo, nos eximen de mayores comentarios (Recordemos el caso remanido de Ronald Cotton).

[259] Loftus, Elizabeth F., op. cit., págs. 151, 152.

6. OPINIÓN DE LA CORTE SUPREMA DE JUSTICIA DE LA NACIÓN ARGENTINA SOBRE LOS REQUISITOS DE ADMISIBILIDAD DE LA PRUEBA TESTIMONIAL

NUESTRA CSJN, RECIENTEMENTE ha emitido opinión sobre los requisitos de admisibilidad de la prueba testimonial; en la causa denominada "Recurso de Hecho deducido por la defensa oficial de Sergio Gabriel Barbone en la causa, Barbone, Sergio Gabriel s / infracción ley 23.737 y art. 277, articulo 1, inciso c) del Código Penal –causa nro. 967".

En dicha causa judicial, el máximo tribunal nacional ha resuelto que: "... El recurso extraordinario, cuya denegación origina esta queja, es inadmisible (art. 280 del CPC y C. de la Nación)...", firmando la mayoría de los miembros de la CSJN, con excepción de los vocales Dres. Lorenzetti, Fayt, y Zaffaroni, quienes compartieron los argumentos y conclusiones emitidas por el Sr. Procurador Fiscal.

Resulta muy interesante analizar lo que dijo el procurador fiscal cuyo dictamen hemos de transcribir textualmente: "... La Sala I de la Cámara Nacional de Casación Penal rechazó el recurso de casación presentado por la defensa oficial de Sergio Gabriel Barbone, contra la sentencia del Tribunal Oral en lo Criminal N° 12 de esta ciudad, que lo condeno a las penas de un año y seis meses de prisión, once pesos con cuarenta y cinco centavos de multa, y costas, por considerarlo autor de los delitos de tenencia simple de estupefacientes y encubrimiento, en concurso real (...) El tribunal dio por probado que en la noche del 12 de agosto de 2003, en el marco de un control policial de vehículos en la avenida Eva Perón, entre las calles Lafuente y Castañón de esta ciudad, la subinspectora Cristina Riccobaldi detuvo la marcha de un taxi, e identifico a su conductor y al pasajero que venia en el asiento de atrás, Sergio

Gabriel Barbone, de quien se supo que tenia antecedentes de robo y hurto. Esto motivo que, en presencia de dos testigos, el imputado fuera requisado, notándose un bulto en la parte delantera de su pantalón, que, al ser extraído, resulto que se trataba de tres envoltorios que contenían marihuana y billetes de diez pesos falsos... En mi opinión VE puede abrir esta queja. Doy razones: En la instrucción, el juez federal optó por no recibir a ningún testigo. Los únicos actos probatorios cumplidos en ese estadio procesal fueron la incorporación de lo estudios químico y scopométrico efectuados por la Policía Federal (...) y la disposición de los informes psiquiátricos y socio ambiental (...) En el debate, no se produjo ninguna prueba. Debido a la incomparencia de la policía Riccobaldi, el chofer y los testigos de la actuación, el tribunal decidió –con acuerdo de las partes incorporar por lectura, tanto los dichos brindados por estos en la prevención (...) como los estudios periciales e informes producidos en la instrucción (...) Con respecto a los testigos, cabe señalar que el artículo 391 del Código Procesal Penal autoriza, de manera excepcional, que sus declaraciones sean suplidas por la lectura de las prestadas durante la instrucción (Dictamen en la causa A. 935, XLI, Alfonso, David Abraham s / causa N° 14.558, del 7 de agosto de 2006). Cuanto mucho puede admitirse que ese precepto también prevé la oralizacion de las testificales producidas en la prevención, pero, eso si, ratificadas judicialmente (Núñez, Ricardo, Código Procesal de la Provincia de Córdoba, ED. Marcos Lerner, Córdoba, 1986, articulo N° 401, nota N° 20). De ahí que no sea valida la incorporación por simple lectura de declaraciones prestadas sólo ante la policía, aun cuando –como ocurre en el *sub judice*– concurra alguno de los impedimentos del art. 391 para obtener el comparendo del testigo (...) Por eso, si bien es cierto que en esta causa hubo actividad de prevención, debidamente documentada en actas que no fueron redargüidas de falsedad, ocurre que esta no fue suficiente para cumplir con los estándares mínimos que ofrece un procedimiento judicial propiamente dicho, por cuanto, entre otras cosas, no hubo control de las partes (...) Si suprimimos esos testimonios brindados en la policía y no ratificados en la instrucción, tenemos que no existió un curso de prueba independiente que conduzca a la solución condenatoria adoptada. Los restantes elementos introducidos en el juicio, y valorados en la sentencia, derivan directamente de los procedimientos de requisa y secuestro presenciados por los cuatro y únicos testigos del caso, respecto de quienes no se obtuvo ninguna declaración judicial (...) En consecuencia, y toda vez que en este proceso penal no han sido respetadas las formas sustanciales de todo juicio –acusación, defensa, prueba y sentencia–, adecuadas a las características propias del sistema oral (...) entiendo que corresponde que VE, actuando de oficio, declare nula toda la etapa del debate... ".

La opinión del Fiscal, que hemos trascripto íntegramente, resulta muy atinada, y es compartida plenamente por mi persona.

Sobre la base de lo expresado *ut supra*, es evidente, que nuestro máximo tribunal nacional, en absoluto, tiene en cuenta las verdaderas circunstancias que rodean la declaración de un testigo ocular, tanto es así, que le otorga pleno valor probatorio a los dichos de los testigos que han declarado en sede policial, y que en nuestra opinión no garantizan en absoluto el derecho de defensa, y el debido proceso legal, que la constitución garantiza a todo imputado penal.

Tengamos en cuenta, que las declaraciones concretas que los testigos realizan en sede policial, no tienen la más mínima posibilidad de ser controladas por parte del imputado, ni de su abogado defensor, lo que torna más grave aun lo resuelto por el máximo tribunal nacional, con el agravante –lo que resulta llamativo con la actual composición de la CSJN, que es tan respetuosa de los derechos y garantías de las personas–, de que los únicos testigos que han declarado son miembros de las fuerzas de seguridad, y que estaban realizando el procedimiento respectivo, es decir, no existe imparcialidad alguna a favor del imputado penal.

Pero, todas estas complejidades, y falencias, si han sido advertidas por el Sr. Procurador Fiscal General Doctor Luis Santiago González Warcalde, y por tres vocales del máximo tribunal nacional.

Reitero, la opinión de que la postura de la CSJN, debería variar para permitir una adecuada recepción, y preservación de la prueba testimonial; porque la recepción de la prueba de testigos en sede policial, sin un adecuado soporte (Fílmico o grabado) impide un control adecuado del modo en que se realiza la entrevista; como también trae aparejada una indecuada protección del derecho de defensa del imputado; y de la propia víctima (Quién podría tener la gravísima consecuencia, de que el verdadero responsable, no sea habido, y continué libre y tranquilo).

7. OPINIÓN Y PRECEDENTES EXISTENTES EN LA SUPREMA CORTE DE JUSTICIA DE LOS ESTADOS UNIDOS SOBRE LOS REQUISITOS NECESARIOS PARA LA ADMISIBILIDAD DE LA PRUEBA TESTIMONIAL. NECESIDAD DE REVISIÓN DE DICHA POSTURA

EL PANORAMA ES distinto según la doctrina de la Corte Suprema de Justicia de los Estados Unidos (United States Supreme Court), y ha sido objeto de múltiples valoraciones. Las que han de ser analizadas en los párrafos que siguen.

En esta sección del trabajo, seguimos analizando las opiniones de la Doctora Loftus, en su obra "Eyewitness Testimony". Reiteramos que casi todos los capítulos de su obra, la Doctora Loftus, inicia su exposición haciendo referencia a un caso concreto en donde se encarcelo injustamente a una persona inocente.

El caso citado, es el de Charles Clark, persona que resultó injustamente acusada de haber sido el autor de un delito de robo, seguido de muerte y lesiones acontecido en una tienda de ropas de un pequeño pueblo de Michigan, el día 23 de noviembre del año 1937, y perpetrado por tres individuos. La única sobreviviente del hecho, fue la hija del dueño de la tienda, quien recibió un golpe con un arma, pero pudo ver al presunto autor del delito. Pese a que la dueña de casa en donde alquilaba Clark, afirmó que el día del hecho Clark estuvo todo dentro de la habitación que rentaba, además, otro de los partícipes del delito que si reconoció haber participado en la comisión del delito, afirmó que Clark no tuvo intervención en el hecho investigado. Clark permaneció encerrado más de treinta y cinco años, fue un prisionero ejemplar, y siempre sostuvo su inocencia, por lo que se le ofreció un perdón que fue rehusado, por considerar que recibir dicho perdón era sinónimo de admitir la responsabilidad criminal en el evento. En el año 1968, el caso fue asignado a una asociación de ayuda y defensa legal, cuyos abogados, escudriñaron viejos documentos y descubrieron que la hija de la víctima dijo en una ocasión que no pudo identificar a Clark como uno de sus agresores, luego en otra oportunidad la testigo admitió que cuando no pudo identificar a Clark como posible agresor, los policías le sugirieron que Clark era el verdadero culpable del ilícito investigado. Por esta razón, a Clark se le otorgó derecho a un nuevo juicio criminal para ese mismo año 1968, pero la acusación desistió de continuar con la acusación penal, y Clark fue liberado.[260]

A posteriori, y como consecuencia de ello, en el año 1972, el Gobernador de Michigan firmó como ley la siguiente resolución: "... Sección 1. Se procede a la apropiación de los fondos generales del Estado la suma de u$s dólares estadounidenses 10.000 destinados a favor de Charles Lee Clark, nacido el día 17 de octubre de 1899 en Americus, Georgia, con residencia en 288 E, Monte Vernon, Detroit, Michigan, por el sufrimiento mental padecido en las prisiones del Estado por un delito u ofensa del que fue hallado inocente en juicio, luego de 30 años de confinamiento. Sección 2. El dinero del que se toma propiedad bajo las provisiones de esta acta no se hace en concepto de pagos de daños y/o por ningún reclamo, pero es provisto por exclusivas razones de humanidad. Ordenado para que se efectúe de inmediato. Aprobado en fecha 28 de Enero de 1972..."[261]

El problema es claro, la poca credibilidad que merecen las identificaciones realizadas por testigos oculares, es un problema grave para la administración de justicia en general, y que en los Estados Unidos ha recibido una inmensa repersución social, y por parte de los medios de difusión, merced a esto se ha logrado la modificación de múltiples disposiciones legisles en

---

[260] Loftus, Elizabeth F., op. cit., págs. 178, 179.
[261] Ibíd., pág. 179.

los Estads Unidos, en el ámbito federal y local, para mejorar la recepción y preservación de la prueba de testigos.

Tan grave fue el tema, que ya durante el año 1932 un doctrinario anglosajón de nombre Borchard hizo hincapié en este problema, Loftus lo cita textualmente: "... Quizás la mayor cantidad de estos errores trágicos es la identificación del acusado, realizada por la propia víctima de un delito violento. El error *per se*, fue responsable de 29 de estas condenas, los jurados parecen dispuestos a darle crédito a la versión de las víctimas de un delito, en vez de la evidencia existente a favor del acusado... Estos casos ilustran el hecho de que el balance emocional de la víctima o del testigo es tan distorsionado por la experiencia extraordinaria sufrida que los poderes de percepción se distorsionan y su identificación es frecuentemente poco creíble. En la identificación ingresan otros motivos, no necesariamente estimulados originalmente por el acusado personalmente –el deseo de castigar el delito, la venganza sobre el posible culpable, el apoyo..."[262]

Los casos que la autora cita, no son nuevos datan de la década del 70 fecha de la primigenia impresión de su novedoso trabajo, pero dichos casos se ven reforzados por los novísimos y numerosos casos que se citan en otras secciones del presente trabajo sobre la existencia de condenas erróneas en los Estados Unidos.

Lo bueno es que el gobierno federal de los Estados Unidos, fundamentalmente durante la gestión del Departamento de Justia de los Estados Unidos, a cargo de la Dra. Janet Reno; se ha hecho eco de esta problemática, y ha tomado medidas para evitar condenas erroneas; para receptar y preservar mejor la evidencia de testigos; y para solucionar situaciones de condenas injustas; a través de muchos trabajo, entre los cuales cabe destacar a los siguientes: "Eyewitness Evidence. A guide for

[262] Loftus, Elizabeth F., op. cit., pág. 179.

law enforcement"[263]; y "Convicted by Juries, Exonerated by science: Case Studies in the use of DNA evidence to Establish innocence alter trial"[264].

Pero ¿qué postura adoptó la "Supreme Court of the United States" al respecto? Veamos y analicemos los fallos señeros dictados por el máximo tribunal de Justicia de los Estados Unidos. Los casos que han de ser analizados son los siguientes: "United States vs. Wade", "Gilbert vs. California" y "Stovall vs. Denno", los tres analizan la constitucionalidad o no, de las prácticas llevadas a cabo por la policía, en los procedimientos llevados a cabo para obtener las identificaciones de los testigos oculares; incluyendo entre estos a la declaración de la propia víctima del delito.

En todos los precedentes se tiene en cuenta al testigo ocular del delito (sea la propia víctima, o un tercero), y el reconocimiento que hace del presunto autor del hecho delictivo. Sea que el testigo sea cuestionado por la policía, a fin de que describa al presunto autor, o bien, que al testigo se le exhiban fotografías de presuntos sospechosos a fin de que reconozca al mismo, o bien, que el testigo –si la policía tiene un sospechoso en la mira– identifique al sospechoso en fotografía, o en persona, sea entre un grupo de personas o individualmente.

Las decisiones Wade-Gilbert-Stovall, hacen hincapié en aquellos casos en donde la policía realizó una identificación en sede policial, previa al juicio criminal propiamente dicho, y en donde se logró establecer la identidad del presunto autor del

---

[263] Eyewitness Evidence. A guide for law enforcement. U.S. Developed and approved by the technical working Group for eyewitness evidence. Department of Justice. Office of Justice Programs. National Institute of Justice. NCJ 178240. pdf file.

[264] Convicted by Juries, Exonerated by Science: Case Studies in the Use of DNA Evidence to Establish Innocence After Trial. By Edward Connors, Thomas Lundregan, Neal Miller, Tom Mc Ewen. June 1996. Department of Justice. Office of Justice Programs. Nacional Institute of Justice. NCJ 161258.

delito por medio de"identificación fotográfica", o bien porque se logró "la identificación del sospechoso por parte del testigo en forma individual", o "la identificación del sospechoso en una línea o rueda de reconocimiento de personas".

El primer caso señero es el precedente "United States vs. Wade", fallado en fecha 12 de Junio de 1967, y resulto el más famoso de todos. La síntesis del caso es la siguiente: Billy Joe Wade, fue arrestado, como presunto autor del delito de robo de un banco. Los agentes del FBI, al inicio de la investigación realizaron una identificación de personas en rueda de reconocimiento, solicitándole al Sr. Wade que use elementos para tapar su rostro, y diga algunas palabras (en igual sentido a lo que había realizado el autor del delito, por ello se lo juzgaba), sin notificar, ni otorgar participación, ni contar con la presencia del abogado defensor del imputado en dicha rueda de reconocimientos. En esa rueda de reconocimientos dos empleados bancarios vieron a Wade con otros cinco o seis sospechosos, y lograron reconocer a Wade, como posible autor del hecho delictivo. Durante el juicio criminal los testigos (2) indicaron a Wade, como presunto autor del delito, y este fue condenado.

El abogado defensor se opuso a este reconocimiento, por considerar que violentaba la quinta y sexta enmienda de la Constitución de los Estados Unidos (La Quinta enmienda establece el privilegio de no auto-incriminarse, y la Sexta hace referencia al derecho a tener un abogado defensor) dicha solicitud fue denegada por el Juez de la Corte. El defensor de Wade apeló la resolución ante la Cámara de Apelaciones del 5° Circuito de los Estads Unidos; argumentando que existió una identificación del sospechoso con carácter previo al juicio, sin que participara de la misma el abogado defensor, lo que violaba las enmiendas Quinta y Sexta de la Constitución de los Estados Unidos. La Corte de Apelaciones del quinto circuito, revocó la sentencia de condena de Wade, con basamento de que una rueda de reconocimientos llevada a cabo en ausencia del abogado del acusado viola la Sexta enmienda de la Constitución de los Estados Unidos (Esto es, la enmienda constituícional, que establece el derecho a tener un abogado defensor).[265]

La Corte Suprema de los Estados Unidos, analizó el caso Wade, y resolvió que la confrontación entre el acusado y la víctima de un delito para obtener la identificación está llena de innumerables peligros y factores que pueden seriamente, e incluso crucialmente, derogar el derecho a obtener un juicio justo. Además la Suprema Corte, cito casos de grueso abuso, textualmente el tribunal sostuvo: "... En un caso de Canadá.... el acusado fue escogido como presunto autor del delito, de entre un grupo de seis hombres, entre los cuales el acusado era el único con rasgos orientales. En otros casos, un individuo de cabellos negros fue emplazado entre un grupo de individuos de cabellos claros, o casos de sospechosos altos que eran colocados en rueda de reconocimientos rodeados de personas de baja estatura, y un caso en donde el presunto perpetrador del delito joven, de menos de 20 años, fue emplazado en una rueda de reconocimientos de otras cinco personas de al menos 40 años o más aún...".[266]

Además el propósito de que un abogado defensor este presente durante las ruedas de reconocimiento, es que dicho profesional prevenga y/o trate de evitar la composición de una rueda de reconocimiento injusta, como también la de reducir las chances de sugestividad en la conducta policial. E inclusive, si el testigo identifica a un sospechoso diferente del acusado, esto se puede conocer, y no se podría mantener en secreto con posterioridad. Por ello en el caso de Wade, la Corte Suprema de los Estados Unidos, ratificó lo decidido por la Corte de Apelaciones del quinto circuito.

---

[265] Loftus, Elizabeth F., op. cit., págs. 180, 181.
[266] Ibíd., pág. 181.

El caso "Gilbert vs. California", también resuelto en fecha 12 de Junio de 1967, en forma simultanea con el caso Wade v. United States, trata sobre un robo a mano armada seguido de muerte, en una entidad de créditos y prestamos en California.

Antes del juicio, la policía solicitó la participación de Gilbert (Quien era el sospechoso del caso) en una rueda de reconocimientos sin notificar a su abogado defensor, 16 días después de la acusación, y luego de que se designara abogado al imputado. Durante el juicio, la Corte admitió la evidencia, y el reconocimiento –dentro de la corte– de los testigos que participaron en la rueda de reconocimientos que antecedió al juicio criminal, y respecto de la cual no participó su abogado defensor. A posteriori, se hallo al encartado culpable del delito de robo a mano armada, seguido de muerte, y fue condenado a muerte. La Corte Suprema de California, confirmo la condena de Gilbert, y el caso se elevó a la Corte Suprema de Justicia de los Estados Unidos. El máximo tribunal resolvió que fue un error admitir la identificación en juicio, sin determinar previamente si la rueda de reconocimientos había sido realizada en debida forma. En síntesis, la Corte decidió, que se había violado el derecho a obtener la presencia de un abogado defensor en una rueda de reconocimientos, dejó sin efecto la condena, y mando el caso para un nuevo juicio criminal.[267]

El tercer precedente fue "Stovall vs. Denno", el caso fue el siguiente, un asaltante de raza negra, ingreso a la casa de un doctor neoyorquino de apellido Behrendt, y lo acuchillo de muerte, en el mismo episodio fue –también– apuñalada la esposa del doctor 11 veces, y requirió que se le hiciera cirugía de urgencia a fin de salvarle la vida. Dos días más tarde, se arrestó a un sospechoso de raza negra, el que fue traigo a la habitación de la víctima (Sra. Behrendt) en el hospital para su reconocimiento. Allí el único individuo de raza negra era el acusado, quien compareció esposado, sin la presencia de su abogado defensor y se

---

[267] Loftus, Elizabeth F., op. cit., págs. 181, 182

le ordenó decir unas pocas palabras. La víctima identificó a Theodore Stovall, desde su cama del hospital, en presencia de oficiales de policía. *A posteriori*, durante el juicio, la esposa del doctor asesinado testificó, y realizó una nueva identificación dentro de la Corte del Sr. Stovall. Como consecuencia de ello Theodore Stovall, fue condenado y sentenciado a muerte. Por la Corte de Distrito, el condenado apeló por ante la Corte de Apelaciones que rechazó el remedio procesal, entonces, la cuestión llego por ante la Suprema Corte de Justicia.

En el caso Stovall la Corte resolvió que los principios del caso Wade y Gilbert, no podían aplicarse retroactivamente. Es decir, que estos precedentes y sus consecuencias y/o principios sólo podían aplicarse, desde el día 12 de Junio de 1967 en adelante. La corte expresó además que el procedimiento de identificación realizado por la Policía efectivamente fue sugestivo. Desde que el testigo tenia sólo una opción y además Stovall era el único hombre de raza negra que se encontraba presente en la rueda de reconocimiento, pero la realización del reconocimiento era necesaria, por las circunstancias especificas que rodeaban el caso, en donde la víctima estaba muy enferma, y además traer a Stovall al hospital, era la única opción posible.

La Corte concluyó que todo procedimiento que resulta innecesariamente sugestivo, y conduzcan a una identificación irreparable, trae aparejada una violación al debido proceso legal. En caso contrario no.[268]

Las conclusiones de la trilogía de casos tratados por la Corte Suprema de Estados Unidos, durante el año 1967 y sus conclusiones, podrían resumirse del siguiente modo:

1) Se aplican a cualquier rueda de reconocimientos previa o anterior, al juicio criminal, que se realizaren en procedimientos penales, luego del día 12 de Junio de 1967. En toda rueda de reconocimientos, previa al juicio criminal, es imperativo contar

---

[268] Loftus, Elizabeth F., op. cit., págs. 183, 184.

con la presencia del abogado defensor del imputado; 2) Si el procedimiento identificatorio es innecesariamente sugestivo como para conducir a una identificación errónea, aun con la presencia del abogado defensor, este proceso implica una violación del debido proceso legal, y puede ser dejado sin efecto; 3) Si las garantías legales son violentadas, se puede llegar a la aplicación de sanciones legales, y dejar sin efecto la prueba de reconocimientos.[269]

Un año después, la Corte Suprema de los Estados Unidos, escuchó y resolvió el caso "Simmons vs. United States" (1968). Dicho trámite judicial trataba sobre un robo a una entidad de créditos y ahorros (banco), realizado dos individuos a cara descubierta. Cinco empleados bancarios vieron el robo, y el mismo día le dieron al FBI sus declaraciones por escrito.

Esa misma tarde, la policía realizó un allanamiento en la casa de la madre de un individuo de apellido Andrews, donde secuestraron unas valijas, con elementos de prueba que incriminaban a los detenidos. Luego, los investigadores les exhibieron fotografías del sospechoso a los empleados del Banco, quienes reconocieron de inmediato a Simmons, como uno de los protagonistas del robo, a quien también identificaron luego durante la audiencia. En dicho precedente la Corte Suprema, resolvió que una identificación obtenida mediante la difusión de una fotografía, exhibida y vista por testigos un día después de que se produjera el robo, pero con carácter previo a la aprehensión del acusado, NO viola el debido proceso legal.[270]

En fecha 7 de Junio del año 1972, la Corte resolvió el caso "Kirby vs. Illinois". Thomas Kirby fue arrestado junto con otros individuos, y llevado a la estación de policía, para ser interrogado, entre sus pertenencias se encontraron algunos obje-

---

[269] Loftus, Elizabeth F., op. cit., pág. 184.
[270] Ibíd., pág. 184.

tos que tenían inscriptas la palabra *"shard"*. En ese momento los oficiales de policía se percataron de un robo llevado a cabo en contra de un tal *"Shard"* dos días antes. Por ello los policías llevaron a los detenidos, para ser confrontados con la víctima del robo, llamada Shard, persona que fue traída a la estación de policía, y de inmediato identifico a Kirby, y sus compañeros como los autores del robo. Durante el proceso de identificación, no estaba presente, el abogado defensor del señor Thomas Kirby. Durante el juicio, se realizó un nuevo reconocimiento de Kirby. Por lo que fue condenado, la sentencia fue apelada, pero la Corte Suprema denegó el recurso, y confirmó la sentencia, porque la presencia del abogado defensor en los reconocimientos es necesaria cuando se han formulado cargos formales en contra del imputado, no antes. Por ello, la policía en los Estados Unidos, para evitar inconvenientes, lo primero que hace es la rueda de reconocimientos, y luego espera la promoción de la acción penal en contra de los sospechosos.[271]

El mismo año, la Corte Suprema resolvió el precedente "Neil vs. Biggers" (1972), y *a posteriori* el caso "Manson vs. Brathwaite" (1977), que es el caso que sigue siendo el más importante en materia de reconocimiento de testigos oculares dentro de los Estados Unidos, hasta la fecha. El primero de ellos, era sobre una mujer que fue atacada en la cocina de su casa, y luego llevada por el agresor a un descampado cercano, en donde si bien era de noche, la misma contaba con una enorme luminosidad, lugar en donde la violo. La víctima hizo una descripción del presunto autor del delito, y luego vio unas fotografías en donde lo reconoció, pero luego, en sede policial, y sin que Biggers contara con la presencia de un abogado defensor, el mismo fue exhibido a la víctima. Allí se le pidió a Biggers que dijera unas palabras para facilitar el reconocimiento. Cabe acotar que finalmente la victima reconoció a Biggers

---

[271] Loftus, Elizabeth F., op. cit., págs. 184, 185.

como su agresor. Sobre la base de dicho testimonio Biggers fue condenado por una corte de Tennesse, como autor del delito de violación, cabe acotar que el reconocimiento fue realizado luego de más de siete meses de producido el delito.

La Corte denegó el recurso, y confirmó la sentencia, sobre la base de que, debido a las circunstancias especiales que rodeaban el caso, el reconocimiento fue creíble, y no violaba el debido proceso legal. La Corte sostuvo que la identificación era creíble, sobre la base de cinco factores: a) El testigo tuvo la oportunidad de observar adecuada y prolongadamente, al acusado; b) El grado de atención que prestó el testigo, fue importante al momento de la agresión; c) La seguridad exhibida por el testigo durante la confrontación con el presunto atacante; d) La certeza del testigo durante la confrontación; y e) el tiempo transcurrido entre el crimen y la confrontación y posterior reconocimiento.[272]

El último gran precedente en la materia, se produjo, durante el año 1977, fue el caso "Manson vs. Brathwaite". El caso expuesto ante la Corte fue el siguiente: Novell Brathwaite fue condenado por posesión y venta de heroína por una Corte de Connecticut. Por el testimonio de un oficial de la policía de Connecticut, de nombre Jimmy Glover, un individuo de raza negra. Glover adquirió heroína de un distribuidor de dicha sustancia, a través de una puerta entreabierta de un departamento, mientras esperaba en el pasillo del apartamento. El lugar, según Glover, contaba con luz natural que le permitió ver el rostro, y el aspecto de Brathwaite en general.

Unos pocos minutos más tarde Glover describió las características físicas del vendedor de heroína a un compañero de trabajo de apellido D'Onofrio, manifestando en su descripción que el vendedor de heroína era un hombre de color (raza ne-

---

[272] Loftus, Elizabeth F., op. cit., pág. 185.

gra, o afro americano) de unos 5,11 pies de alto, cabello negro, corto, corpulento, entre otras características físicas.

El otro oficial de policía que recibió la declaración de Grover, y quien sospechaba que el posible delincuente era Brathwaite, le tomo una fotografía, y se la exhibió a Grover, quien la vio a los dos días después del incidente, e identifico a Brathwaite como el vendedor de heroína. Sobre la base de este testimonio, un grupo de jurados decidió condenar a Brathwaite.

El abogado defensor de Brahtwaite, apeló la decisión, ante la Corte Suprema de Connecticut, fundamentando que la exhibición de una sola fotografía, era un procedimiento innecesario y sugestivo, pero la Corte Suprema del Estado denegó el recurso y confirmo la sentencia judicial. Fundando su decisión en los requisitos mencionados en el precedente Neil vs. Biggers. Analizando todos estos requisitos, la Corte, no encontró la posibilidad de que se produjera una irreparable identificación errónea. Y agrego además, la circunstancia de que Grover, no era un observador común, sino, un policía entrenado, quien tuvo amplias posibilidades de ver al sospechoso, describirlo precisamente, y hacer identificaciones basándose en fotografías. Sin embargo, una Cámara de Apelaciones Federal, admitió el recurso, y dejó sin efecto la condena, en razón de lo cual, la acusación recurrió el fallo por ante la Corte Suprema de los Estados Unidos, quien admitió, el recurso y confirmo la condena dictada en contra de Brathwaite.[273]

Sin embargo, el fallo de la Corte Suprema de Estados Unidos, textualmente es más elocuente aún y –en mi opinión– bastante razonable (En este aspecto no comparto el criterio sustentado por la doctora Loftus) Dice el fallo judicial dictado: "... Retornamos entonces a los hechos del caso y aplicamos el análisis: 1. La oportunidad de ver. Glover testifico que por dos o tres minutos, permaneció parado frente a la puerta del departamento. A pocos metros del acusado. La puerta se abrió

[273] Loftus, Elizabeth F., op. cit., págs. 186, 187.

dos veces, y en cada una de esas veces, el hombre estuvo enfrente de esta –puerta–, los minutos pasaron, se produjo una pequeña charla entre los sujetos, luego Grover pago por la mercancía comprada. Luego de lo cual Glover miro directamente a su vendedor (...) 2. El grado de atención. Glover no era un observador casual, como ocurre habitualmente con los testigos oculares. Glover era un policía entrenado en su trabajo –especializado en trabajos peligrosos– (...) Glover es un hombre de raza negra (...) se esperaba que el mismo prestara atención minuciosa a los detalles (...) 3. La precisión de la descripción. La descripción que dio Glover a D'Onofrio se produjo a los pocos minutos posteriores a la transacción. E incluyo la raza del vendedor, su altura, su físico, el color y estilo de su cabello (...) 4. El nivel de certeza del testigo al momento de testificar. No existe duda alguna de que la fotografía en cuestión era la del encartado, y de que Glover la reconoció (...) 5. El tiempo transcurrido entre el crimen y la confrontación. La descripción de Glover de su vendedor de drogas fue dado a D'Onofrio a los pocos minutos de producida la transacción. La identificación fotográfica se produjo sólo dos días después. En este caso no se produjo el paso de semanas o meses después de acontecido el crimen y la exhibición de la fotografía...".[274]

He manifestado mi posición a favor de dicho fallo –en el caso concreto de Manson v. Brathwaite– porque además de los sólidos fundamentos que cita la Suprema Corte de Justicia de los Estados Unidos, cabe tener en cuenta, lo siguiente (Entre los hechos concretos del fallo), la detención de Brathwaite, se produjo, cuando el mismo se encontraba dentro del mismo departamento en donde se produjo la venta de narcóticos, y además, el Sr. Grover, persona que realizó la identificación no fue compelido y/u obligado de reconocer a Brathwaite, sino que por el contrario el mismo dispuso del tiempo suficiente, y

---

[274] *http://supreme.justia.com/us/432/98/case.html.*

sin presión de ningún tipo para reconocer a este como el vendedor de sustancias prohibidas (Pese a que era un oficial de policía).

Si bien, estos hechos concretos, no sirven para hacer lineamientos generales, sobre los requisitos necesarios que deben de tener los reconocimientos de personas, y/o la declaración de los testigos en general, si son hechos concretos de mucha importancia para analizar el contenido de la declaración de los testigos oculares.

Como se puede advertir la CS de los Estados Unidos de Norteamérica, ha elaborado una doctrina, que establece una serie de requisitos importantes, para declarar admisible la declaración del testigo ocular. Pese a que se advierten defectos, y la doctrina anglosajona, ha solicitado la actualización de dichos recaudos legales, acorde con la evolución de la ciencia y ténica.

Sin embargo, nada de eso ha ocurrido en el ámbito local y nacional, sobre los recaudos mínimos que deben de rodear al tetimonio. Por ello estimamos, se torna necesario, el establecimiento de pautas, y/o requisitos, por vía legal, o jurisprudencial de las pautas mínimas para darle mayor seriedad, y objetividad a la prueba de testigos. Incluimos dentro de la prueba de testigos a la necesidad de reforma de los reconocimientos judiciales en materia penal.

8. SUGERENCIAS ELABORADAS POR LA DOCTRINA PARA EVITAR CONDENAS INJUSTAS. EL PSICÓLOGO COGNITIVO, Y SU APLICACIÓN EN EL PROCESO CIVIL Y PENAL. SUGERENCIAS DE EXPERTOS Y CUERPOS LEGISLATIVOS DE LOS ESTADOS UNIDOS

LOFTUS, REALIZA IMPORTANTES propuestas –algunas de las cuales han sido seguidas y aplicadas por organismos oficiales de los Estados Unidos–, para mejorar la recepción, preservación y valoración de la prueba de testigos, las que podrían resumirse en cuatro sugerencias básicas:

1) Excluir a los testigos poco creíbles, como evidencia; 2) Prohibir condenas basadas solamente en identificaciones oculares, es decir, exigir evidencia corroborante; 3) Insistir en que se den instrucciones importantes a los Jurados y a los jueces); y 4) Utilizar psicólogos expertos para determinar la veracidad de las identificaciones realizadas por parte de los testigos oculares.

Previo al análisis de estas cuatro sugerencias, es bueno tener presente que la ciencia del testimonio ocular (Tal y como se la denomina en los EEUU), no es tan reciente sino que data de principios del año 1900, pero ha tomado trascendencia, hace poco más de una década por la enorme cantidad de personas que han logrado ser exoneradas de prisión.

Gracias, en muchos casos, a las pruebas de ADN, practicadas sobre restos de evidencia orgánica obrante en los expedientes judiciales, y que ha permitido la liberación de estas personas. Como por ejemplo restos de semen, sangre, o saliva, encontrados dentro de los cuerpos de las víctimas, y/o en prendas de vestir halladas en la escena del crimen.

Pero la ciencia del testimonio ocular, data de 1908, cuando el primer trabajo sobre dicha temática fue publicado. Tuvo el privilegio de ser el iniciador el Profesor Hugo Munsterberg, y el trabajo se denomino "On the witness stand" (Que traducido sería algo asi como "Testigo en el estrado"). En su trabajo Munsterberg, desafió la credibilidad del testigo en general, pero ofreció pocas soluciones para evitar estos reconocimientos equivocados.

Loftus analiza, y critica estas sugerencias, en su obra. Las que se han de mencionar en forma sucinta.

1) Exclusión de la prueba de testigos poco creíbles: Una posible solución sería excluir los testimonios de testigos poco creíbles, en virtud de que podrían causar prejuicios injustificados; podrián confundir las cuesiontes; y/o confundir a los jurados o jueces.[275]

Por ejemplo, si el testigo tiene problemas de visión, y arguye que vio al presunto autor del delito, desde una distancia importante, esta declaración debería ser excluida. Como ejemplo gráfico, podemos citar a Joe Pesci, en la película "Mi primo Vinnie", cuando logra desacreditar el testimonio de una mujer de raza negra, por los problemas de visibilidad que poseía, y la consecuente incapacidad de ver a los autores del robo por la distancia existente entre su ventana, y el lugar en donde se produjo el robo.

Sin embargo la exclusión de estos testimonios, en la opinión de Loftus, puede causar al menos dos graves problemas: a) Existen casos en donde el acusado –que en realidad puede ser culpable– podría quedar impune por no tenerse en cuenta algunos testimonios oculares. Además a veces existen otras pruebas (además del reconocimiento visual) que unidas a los testimonios podrían traer aparejada la condena del responsable, b) Quién debe decidir que tal o cual testimonio debe ser excluido por resultar poco creíble, ¿la sola voluntad del Juez, o

---

[275] Loftus, Elizabeth F., op. cit., pág. 187.

de los Jurados, conforme el sistema legal norteamericano? Esta cuestión resulta de muy difícil solución.[276]

2) Evidencia corroborante: Otra posible solución, consiste en prohibir el dictado de sentencias de condena, que se fundamenten unicamente en las declaraciones de los testigos, y exigir –para mejorar la base probatoria– la necesidad de evidencia corroborante.[277]

Así por ejemplo, una legislación que exija, otros medios de prueba –además de la declaración de los testigos–para el dictado de sentecias condenatoria, sería altamente importante, porque evitaría el arbitrio, y condenas injustas basadas solamente en la declaración de los testigos. Los ejemplos que cita Loftus, son por ejemplo, exigir que además del testimonio de una persona que vio el robo, se necesita que se encuentre en poder del ladrón, la billetera o el objeto robado.

Sin embargo, esta posible solución, tiene los mismos problemas mencionados respecto de la primera sugerencia. Además, cabe acotar que puede ocurrir que la victima sí conozca con precisión al agresor y, en consecuencia, el testimonio tendría mayor o pleno valor probatorio, y no requeriría de evidencia corroborante.[278]

3) Darle instrucciones apropiadas al jurado o jueces: (Considero que los jueces también necesitan preparación adecuada sobre lo que es la memoria del testigo; y los factores que pueden influir en la capacidad de percepción de las personas; los factores que disminuyen la capacidad de retención; o bien cualquier otra circunstancia que podrían modificar los recuerdos; o sugestionar de cualquier modo al testigo, etcétera).

---

[276] Loftus, Elizabeth F., op. cit., págs. 187, 188.
[277] Ibíd., pág. 188.
[278] Ibíd., pág. 188.

En principio esta propuesta sólo sería aplicable en aquellos sistemas legales o judiciales, en donde existen jurados, como órganos jurisdiccionales. Es decir hombres comunes, sin instrucción específica en materia jurídica.

Pero también, podría y deberían aplicarse estas sugerencias, al sistema de la sana critica racional, tal y como es el nuestro, en donde los jueces son quienes dictan sentencia. Ello porque también, muchos magistrados, desconocen las muchas circunstancias que pueden modificar o alterar la capacidad de percepción de las personas, aúnque los dichos sean de buena fe, y sin mala intención de parte del declarante.

En este caso sería importante instruir a los magistrados, sobre las cuestiones relativas a la declaración de los testigos oculares y para ello emplear la opinión de los psicólogos entrenados en la cuestión. Los que también podrían instruir a los magistrados, sobre los factores que influyen en la capacidad de percepción, retención, y/o modificación de los recuerdos.

Es importante tener en cuenta lo resuelto por la Asociación de Abogados de Michigan (En el año 1977), citada por la Dra. Loftus en su trabajo, esta institución realizó una serie de sugerencias a ser tenidas en cuenta por parte de los jurados –que análogamente podríamos aplicar también a los jueces en general–, propuestas las que hacén incapié en la identificación de los testigos, y los factores, que pueden afectar la capacidad de percepción y la capacidad de memoria del testigo.

Entre las expresiones realizadas por dicha entidad; podemos mencionar textualmente a las siguientes: "... 1) Una de las cuestiones en el caso, es la identificación del imputado o sospechoso, como una de las personas que puede haber cometido el crimen. La fiscalía tiene la obligación de probar, más allá de una duda razonable, no sólo que un crimen se cometió, sino que fue el acusado quien lo cometió (...) 2) Para considerar que la fiscalía ha probado, más allá de la duda razonable que el acusado es el que ha cometido la ofensa, se deben considerar los siguientes factores: (...) 3) El testigo debe tener la oportunidad de observar la comisión del delito, y a la persona que lo perpetró, (...) incluyendo el tiempo que duro la observación (...) si el testigo pudo observar antes al presunto autor del delito (...) la distancia entre las partes (...) la existencia o inexistencia de luz en el momento en que se vio el evento (...) el estado de animo del testigo (...) La identificación debe ser fruto de la propia memoria del testigo (...) la certeza expresada por el testigo... 4) La identificación realizada por el testigo luego de cometido el delito, debe ser producto de su propia memoria..."[279]. Estimamos que la propuesta realizada por dicha institucion es realmente importante y debería ser tenida en cuenta.

Sin embargo el problema más importante, según Loftus, es que los jurados en muchos casos no le prestan atención a las instrucciones que el Juez de la causa les imparte.

Las sugerencias del reporte Devlin (Realizado durante el año 1976, puntualmente las págs. 149,150 de dicho informe) son importantes y deberían ser consideradas, en la opinión de Loftus. Según este reporte, el Juez que dirige el procesó debería dar al Jurado las siguientes instrucciones: a) Ordenar al jurado que no es seguro emitir veredicto de condena, basándose en la prueba testimonial únicamente; salvo que la identificación sea excepcionalmente clara; y/o que dicha prueba esté reforzada con evidencia corroborante; b) Indicar cuáles serían las circunstancias excepcionales, en caso de existir, que tornan excepcionales al testimonio; y/o indicar cual sería la evidencia corroborante; c) Instruir, cuando no se configure un testimonio excepcional y/o cuando no exista evidencia corroborante, para que emita un veredicto de inocencia a favor del sospechoso.[280]

Considero que dichas sugerencias, son más que importantes, y deberían de haber sido incluidas por el legislador local,

---

[279] Loftus, Elizabeth F., op. cit., pág. 189.
[280] Ibíd., pág. 190.

en materia penal, y sobre la valoración del testimonio en particular.

4) El testimonio del psicólogo como experto: Esta es otra de las posibles soluciones que plantea la doctora Loftus, para evitar condenas injustas.

La gran utilidad de los psicólogos cognitivos, tal y como lo pudo demostrar la misma autora en persona; en resonantes casos judiciales; sería la de describir los estudios que se han realizado, y continúan realizándose, sobre la habilidad o capacidad de la memoria de las personas, para percibir, y recordar eventos que han sido presenciados por estos.[281]

Además de los diversos fenómenos que pueden acontecer, al tratar de recordar hechos, tal y como el fenómeno del "weapon focus"; "unconscious transference"; "stress"; identificación interracial; etcétera.

La Corte Suprema de los Estados Unidos, ha establecido los requisitos, que deben de acreditarse para que el testimonio del experto sea valido y escuchado en cualquier tipo de trámite judicial. El que debe basarse —según el sistema de evidencia de las Cortes de Justicia Norteamericanas— en dos axiomas principales: a) Sólo aquellos hechos que son o pueden ser acreditados y/o probados en modo racional, son los únicos considerados como admisibles, b) Todos los hechos que reúnan dichos recaudos son validos. A menos que exista alguna específica normativa los prohiba.[282]

Pero según la Corte Suprema de los Estados Unidos, y los tribunales inferiores de dicho país, la facultad de permitir la recepción de la prueba de expertos psicólogos, es exclusiva y excluyente de magistrado a cargo del trámite judicial originario, de igual modo a la mayoritaria jurisprudencia nacional (Salvo que la valoración de la prueba sea ridícula, irracional, etcétera).

---

[281] Loftus, Elizabeth F., op. cit., pag. 191.
[282] Ibíd., pág. 194.

Los principios aplicables al tema, han sido establecidos por una decisión sobre la admisibilidad de la prueba de expertos (psicólogos), el denominado precedente "United States v. Amaral" (1973). El caso fue el siguiente Manuel Amaral, fue acusado en el año 1973 de haber sido el autor del delito de robo de dos entidades bancarias. Durante el Juicio, el abogado defensor del Sr. Amaral, trató de introducir a favor de su representado, el testimonio de un psicólogo para que se explaye sobre los efectos que el stress, le causa a la facultad de percepción de las personas, y también sobre la credibilidad que merecen las declaraciones de los testigos oculares.[283]

El juez de la Corte, negó dicha facultad al imputado, por considerar que admitirlo implicaría invadir un terreno propio de los jurados, quienes son los únicos con facultades para escuchar y analizar la prueba rendida en autos. Luego de lo cual, se condeno a Amaral, sin embargo dicha resolución fue apelada por el condenado, por ante la Cámara o Corte de apelaciones de los Estados Unidos, noveno circuito. Que sin embargo no modifico lo resuelto por el tribunal de grado, y confirmó la condena impuesta a Amaral. En base fundamentalmente, a que si bien es cierto que el Stress, puede afectar la capacidad de percepción del testigo; no todos los testigos oculares estaban en idénticas situaciones de stress.

Pero la importancia del precedente Amaral, reside, en que dicho precedente judicial, estableció los requisitos que deben de cumplir los peritos que declaran como expertos:

a) El testigo debe ser un experto calificado –Woocher sugiere que a tal fin se analice la educación, entrenamiento, experiencia, y demás calidades personales del presunto experto sería importante inclusive que el testigo experta haya realizado investigaciones, y publicado trabajos al respecto.[284]

---

[283] Loftus, Elizabeth F., op. cit., págs. 194, 195.
[284] Ibíd., págs. 195, 196.

b) El testimonio debe ser concerniente o relativo, a una cuestión propia del campo de conocimientos del experto –en este caso el conocimiento que posea el experto sobre el tema a debatir debe ser más elevado, y profundo que el hombre co-mún–. Dice Loftus: "... Evidentemente, muchos miembros del jurado tienen conocimiento propio del sentido común, de los factores que pueden causar identificaciones erroneas. La ma-yoría de las personas, por ejemplo, conocen de que en la me-dida en que transcurra más tiempo entre la percepción del evento, y la recolección de dichos hechos, es peor la memoria del recuerdo. Pero existe muchísima evidencia que los jurados desconocen por completo... Sin embargo la opinión del exper-to no debe invadir el ámbito propio de la estimación del jura-do sobre cada testimonio en particular... La opinión del exper-to, que se propone no debe involucrar una opinión sobre la credibilidad de un testigo en particular..."[285]

La tarea esencial del experto debe ser la de enumerar los hallazgos e investigaciones realizadas, y que afectan la capaci-dad de memorizar y recordar eventos por parte de las perso-nas; pero no indicar que tal o cual testigo en particular es poco o muy creíble.

c) El testimonio del experto, debe ser explicitado de acuer-do a una teoría explicativa generalmente aceptada; esto según Loftus, no se aplicaría al tema del psicólogo cognitivo.

Porque este criterio sólo se aplica a: "... La determinación de la admisibilidad de tecnicas y dispositvos tales como el po-lígrafo;... Sin embargo, no se aplica a los testimonios de médi-cos o psiquiatras experto..."[286]

d) El valor probatorio de dicha declaración experta, debe ser más beneficiosa que perjudicial para la causa. Esto implica

[285] Loftus, Elizabeth F., op. cit., pág. 196.
[286] Ibíd., pág. 196, 197.

que la opinión del experto debe ser determinante para la resolución de la causa, ya sea para determinar la inocencia o culpabilidad del individuo juzgado.[287]

Según Woocher: "... Cuando la identificación del testigo
ocular tiene un rol preponderante en el caso, y existe el peligro
de condenar a la persona equivocada, en ese caso el testimonio
del testigo, y del experto son realmente valiosos. Si el testimonio del experto se relaciona con los factores del caso analizado, el testimonio es probativo. Desde que los jurados, rara vez,
miran los testimonios oculares con escepticismo, el testimonio
del experto incrementa la posibilidad de que esto suceda..."[288]

[287] Loftus, Elizabeth F., op. cit., págs. 195, 196.
[288] Ibíd., pág. 197.

9. SUGERENCIAS ELABORADAS POR LA DOCTRINA, CIENTÍFICOS, LEGISLATURAS LOCALES Y NACIONALES, Y OTRAS ENTIDADES DE LOS ESTADOS UNIDOS DE NORTEAMÉRICA PARA EVITAR CONDENAS ERRÓNEAS.

ES IMPORTANTE DESTACAR los esfuerzos realizados por parte de investigadores del gobierno de los Estados Unidos; legislaturas locales de dicho país; la ex Fiscal General Janet Reno, y muchas otras entidades particulares, entre ellas "The Innocence Project"; con el fin de establecer normativas, o pautas de conducta, que permitan la protección o resguardo de las garantías y derechos de las personas que han sido injustamente encarceladas.

Hemos de citar las sugerencias más importantes que se han elaborado sobre la base de investigaciones científicas que luego se han plasmado en proyectos de ley, o han sido sancionados como leyes, en el fin de evitar encarcelamientos y posteriores condenas de personas inocentes. Todos estas investigacioes y esfuerzos buscan esencialmente lograr testimonios más creíbles, y veraces.

Janet Reno, en la introducción al trabajo titulado "Guidelines for law enforcement Officers" (Que traducido al español sería algo así como "Lineamientos o Guías a seguir por los miembros de las fuerzas de seguridad") elaborado por el US-DOJ (United States Department of Justice), en el año 1999; expreso sabiamente que: "... Los testigos oculares juegan un rol esencial en el descubrimiento de la verdad sobre los delitos. La prueba que estos proveen puede ser esencial en la identificación, imputación y condena de los sospechosos. Por ello es absolutamente necesario que la prueba de testigos oculares sea obtenida mediante el empleo de protocolos razonables y veraces durante las investigaciones. En recientes casos judiciales, las pruebas de ADN han sido empleadas para lograr la exoneración de personas que habián sido condenadas previamente, sobre la base de pruebas de testigos oculares, lo que demuestra que este tipo de evidencia (testimonio) no es infalible. Inclusive las personas más honestas y objetivas pueden cometer errores cuando recuerdan e interpretan hechos que han visto u oído, esa es la naturaleza de la memoria. Esta cuestión ha sido el principal objeto de investigación en el campo de la identificación de los testigos oculares, durante la década pasada. El instituto nacional de justicia ha reunido a un grupo de técnicos, miembros de las fuerzas de seguridad, y estudiosos del derecho, han explorado el desarrollo de procedimientos mejorados para la adecuada recolección, y preservación de la evidencia brindada por los testigos oculares, dentro del sistema criminal de justicia..."[289]

Es interesante además tener en cuenta el reporte brindado por el comité sobre la identificación e interrogación de los testigos oculares, en fecha 14 de diciembre del año 2007, remitido a la Cámara de Senadores de la Legislatura de Vermont en los Estados Unidos (35), y las leyes posteriores sancionadas en dicho estado, a causa de dicho reporte.

Dicho comité realizó muchas sugerencias, entre las cuales, consideramos como más importantes a las siguientes:

1) Se recomendó, que las interrogaciones en sede policial (recepción de la prueba testimonial) sea video grabada, y/o al menos grabada en soporte magnético. Es llamativo pero esta técnica tan antigua, y empleada en muchos lugares del mundo, aún no se haya aplicado en nuestro país todavía. Con el agravante de que ni siquiera ha sido analizada, por la doctrina o legisladores locales.

---

[289] Eyewitness Evidence. A guide for law enforcement. U.S. Developed and approved by the technical working Group for eyewitness evidence. Department of Justice. Office of Justice Programs. National Institute of Justice. NCJ 178240. pdf file.

2) En el caso de emplear fotografías para realizar reconocimientos, se aconseja el empleo de varias fotos en forma secuencial, y no todas juntas de una sola vez.

3) Se aconseja poner énfasis, en que en los reconocimientos de personas de distintas etnias, o grupos raciales son más difíciles; y que existe mayor dificultad para hacer reconocimientos interaciales;

4) En las llamadas "*photo line ups*" ("... procedimiento en donde se emplean fotografías –incluyendo la fotografía del sospechoso de haber cometido la ofensa o el delito– que se exhibe al testigo con el propósito de determinar si es capaz de identificar al sospechoso de haber cometido el delito..."), se aconseja el empleo de fotografías de personas con características físicas similares, por ejemplo: Cada foto debería contener personas del mismo color de piel, el mismo color de cabello, con rasgos semejantes –si se trata de identificar a una persona gorda, todas las fotografías deben ser de personas gordas–, o si se trata de identificar a una persona con barba, todos los demás individuos deben ser barbudos, etcétera –con iguales o semejantes prendas de vestir, edades, etcétera;

5) El oficial de policía y/o funcionario que practica el reconocimiento deben evitar realizar sugerencias o comentarios que pudieran indicar, y/o sugerir que tal o cual persona, es el sospechoso del delito investigado;

6) El oficial de policía debe anotar y hacer constar el nivel de confianza o grado de certeza que exhibe el testigo ocular (como por ejemplo anotar si indicó que tal o cual persona es el responsable sin demostrar duda alguna, o con muchas dudas, y incertidumbres, etcétera), al momento de realizar el reconocimiento;

7) El policía, debe anotar los ángulos desde los cuales el testigo vio las fotografías, y el tiempo aproximado que se tomó para analizar cada una de las fotografías;

8) En el caso de emplear las técnicas de reconocimiento conocidas como "*show up line ups*", se debe obtener el consen-

timiento de los detenidos para llevar a cabo estas técnicas. Este tipo de reconocimientos se realiza mediante la exhibición en vivo del presunto sospechoso al testigo.

9) En el caso de los reconocimientos *"one on one show up"*, o sea, el reconocimiento realizado respecto de una sola persona. Se exige que previamente, se cuente con autorización y/o consentimiento por escrito del detenido para someterse a ese tipo de reconocimiento.

La Suprema Corte de Vermont, en el precedente "State vs. Unwin" (139, Vt. 186 - 1980), estableció cinco factores que deben de ser considerados, cuando se evalúa la veracidad de una identificación conocida como "drive by identification" (o sea, identificaciones conocidas como "one on one show up"), estos reconocimientos son considerados, *prima facie*, como identificaciones sugestivas, por no contar con consentimiento y/o autorización por parte del encartado o detenido.

Los requisitos a tener en cuenta –según dicho precedente judicial– son los siguientes: a) ¿Tuvo el testigo la oportunidad de ver realmente el hecho delictivo investigado? (tiempo de observación, luminosidad, ubicación o cercanía, etcétera); b) ¿Qué grado de atención tuvo el testigo al momento de ver o percibir el evento? (Es decir, lo vio directamente o accidentalmente, etcétera); c) ¿Cuan precisa fue la descripción física brindada por el testigo respecto de la persona del presunto criminal? (Debe analizarse si la descripción que dio el testigo se adecua y/o concuerda, con las características físicas del detenido); d) ¿Qué grado de certeza, o seguridad, mostró el testigo, al momento de realizar la observación? (Por ejemplo, se debe hacer constar por escrito, que es lo que expreso el testigo en el momento mismo del reconocimiento: Si ese es el tipo, bueno es parecido pero no estoy seguro, etcétera); e) ¿Cuánto tiempo ha transcurrido desde el momento en que se produjo el evento, y el tiempo en que se llevo a cabo el reconocimiento?

Los "Reconocimientos fotográficos secuenciales", consisten en la exhibición de fotografías de sospechosos, una detras de la otra; es decir; no todas juntas en una sola tanda.

En este caso, se aconseja que el oficial que administre, este tipo de reconocimientos, no emita comentario alguno, mientras exhibe las fotografías secuenciales, y además se aconseja, que se emplee el procedimiento conocido como "blind administration", es decir, administrador ciego.

¿Qué significa blind aministration?. Esto significa que el oficial de policía, o el funcinoario, que practica el reconocimiento, debe desconocer la identidad del verdadero sospechoso. La finalidad del empleo de un policía sin conocimientos previos, respecto de la persona del sospechoso, es para evitar que el lenguaje corporal del oficial de policía pueda inducir y/o sugerir alguna respuesta o pista, al reconocimiento que está practicando el o los testigos.

Además dicho organismo decidió adoptar las sugerencias realizadas por el "Departamento de Justicia de los Estados Unidos" (US Department of Justice), organismo que aconsejo el empleo de solo un sospechoso por cada rueda o línea de reconocimientos; y sugiere la seleccionen individuos de relleno o "fillers"–según su término en inglés, es decir: "... persona o fotografía de una persona, que no es considerada sospechosa de haber cometido un hecho delictivo pero que es incluida durante un procedimiento de identificación..."–, que tengan semejanzas físicas con el presunto autor del hecho delictivo; y/o semejanzas físicas con la descripción del sospechoso realizada por el testigo ocular.

Sin embargo en general las sugerencias realizadas por la doctrina mayoritaria, para minimizar los riesgos de identificaciones erroneas, en las ruedas de reconocimiento, son las siguientes:

1°) Administración doblemente ciega (Double blind administration). Esto significa, que el individuo, que practica el reconocimiento, debe desconocer la identidad del verdadero sospechoso. Y además, el testigo –que ha de practicar el reconocimiento– debe conocer, esta circunstancia, o sea, debe saber de antemano que el funcionario que practica el reconocimiento desconoce la verdadera identidad del sospechoso.

La principal razón o motivo de esta propuesta, es que se procura evitar cualquier conducta subjetiva por parte de la persona que practica el reconocimiento. Además, el testigo, al conocer que el individuo que administra el reconocimiento, desconoce la identidad del sospechoso, no ha de buscar pistas o indicios en su conducta. La investigación científica ha demostrado que los procedimientos sugestivos, pueden tener impacto, en la precisión y en la confianza del testigo.[290]

La identificación a ciegas se basa en pruebas e investigaciones científicas, según The Innocence Project: "... Los sujetos que son sometidos pruebas o tests son influenciados por las expectativas del individuo que administra el reconocimiento. En consecuencia, la persona que conduce el reconocimiento, debería desconocer que persona es sospechosa, y que persona se emplea como relleno en una rueda. Cuando el administrador no sabe, quién es el sospechoso, de ningun modo puede inducir o sugerir el sospechoso al testigo, e igualmente carece de poder para alejar al testigo de los individuos empleados como relleno, inclusive de modo inconsciente. Además, el testigo, no ha de mirar al administrador para tenerlo de guía o para obtener confianza..."[291]

2°) Declaración de certeza, o de confianza del testigo. Esto significa que el testigo, luego de practicado el reconocimiento,

---

[290] Protecting the Innocent/Convicting the Guilty: Hennepin County's Pilot Project in Blind Sequential Eyewitness Identification; Klobuchar & Caligiuri; págs. 8 y ss.

[291] Reevaluating Lineups: Why witnesses make mistakes and how to reduce the chance of a misidentification. An Innocence Project Report. Benjamin N. Cardozo School of Law, Yeshiva University, PDF, pág. 18.

debe manifestar con sus propias palabras, el grado de confianza del reconocimiento realizado.[292]

Según The Innocence Project: "... Decadas de evidencia
empírica sólida han demostrado que los jurados consideran
que los testigos seguros son testigos confiables. Los cientificos sociales saben más. Gary Wells enseña que: «Si usted escoge a una persona de una rueda de reconocimiento, usted
empieza a ver una y otra vez ese rostro. Empieza a pensar
nuevamente en la escena del crimen, y en la persona que escogió en el reconocimiento...». Aún el proceso de preparación del testigo, para la audiencia de un juicio criminal, ha
demostrado que sirven para mejorar la confianza del testigo.
Los jurados escuchan al testigo confiado durante el juicio,
pero no escuchan las dudas que pudo haber tenido durante el
reconocimiento. Un testigo puede decir: «Ese se parece al
sujeto», o «Creo que es él»; que no es sinónimo de hacer una
identificación correcta..."[293]

3°) Utilización eficaz de las personas de relleno, en la rueda
de reconocimiento: Los investigadores han demostrado, que
los testigos, cuando ven una rueda de reconocimiento emplean
un proceso de juzgamiento relativo.

Si el perpetrador o sospechoso está ausente, o no figura entre los sospechosos, el testigo tiende a seleccionar a la persona
—de entre los partícipes de la rueda— que más se parece al perpetrador verdadero.

Los estudios científicos han demostrado, que las identificaciones de personas inocentes, se producen, porque el individuo escogido (Que es una persona inocente) es el que más se

[292] Protecting the Innocent/Convicting the Guilty: Hennepin County´s
Pilot Project in Blind Sequential Eyewitness Identification; Klobuchar &
Caligiuri; págs. 8 y ss.
[293] Reevaluating Lineups: Why witnesses make mistakes and how to reduce
the chance of a misidentification. An Innocence Project Report. Benjamin
N. Cardozo School of Law, Yeshiva University, PDF, pág. 20.

asemeja al verdadero sospechoso. Sirve de ejemplo, al respecto, el caso de Ronald Cotton.[294]

Por esa razón los individuos que se emplean de relleno, deben parecerse lo más posible a la descripción del sospechoso que diera la víctima. Ahora bien, si el sospechoso, no se parece a la descripción que diera la víctima sobre el autor del delito, entonces algunos sujetos que se emplean de relleno en las ruedas de reconocimiento, deberían parecerse al sospechoso, y otras personas tendrían que tener un físico semejante a la descripción del sospechoso que diera el testigo.

4°) Instrucciones o Advertencias que deben ser realizadas con carácter previo a la práctica del reconocimiento (Cautionary instruction): Antes de que se realice el reconocimiento ocular, o fotográfico, los científicos aconsejan, que al testigo se le den advertencias o instrucciones previas, de que el verdadero perpetrador puede estar, o puede no estar en la rueda de reconocimientos (Fotográfica o en vivo); y que la investigación ha de continuar independientemente de que se logre un reconocimiento o no.

De este modo, se trata de evitar el razonamiento relativo, que hacen los testigos habitualmente (O sea, la tendencia a escoger de entre esas personas al que más se parece al sospechoso, aunque de hecho el pertetrador no esté presente).[295]

5°) Presentación secuencial. Esto significa que las fotografías (Si es un reconocimiento fotográfico), o las personas (Si es un reconocimiento en vivo), deben ser presentadas una después de la otra, es decir, en forma secuencial. No todas juntas una al lado de la otra.

---

[294] Protecting the Innocent/Convicting the Guilty: Hennepin County's Pilot Project in Blind Sequential Eyewitness Identification; Klobuchar & Caligiuri; págs. 11 y ss.
[295] Protecting the Innocent/Convicting the Guilty: Hennepin County's Pilot Project in Blind Sequential Eyewitness Identification; Klobuchar & Caligiuri; págs. 12, 13 y ss.

De este modo, se trata de evitar (De igual modo a las dos sugerencias analizadas previamente) el razonamiento relativo, que tienden a realizar los testigos. O sea, la circunstancia de pretender escoger, a la persona que más se parece al sospechoso, de entre las opciones que se le dan, aunque de hecho el sospechoso no se encuentre presente en dicha rueda de reconocimiento.[296] Se busca, con esta sugerencia, que el testigo realice un razonamiento absoluto; es decir; que compare a la persona que vé en la linea o rueda de reconocimento, con el recuerdo que posee en su memoria del presunto autor del delito.

6°) Se aconseja, que el testimonio de cualquier testigo, como también la declaración del sospechoso (O su entrevista) en sede policial o judicial; sean grabados o filmados para garantizar un adecuado derecho de defensa.

Resulta muy importante tener en cuenta que por ejemplo en el Estado de Minnesota, y a raíz de la decisión judicial adoptada en el caso Scales (Año 1994), se ha decidido u ordenado que todo tipo de interrogatorio llevado a cabo por la Policia, tiene la obligación de ser grabado electónicamente.

En Alaska por otro lado, se ordenó en el año 1985, que todo tipo de interrogación policial, sea filmada, o grabada.

Según "The Innocence Project": "... El proceso de identificación es una parte crucial de la investigación, y toda parte del proceso puede ser crítica en el juicio. La comunicación precisa, tanto verbal como no verbal, realizados por el testigo y el administrador son importantes para que el jurado (En nuestro caso el Juez) comprenda la precisión de la identificación. En consecuencia, los oficiales de policía deben mantener un registro preciso de lo que sucede durante el proceso de identificación. El mejor modo de documentar el procedimiento es a través de una cámara de video. La elaboración de un registro

---

[296] Protecting the Innocent/Convicting the Guilty: Hennepin County´s Pilot Project in Blind Sequential Eyewitness Identification; Klobuchar & Caligiuri; págs. 13 y ss.

electronico del procedimiento de identificación ayudan a los oficiales de policía y a los fiscales, porque se evitan sospechas de todo tipo,... Una grabación de video puede ayudar a demostrar la técnica apropiada de selección de rellenos, la tecnica de los administradores ciego, las instrucciones apropiadas; y otras practicas... Finalmente, el conocimiento de que este tipo de procedimientos están siendo grabados incrementa la confianza pública en el proceso de justicia criminal. La creación de un registro del proceso de identificación de testigos le provee a cualquiera la mejor evidencia de que es lo que sucedió en forma precisa, en dicho acto procesal..."[297]

Por último, hemos de comentar, los resultados obtenidos en el Condado de Hennepin, en los Estados Unidos, en donde se han empleado estas sugerencias, y la incidencia, favorable, que ha tenido en evitar condenas de personas inocentes.

En dicho lugar, se instruyó a los investigadores policiales a seguir y/o respetar las siguientes reglas: 1°) Se deben emplear al menos seis fotografías en cada reconocimiento fotográfico; 2°) Existe la obligación de preservar copias de las fotos; y el orden en que se presentaron para el reconocimiento; 3°) Debe avisarse al testigo que el sospechoso de haber cometido el delito, puede estar o puede no estar entre el grupo de fotografías exhibidas; 4°) Existe la obligación de avisarle al testigo, que el oficial a cargo del reconocimiento, desconoce –también– la verdadera identidad del sospechoso. De ese modo se lo desalienta a buscar algún indicio o información de parte del sujeto que esta a cargo de practicar el reconocimiento; 5°) Se le debe pedir al testigo que informe sobre el nivel de confianza que tiene o tuvo durante el acto del reconocimiento, etcétera.

---

[297] Reevaluating Lineups: Why witnesses make mistakes and how to reduce the chance of a misidentification. An Innocence Project Report. Benjamin N. Cardozo School of Law, Yeshiva University, PDF, págs. 20, 21.

¿Qué resultados arrojó el proyecto Hennepin?. Comparando los resultados del proyecto realizado en el condado Hennepin –en donde se empleo el sistema secuencial de interrogatorio– con otro realizado en California (En donde se empleo el método de exhibición conjunta o simúltanea de testigos); y con un tercer proyecto realizado dentro de un laboratorio (Que empleo ambos métodos, simúltaneo y secuencial).

Se pudieron extraer las siguientes conclusiones:1°) En el estudio de California (Ruedas simúltaneas), y en donde se exhibia al verdadero sospechoso. El presunto responsable fue indivualizado un 50% de las veces; el individuo usado de relleno (filler) fue identificado como sospechoso en un porcentaje del 24%; y las personas no pudieron realizar un reconocimiento en casi un 26% de los casos. Las pruebas de laboratorio, demostraron que se identificó al sospechoso (Aplicando también un procedimiento secuencial) verdadero en un 35% de los casos; se identificó al relleno como responsable en un 19% de las veces; y se evito realizar una elección en un 46% de las veces. Cuando se hicieron pruebas de laboratorio, empleando el sistema de exhibición de sospechosos simultanemente, se obtuvieron resultados idénticos al estudio de California. 2°) En tanto que las pruebas realizadas en el condado de Hennepin; demostraron lo siguiente: El verdadero sospechoso fue elegido o sindicado como responable en casi un 54% de los casos; el individuo empleado como relleno, fue elegido como sospechoso de haber cometido el delito, en sólo un 8% de los casos; y los testigos no pudieron realizar una elección de sospechosos en casi el 38% de los supuestos.[298]

Sin embargo, el proyecto Hennepin, tuvo un solo inconveniente destacable: Hubo grandes problemas, para encontrar administradores ciegos; es decir personas que realmente des-

---

[298] Protecting the Innocent/Convicting the Guilty: Hennepin County´s Pilot Project in Blind Sequential Eyewitness Identification; Klobuchar & Caligiuri; págs. 22, 23 y ss.

conocieran quién era el verdadero sospechoso; por ello se dieron instrucciones para ver si en el futuro se puede realizar la
exhibición de placas fotográficas de los sospechosos directamente en los monitores de computadora, evitando la partici-
pacion de personas físicas. Cabe agregar que en el proyecto
Hennepin; se realizaron todos estos experimentos en reconocimientos fotograficos.

Como vemos, tanto las cortes de justicia, como las legislaturas locales, los científicos y doctrinarios de los Estados Unidos, se han tomado muy en serio a las declaraciones testimoniales, y la enorme incidencia que esta prueba tiene en las posteriores condenas injustas que se han aplicado a muchas personas inocentes en dicho país.

Ha tenido además, una influencia preponderante, las actividades realizadas a tal fin, por la organización no gubernamental "The Innocence Project", que han sido analizados y descri-
tos en otras secciones del presente trabajo. Como también al-
guos fiscales locales de algunos estados.

Algo semejante debería de suceder en nuestro país, y esta es
la razón principal del presente trabajo. Es decir, la búsqueda
de justicia real, para nuestros ciudadanos; y el evitar condenas
injustas de personas inocentes. Porque se torna real, el remanido slogan, de que cuando se produce la condena del individuo equivocado, se produce un doble perjuicio: Un inocente
sufre el castigo del estado sin merecerlo; y además; el verdadero culpable sigue libre, y puede continuar cometiendo delitos.

BIBLIOGRAFÍA

Schacter, Daniel L., The Seven Sins Of Memory (How the Mind Forgets and Remembers). Editorial Houghton Mifflin Company. Boston-New York, año 2001.

Schacter, Daniel L.; Searching for memory. The Brain, The Mind, and The Past. Basic books. A member of Perseus Books Group; año 1996.

Eyewitness Testimony, Elizabeth F. Loftus, Editorial Harvard University Press, Cambridge – Massachussetts; London - England, año 1979 – 1996.

Your Memory. How It Works & How To Improve It; Kenneth L. Higbee, ph.d., Second Edition, Editorial Marlowe & Company, New York, año 2001.

Derecho Procesal Civil, Tomo III, Alsina, Editorial EDIAR S.A. Editores, 1961.

http://caselaw.lp.findlaw.com/scripts/getcase.pl?court=US&vol=388 &invol=218.

Report of the eyewitness identification and custodial interrogation Study Comitee. Submitted to the house and senate committee on judiciary. December, 14 2007.

Sitio web: *http://www.leg.state.vt.us/*.

http://www.leg.state.vt.us/docs/legdoc.cfm?URL=/docs/2008/bills/intro/b-050.htm.

Nota del New York Times, aparecida en fecha 17 de octubre de 1999, escrita por Katherine E. Finkelstein. Titulada: En concierto, buscadores recuperan el stradivarius perdido por Yo Yo Ma (In concert, searchers retrieve Yo-Yo Ma's Lost Stradivarius). Sitio web:

http://query.nytimes.com/gst/fullpage.html?res=0F03E5DC1639F9.

Eyewitness Evidence. A guide for law enforcement. U.S. Developed and approved by the technical working Group for eyewitness evidence. Department of Justice. Office of Justice Programs. National Institute of Justice. NCJ 178240. pdf file.

Convicted by Juries, Exonerated by Science: Case Studies in the Use of DNA Evidence to Establish Innocence After Trial. By Edward Connors – Thomas Lundregan – Neal Miller – Tom Mc Ewen. June 1996. Department of Justice. Office of Justice Programs. Nacional Institute of Justice. NCJ 161258. pdf file.

Nota del New York Times. New Efforts Focus on Exoneratig Prisoners in Cases Without DNA Evidence, 8 de febrero de 2009, autor John Eligon. Sitio web:

http://www.nytimes.com/2009/02/08/nyregion/08exonerate.html?pagewanted=print.

Nota del New York Times. Highlighting a Tragic Chink in the Criminal Justice System, 21 de octubre de 2005, autor Stephen Holden. Sitio web:

http://movies.nytimes.com/2005/10/21/movies/21afte.html?_r=1&pagewanted=print.

http://www.wikipedia.com.

Time Magazine, 23 / 03/ 2009. Articulo publicado por Leslie Lithwick.

http://www.innocenceproject.org.

Eyewitness: How accurate is visual memory? CBS News, 8 de mayo de 2009 y actualizada en fecha 11 de Julio de 2009.

www.cbsnews.com/stories/2009/03/06/60minutes/main4848039.shtml.

Azcárate Mengual, Trastorno de estrés postraumático. Daño cerebral. Secundario a la violencia. Mobbing, violencia de género, acoso escolar; Ediciones Diaz Santos; año 2007.

Report on the Conviction of Jeffrey Deskovic. Prepared at the Request of Janet DiFiore Westchester County District Attorney. June 2007. Sitio de Internet:

www.westchesterda.net/Jeffrey%20Deskovic%20Comm%20Rpt.pdf.

Entrevista de Eduar Punset con Daniel Schacter, profesor de psicología de la Universidad de Harvard y especialista en memoria y neuropsicología y autor del libro Los Siete Pecados de la memoria. Barcelona, Mayo de 2008. Video del programa:

http://www.smartplanet.es/redesblog/?p=71.

Protecting The Innocent / Convicting The Guilty: Hennepin County´s Pilot Project in Blind Sequential Eyewitness Identification; Amy Klobuchar and Hilary Lindell Caligiuri; William Mitchell Law Review; volumen 32:1.

Reevaluating Lineups: Why Witnesses Make Mistakes and How to Reduce the Chance of a Misidentification. An Innocence Project Report, Bejamín N. Cardozo School of Law, Yeshiva University, PDF File.

ANEXO

SUGERENCIAS Y/O PROPUESTAS PARA EL PROYECTO DE REFORMA DEL CÓDIGO PROCESAL PENAL DE LA PROVINCIA DE JUJUY EN RELACIÓN CON LA PRUEBA TESTIMONIAL, DECLARACIÓN DEL IMPUTADO; Y LAS RUEDAS DE RECONOCIMIENTOS

1) Motivos por los cuales se realiza el presente trabajo

1.1) Invitación a formular propuestas realizada por el Sr. Secretario Parlamentario de la Legislatura de Jujuy a la población interesada en el proyecto de ley en general.

1.2) Existencia de Inseguridad Jurídica y Abuso Policial en la Provincia de Jujuy.

1.3) Ineficacia de las políticas de seguridad implementadas en el ámbito de la Provincia de Jujuy.

1.4) Posibilidad concreta de que personas inocentes estén detenidas, y los verdaderos culpables, o responsables libres e impunes.

2) Situaciones concretas que deberían de ser corregidas en los trámites penales, y la prevención y represión del delito en la Provincia de Jujuy.

2.1) Inadecuada recepción y preservación de la prueba de testigos - Inadecuada recepción y preservación de la Declaración del Imputado - Inadecuada realización y preservación de la prueba de Reconocimientos.

2.1.2) Limitaciones de las fuerzas policiales para prevenir y reprimir los hechos delictivos.

2.1.3) Abusos o Inconducta Policial.

2.1.4) Falta de Conocimiento sobre lo que significa la memoria, sus cualidades, virtudes y defectos - Formas adecuadas de preservación de los recuerdos.

3) Fundamentación científico-legal de las sugerencias realizadas:

3.1) De las sugerencias genéricas respecto de la mejora de la recepción, y protección de la prueba de testigos; ruedas de reconocimiento y declaración del imputado – brindadas por la organización no gubernamental "The Innocence Project".

3.2) Sugerencias en concreto brindadas por el departamento de justicia de los estados unidos (US. Department of Justice) –que podrían ser analizadas y aplicadas para el proyecto de reforma del Código Procesal Penal de Jujuy.

3.2.1) De la Recepción o Respuesta a las llamadas de emergencia por parte de las fuerzas de seguridad - Pautas de acción.

3.2.2) Investigación de la Escena del Crimen.

3.2.3) Obtención de información por parte de los testigos o víctimas.

3.2.4) Exhibición de libros con fotografías de sospechosos - Elaboración de una descripción física del perpetrador.

3.2.5) Elaboración de dibujos del rostro o aspecto físico del o de los presuntos autores del hecho delictivo.

3.2.6) Preparación de la entrevista preliminar con el testigo.

3.2.7) Realización de la entrevista con el testigo.

3.2.8) Procedimientos de identificación individuales (*Showups*).

3.2.9) Procedimientos de identificación de sospechosos. Ruedas de Reconocimientos Fotográficos, y Ruedas de Reconocimientos en Vivo.

3.2.9.1) Ruedas de Reconocimientos Fotográficos. Recaudos que deben adoptarse.

3.2.9.2) Ruedas de Reconocimiento en Vivo. Recaudos.

3.2.9.3) Información previa a la realización de Ruedas de Reconocimientos Fotográficos.

3.2.9.4) Información previa a la realización de ruedas en vivo.
3.2.9.5) Realización del procedimiento de identificación. Fotográfico. En vivo. Simultáneo o Secuencial.

4) Costo-beneficio de las medidas propuestas. Conclusiones

5) Bibliografía y citas

1. MOTIVOS POR LOS CUALES SE REALIZA EL PRESENTE TRABAJO.

1.1) Invitación a formular propuestas realizada por el Sr. Secretario Parlamentario de la Legislatura de Jujuy a la población interesada en el proyecto de ley en general

Hemos decidido formular algunas sugerencias, para el novísimo proyecto de reforma del Código de Procedimientos Penal de la Provincia de Jujuy; las que según nuestra modesta opinión deberían de ser analizadas y estudiadas por parte de la Legislatura Provincial.

Las sugerencias esbozadas *ut infra*, se realizan en virtud de la invitación amplia (para todos los sectores interesados en realizar aportes al respecto), y democrática formulada por el Sr. Secretario Parlamentario de la Legislatura de Jujuy, doctor Alberto Matuk, mediante notas publicadas en diversos medios de comunicación local.

El mencionado funcionario público, así lo expresó, entre otros medios a través del "Diario Digital Jujuy al Día" en donde textualmente dijo: "... Con la finalidad de darle continuidad al objetivo de brindar participación a todos los sectores involucrados directa o indirectamente con la tarea de la Justicia, el doctor Matuk hizo saber que a partir del 20 de Enero de 2009, en sus oficinas de la Cámara de Diputados, podrá a disposición de toda organización o persona interesada copia del Proyecto de Ley que se apresta a ser sancionados, a los fines de facilitar consultas para su mejor análisis y estudio. Asimismo indico que las propuestas que de esa manera puedan ser presentadas, serán puestas a consideración de las comisiones de carácter permanente de la Legislatura que debe emitir despacho sobre tan importante iniciativa parlamentaria..."[299], lo

---

[299] Diario Digital Jujuy al día. Versión de fecha 28 de diciembre de 2008.

mismo consta en otros medios de difusión local, por los cuales se invito a la comunidad toda a participar y dar ideas y/o sugerencias para el nuevo proyecto de Código Procesal Penal de la Provincia de Jujuy.

Por ello, como ciudadano común de nuestra provincia, y atento a la excelente, democrática, y republicana propuesta realizada por dicho letrado, es que decidimos realizar el presente trabajo, en el cual se hacen algunas propuestas o sugerencias para el mencionado proyecto de ley.

1.2) Inseguridad Jurídica y Abuso Policial en la Provincia de Jujuy

Quizás el subtítulo "Inseguridad Jurídica y Abuso Policial en la Provincia de Jujuy", parezca tenebroso, o quizás hasta exagerado, pero en nuestra opinión dicha expresión no resulta descabellada. Ello porque estimamos, que esa es la sensación que tienen muchas personas que viven en nuestra provincia.

Y quizás esa es la razón más importante por los cuales hemos decidido elaborar el presente trabajo. Debemos aclarar que el resto del país no es ajeno a esta realidad, ya que la sensación de inseguridad trasciende las fronteras de Jujuy, y está instalada en toda nuestra querida República Argentina.

Así pues, mal que nos pese, el accionar policial de las fuerzas de seguridad locales, tanto por acción como por omisión deja mucho que desear, y para nada constituye una crítica mal intencionada, o fuera de lugar.

Como resulta de público y notorio conocimiento tanto en el orden provincial como nacional, son muchos los casos en donde la Policía de Jujuy, se han visto involucrada o se ha demostrado, que fue responsable de abusos físicos.

Muchos hechos denunciados terminaron con el fallecimiento de ciudadanos jujeños, o de otras latitudes; pero también se han realizado críticas por las omisiones en que ha incurrido en su tarea diaria de tratar de prevenir, o reprimir a la delincuencia.

Así en otros muchos supuestos, aunque no se involucra directamente al accionar policial con alguna desgracia personal, sin embargo la parálisis del proceso penal, y la falta de respuestas judiciales adecuadas, sobre el o los presuntos responsables del hecho, hacen responsable a la Policía por omisión (Al no tomar las medidas idóneas para descubrir y reprimir los delitos); situación que llama la atención por ser una de las pocas instituciones policiales que no recibe demasiadas críticas por parte del Ejecutivo Provincial.

Basta con tener presente algunos casos judiciales resonantes, los que resultan conocidos, y dejan en claro cual es la opinión mayoritaria en el ámbito provincial, y nacional, sobre la situación de inseguridad existente en la Provincia de Jujuy. Especialmente en cuestiones en donde han tenido injerencia directa la policía de la Provincia cometiendo abusos y/o torturas en perjuicios de particulares, u omitiendo investigar adecuadamente hechos delictivos.

Resulta importante tener en cuenta –para hacer referencia sólo a los casos más conocidos de los últimos años– los siguientes casos puntuales: 1°) Caso del Sr. Roberto Guerra (Alias Titi Guerra) joven fallecido dentro del establecimiento penal N° 1, con asiento en Villa Gorriti (De la ciudad de San Salvador de Jujuy) a raíz de gravísimas quemaduras sufridas en su cuerpo –según la doctrina imperante en la CSJN, cuando un detenido se hace daño o sufre daños físicos dentro de una seccional o en un establecimiento penitenciario, en los cuales está detenido por orden judicial, el Estado debe responder por los daños y perjuicios sufridos por dicha persona, aunque se los auto inflija–. En consecuencia oportunamente el Estado Provincial, deberá cargar con las indemnizaciones correspondientes, imputables al Estado Provincial por dicho proceder; 2°) Caso del joven David Ezequiel Segovia, fallecido durante el mes abril del año 2007 dentro de una seccional de policía con asiento en la ciudad de San Salvador de Jujuy, caso que aún sigue siendo objeto de investigación judicial; 3°) El caso Manzoni –según la versión oficial dicho joven cometió suicidio dentro de una seccional de policía–, quién falleció en el año 1998, dentro de las instalaciones de una seccional de policía situada en la ciudad de Caimancito, Departamento Ledesma, y respecto de la cual el Estado Provincial debió abonar una importante indemnización económica, luego de que el caso judicial fuera revocado por la Excma. CSJN –ya que la justicia local había rechazado la acción promovida por los deudos de Manzoni–; 4°) Caso del Sr. Marcelo Cardozo –de profesión albañil–, quién fue asesinado de un balazo en el pecho, por parte de un miembro de la fuerza de seguridad; 5°) Caso Josué Mendoza quién fue asesinado en fecha Junio de 2006 dentro de la seccional 4° del Barrio Cuyaya, y terminó con la condena de los policías Alejandro Carlos, y Walberto Yurquina –uno de los pocos casos en donde hubo condena en perjuicio del personal policial–; y 5°) El quizás más importante y grave incidente acontecido durante los últimos años, en nuestra provincia (por las gravísimas consecuencias suscitadas con posterioridad, y la trascendencia nacional que tuvo el evento), sucedido en la ciudad de Libertador General San Martín, en fecha octubre del año 2003; cuando se produjo el homicidio –dentro de la Seccional N° 39 Hugo Salomón Guerra– del joven Cristian Ibáñez, y luego durante la represión policial, en contra de la pueblada que exigía justicia, se produjo el homicidio del joven Luis Cuellar, también a manos de personal policial.

Téngase en cuenta, que sólo hice referencia a casos de notable trascendencia pública, en donde los familiares de las víctimas, tomaron cartas en el asunto, se movilizaron, y protestaron en forma pública, y notoria, por ello los hechos no pasaron al olvido, ni quedaron en el anonimato.

Pero, hubo, otros muchos casos en donde los damnificados directos, no hicieron NADA respecto del abuso policial, que sufrieron.

No deben de ser olvidados otros renombrados casos, como el del fallecimiento del ingeniero Rodríguez Laguens, acontecido en la ciudad de San Pedro de Jujuy. Dicho joven profesional fue brutalmente torturado y asesinado por personal policial, luego de lo cual, se pretendió simular una muerte por accidente de tránsito –que tanta repercusión nacional e internacional tuvo–; y el caso "Marcuzzi", en donde también se produjeron condenas a personal policial involucrado en el incidente. Aunque no como autores directos del robo, y homicidios posteriores, sino por delitos de robo y encubrimiento.

Es interesante destacar que el caso del Ingeniero Diego Rodríguez Laguens, ha tenido una trascendencia que traspasó las fronteras de nuestro país, y fue publicado por el CELS (Centro de Estudios Legales y Sociales), y remitido por ante el Human Rights Watch, en un informe emitido en fecha 1998, sobre "La Inseguridad Policial. Violencia de las fuerzas de seguridad en la Argentina". Informe que no tiene desperdicio alguno, y en donde se dan sugerencias, para el mejoramiento del funcionamiento de las fuerzas de seguridad policial en la Argentina.

Otros casos, también merecen ser nombrados, por la inacción de la Policía, y/o la incapacidad exhibida para dar respuesta adecuada, a los pedidos de justicia, en razón de que los responsables de los ilícitos siguen libres, y sin condena alguna.

Téngase en cuenta, al respecto, el caso del remisero López; el caso Chambi, y el reciente homicidio cometido en perjuicio de un letrado del foro local el Dr. Bruno Aguilar, respecto del cual llama la atención, la escasa repercusión, y tratamiento que ha tenido respecto de la prensa local, y del Colegio de Abogados de Jujuy (Que en mi opinión, y como letrado del medio lo expreso).

Me sorprende, y realizo una enérgica crítica, a la actitud asumida por el Colegio de Abogados de Jujuy, quién nada dijo al respecto, ni realizó crítica o repudió público.

Es importante resaltar –para que no se crea que estamos inventando todo lo expresado– lo manifestado sobre el tema de la inseguridad en la provincia de Jujuy, por el Defensor del Pueblo de la Nación Dr. Eduardo Mondino.

Dicho funcionario expresó lo siguiente: "... Jujuy se ha convertido en la provincia más insegura de la Argentina...", continua luego la nota: "... De acuerdo con las estadísticas confeccionadas por la Dirección Nacional de Política Criminal del Ministerio de Justicia de la Nación, la tasa de hechos delictivos registrados en Jujuy por cada 100.000 es sensiblemente superior al promedio nacional. Hay un tercio más de delitos contra las personas y casi el doble de acciones contra la integridad sexual y el honor. También son mayores los porcentajes de delitos contra la propiedad y por la violación de la ley contra el tráfico de estupefacientes. En contraposición, el porcentaje de sentencias condenatorias es sumamente bajo –dijo Mondino. Por este estado de inseguridad pública, las autoridades de la provincia fueron receptoras de un petitorio suscripto por más de mil personas, como consta en una actuación iniciada por el *ombudsman*, que reclamaron la intervención de Mondino. El defensor del pueblo de Jujuy, Víctor Galarza, dijo respecto del tema de la inseguridad: "Nosotros tenemos y hemos tenido quejas permanentes sobre la inseguridad en los distintos barrios –incluso en el interior de la provincia– que, de un tiempo a esta parte, se ha ido acrecentando". Y enfatizo: "Hace ya tiempo hemos emitido una resolución que hicimos llegar a los organismos pertinentes de la seguridad pública (Policía de la Provincia, Ministerio de Gobierno) recomendando más cantidad de presencia policial en las calles y mayor presupuesto en el tema de equipamiento... "[300]

---

[300] Ver nota publicada por el Diario La Nación versión on line; en fecha agosto del año 2007.

1.3) Ineficacia de las políticas implementadas en materia de seguridad dentro del ámbito provincial

Sobre la base de lo manifestado, queda en claro que las políticas que se han implementado en materia de seguridad hasta la fecha, no han tenido el efecto deseado, porque la inseguridad persiste.

Al respecto, y en forma sintética las medidas concretas que el Ejecutivo Provincial (sea a través del Ministerio de Gobierno, Secretaria de Seguridad, o por parte de la Jefatura de Policía), ha establecido se han limitado a lo siguiente: 1°) Contratar más personal policial, y ponerlos a recorrer las calles de las ciudades más importantes de Jujuy (Generalmente en las zonas céntricas, o sea, en los lugares en donde menos ilícitos se cometen); 2°) La adquisición de equipamiento (vehículos, mobiliario, etcétera); 3°) Creación de organismos burocráticos dentro de la esfera del Ministerio de Gobierno, que hacen de nexo entre el gobierno, y las fuerzas de seguridad.

Tal y como lo afirmamos ninguna de dichas medidas ha tenido la respuesta esperada, porque la inseguridad en nuestra provincia continua, y la Policía de la Provincia de Jujuy, sigue siendo considerada, como una institución peligrosa, y con múltiples denuncias en su haber.

Por ello, estimamos, que las propuestas que se formalizan por la presente, serán importantes por tres razones esenciales: 1°) Han de otorgar un adecuado resguardo a los particulares del accionar de los delincuentes (Permitiendo que estén presos los verdaderos responsables); 2°) Otorgarán una adecuada protección al ciudadano común del accionar policial, y hasta judicial, que en la realidad cotidiana casi no tiene límites; 3°) Le darán garantías a los miembros de las fuerzas de seguridad del correcto accionar que han de desarrollar en su trabajo cotidiano. Esto permitirá que no existan quejas, o reproches sobre el accionar policial, ni admitirán denuncias sobre apremios ilegales, y/o comportamiento incorrecto de la institución policial.

La solución es clara, y sencilla, pero como todas las cosas muchas veces lo simple o lo esencial es difícil de percibir. La sola circunstancia de filmar o grabar por medios fonográficos todo el accionar policial, permitirá todas las garantías antes mencionadas.

En efecto, si se filma, o se graba, toda la entrevista llevada a cabo por el personal policial con el imputado, o con los testigos, o si se filma la escena del crimen, o si se trata con corrección, y en modo amable a los testigos, para que cooperen con la investigación que se lleva a cabo, seguramente el personal policial nada tendrá que temer, y estará seguro de que su trabajo, y su tarea de investigar delitos tendrá resultados positivos.

Se ha demostrado, con evidencia científicamente comprobable, que el Estado —a través de sus órganos: Policía, Jueces, etcétera—, también, se equivoca, y puede dictar sentencias de condena y consecuencia mandar preso, con todo el daño físico y psíquico que ello implica, a personas inocentes, en muchos casos por la inadecuada preservación y recepción de las pruebas obrantes en la causa judicial.

Nuestro país, a través de sus órganos judiciales, ha sido contrario a reconocer la responsabilidad del Estado, por el hecho de privar de su libertad a personas, que luego han sido declaradas como inocentes del hecho por el que estaban detenidas.

Sin embargo, otros países (por ejemplo Estados Unidos de Norteamérica, durante la administración del presidente Bill Clinton) han reconocido sus equivocaciones y han tratado de enmendarlas.

Así, durante la gestión de la fiscal general Janet Reno, el Departamento de Justicia de los Estados Unidos, luego de consultar con especialistas en la materia, ha elaborado manuales para regular el procedimiento que deben de llevar a cabo las fuerzas de seguridad, cuando tienen la tarea de decepcionar y luego para preservar adecuadamente la prueba de testigos, la declaración del imputado, y la forma en que se deben de realizar las ruedas de reconocimientos.

Por las razones invocadas, y sobre la base de la importante evidencia científica que tienen dichas publicaciones, es que formulamos las presentes sugerencias para el proyecto de reforma del Código Procesal Penal, de la Provincia de Jujuy.

1.4) Posibilidad concreta de que personas inocentes estén detenidas, y los verdaderos culpables, o responsables libres e impunes.

La más grave de todas las consecuencias es que una persona inocente se vea privada de su libertad; y que el verdadero culpable (Contracara de la cuestión) siga libre, y pueda seguir cometiendo delitos *a piacere*.

Así pues el inapropiado procedimiento policial; la inadecuada recepción y/o preservación de la prueba de testigos; el inadecuado procedimiento de reconocimiento judicial; o cualquier otra causa o razón evitable, pueden provocar esa nefasta consecuencia.

Al respecto resulta ilustrativo lo expresado por el notable psicólogo canadiense Rod Lindsay (Universidad de Kingston, Ontario): "... Es un doble error. No sólo se está condenando al inocente –o al menos se lo pone en el proceso, o con la carga de tratar de salir de la solución– pero además, el verdadero culpable sigue afuera y continua con la comisión de crímenes o delitos..."[301]

---

[301] "*Yes I'm sure that's the one*", Memory Loss & The brain, The newsletter of the Memory Disorders Project at Rutgers University, Summer 2003.

2. SITUACIONES CONCRETAS QUE DEBERIÁN SER CORREGIDAS EN LOS TRÁMITES PENALES, Y LA PREVENCIÓN Y REPRESIÓN DEL DELITO EN LA PROVINCIA DE JUJUY

Aclaro, que las únicas cuestiones en las que he de formular propuestas, tienen relación con los elementos de prueba del proceso penal, en particular con la forma en que se decepciona y preserva la prueba de testigos; la forma en que se practica y documenta la prueba de reconocimientos, y la forma en que se presta la declaración y/o en su caso, la confesión del imputado.

Sin perjuicio de ello, he de formular algunas sugerencias en general, sobre algunos medios de prueba que pueden ser empleados y resultan interesantes en situaciones muy especiales.

Como por ejemplo, la posibilidad de implementar la prueba de hipnosis forense, en casos en donde el investigador se encuentra en una encrucijada porque carece de indicios o elementos para continuar con la investigación.

2.1) Inadecuada recepción y preservación de la prueba de testigos - Inadecuada recepción y preservación de la Declaración del Imputado e Inadecuada realización de la Rueda deReconocimientos:

Estimo que el proyecto de reforma del Código Procesal Penal no hace hincapié, ni permite una adecuada recepción y preservación de la declaración de los testigos en sede policial, punto esencial de mis propuestas, y/o penal.

Tampoco dicho proyecto, garantiza al imputado un trato humanitario –ni en sede policial o penal– desde el momento en que este es aprehendido por las autoridades policiales, y trasladado por ante la autoridad judicial.

Por último, tampoco la administración de las pruebas de reconocimientos (que también están incluidas dentro del concepto de prueba de testigos, ya que son los testigos quienes realizan los reconocimientos), se realizan con garantías para la imparcialidad, justicia y debido proceso.

Ninguno de dichos elementos de prueba, ha tenido en cuenta las últimas investigaciones en materia de memoria, o de lo fácil que resulta manejar, modificar, y hasta implantar recuerdos, en la memoria de una persona.

Por el contrario, cuando se analizan otros elementos de prueba, el proyecto, realiza una adecuada regulación sobre la forma en que se deben de practicar –en muchos casos también existen protocolos o reglas que siguen los departamentos técnicos especializados de la Policía cuando practican alguna prueba en particular–. Ello ocurre por ejemplo, cuando se analiza la prueba de ADN, o la realización de una autopsia.

Por el contrario, la forma en que se recibe la declaración de los testigos no recibe el mismo tratamiento, ni tiene especial atención; lo mismo sucede cuando se analiza la prueba de reconocimientos.

Por ello, nos hacemos eco de cómo sabiamente lo afirma el Dr. Wells cuando expresa que: "... El sistema de justicia criminal, sin embargo, trata a los recuerdos de la memoria, de modo muy distinto a como trata a los restos de evidencia física. La recolección de evidencia física está relativamente bien determinado, de acuerdo con protocolos que tienen bases científicas, basados en lo que los expertos aconsejan como medios óptimos para evitar la contaminación de dicha prueba (...) Los protocolos policiales para la recolección, preservación, e interpretación de la evidencia física están dictados por científicos forenses (...) La evidencia de la prueba de testigos oculares, por otro lado, es habitualmente recolectada por personas sin capacitación especial, quienes nada saben o conocen muy poco sobre la memoria humana (...) Los protocolos policiales para recolectar, preservar, e interpretar la evidencia de la prueba de testigos NO se han hecho eco de los resultados de las pruebas conducidas por los expertos de la memoria (...) La ciencia, no ha sido la piedra angular de la forma en que la Policía, colecta, preserva e interpreta la prueba de testigos (...)"[302]

Estos sabios comentarios demuestran la poca importancia, que se le ha dado (Y continua dándosele) a la recolección, y preservación de la prueba de testigos dentro del proceso penal, como tampoco se da protección al modo en que se recibe la declaración del imputado, y a la forma en que se practica la rueda de reconocimientos.

Existe la equivocada creencia popular e infundada de que la memoria es inmutable, y que siempre permanece igual. Sin embargo, la realidad es muy distinta, por el contrario, la memoria o los recuerdos que una persona posee, no permanecen inalterable durante el transcurso del tiempo, sino que sufren modificaciones por distintas razones.

Agregan el doctor Gary Wells y la doctor Elizabeth Loftus: "... De igual modo a lo que sucede con la evidencia física, los trazos de la memoria pueden verse contaminados, perdidos, destruidos, o de cualquier otro modo producir efectos que puedan llevar a una reconstrucción errónea del hecho concreto. Como ocurre con las pruebas físicas, la manera en que se recolecta la evidencia sobre la memoria, puede tener importantes consecuencias sobre la precisión de los resultados..."[303]

Todo esto sucede, porque el sistema judicial parece tener la errónea creencia de que la memoria, sobre algún hecho o información, permanece inalterada, hasta que se trata de recordar el mismo.

Agregan los autores citados: "... La falta de adopción por parte del sistema criminal de justicia de modelos científicos para el trato de la prueba de testigos, puede ser atribuido a que el mismo no se ha enfocado en una teoría sobre la memoria (...) implícitamente, parece ser que el sistema de justicia asume

[302] Eyewitness Memory for People and Events, Wells & Loftus, PDF Version, pág. 149
[303] Wells & Loftus, op. cit., pág. 149.

que la información que se guarda en la memoria, permanece impávido ante la sugestión, y que las fallas de la memoria se centralizan en defectos de recordar datos nada más. Por el contrario, los reportes sobre la memoria pueden ser influenciados por la información recibida luego de acontecido el hecho, y acreditan que la misma es muy susceptible a la sugestión, y pueden errar en muchas formas, incluyendo experimentos en los cuales se afirma haber vivido hechos que jamás acontecieron..."[304]

Lo que afirma el notable científico norteamericano, es más que importante, y debe ser tenido en cuenta por VE, en el sentido de que la memoria de testigo (tanto en su declaración, como en las ruedas de reconocimientos), como también los dichos del imputado, deben ser adecuadamente preservados, y debe haber una preparación adecuada al personal policial encargado de recibirlos. Porque la prueba de testigos, en forma análoga, con cualquier otro elemento de prueba, puede verse contaminado, o afectado, según sea el modo en que es recibida y preservada dicha prueba.

Ello porque los recuerdos no permanecen intangibles, sino que por el contrario, pueden ser modificados, en realidad, la memoria, cuando recuerda algo reconstruye el recuerdo, con toda la información de que dispone, y en esa reconstrucción se pueden agregar datos que no fueron percibidos durante la percepción del hecho concreto, y que pueden ser atribuidos a información leída, escuchada, etcétera.

Para concluir, podemos afirmar, sin hesitación, que los proyectos analizados, NADA dicen sobre la forma, en que se debe decepcionar, y preservar, la prueba de testigos dentro del proceso penal.

Es decir, dan por supuesto –todos los códigos procesales nacionales–, que el comportamiento de la policía será probo, y que merece ser considerado como de plena fe, sin reproche

[304] Wells & Loftus, op. cit., pág. 150.

alguno; sin embargo; la evidencia existente acredita que la realidad es muy diferente, y que la policía, es muy proclive a cometer abusos, y actuar en modo desleal.

2.1.1) Limitaciones de las fuerzas policiales para prevenir y reprimir los hechos delictivos

Otra de las causas que motivan la presentación del presente
proyecto con sugerencias, es la limitación que tiene la Policía
de Jujuy para evitar, y reprimir delitos, baste tener en cuenta
algunos hechos concretos, que acreditan mis dichos:

1°) El mal estado en que se encuentran los edificios en
donde funcionan las seccionales de policía (Realmente deplo-
rables); que son por demás inadecuados para realizar las tareas
de recepción de declaraciones de testigos, ruedas de reconocimiento, detención y declaración del imputado. Existe evidencia científica de que el ámbito físico, en donde se lleva a
cabo la recepción de la prueba de testigos, influye, en el desempeño, y la colaboración que dichas personas exhiben; así en
cuanto más cómodo esté el testigo, más colaborador puede
llegar a ser;

2°) Los funcionarios policiales, se encuentran recargados de
trabajo, por lo que poca importancia se le da a la recepción de
la prueba de los testigos (entre los cuales está la propia víctima
del hecho delictivo), e investigación de los delitos en general.
Deberían dividirse las tareas a cargo de cada sección de la policía, y encargar a especial policial específico y capacitado para
tal fin, para las tareas de investigación de delitos;

3°) Han existido casos –no son pocas las denuncias existentes al respecto–, en los cuales policías inescrupulosos le hicieron expresar o decir por escrito a las personas declarantes, cosas que estas no quisieron decir. Ello aprovechando la libertad,
y confiabilidad que el actual sistema le da, al trámite llevado a

cabo en sede policial. La situación sería muy diferente, si se grabara o filmara, lo que el testigo dice cuando comparece, y declara lo que sabe sobre algún hecho concreto.

Lo expresado es evidencia de que muchas veces las personas (quizás por estar sensibles al haber vivido alguna experiencia traumática poco tiempo antes de ser entrevistadas) pueden ser sugestionadas por estos, e inducidas a decir, algo que no fue su deseo denunciar.

La sugestión, es una de las formas, en que se pueden deformar y hasta implantar recuerdos en la memoria de una persona (Wells, and Loftus);

4°) En muchos otros casos –locales y en el ámbito nacional–, la policía o miembros de las fuerzas de seguridad están involucrados en hechos delictivos (en el ámbito provincial podemos citar los casos del Ingeniero Laguens, el caso Manzoni, Josué Mendoza, Caso Ibáñez-Cuellar –por sólo mencionar algunos de los más conocidos–, y a escala nacional basta con tener presente el reciente caso de secuestro extorsivo en Buenos Aires, de empresarios de la costa bonaerense, en donde los principales sospechosos son policías);

Por ello; resulta importante dar una garantía de imparcialidad, y transparencia al procedimiento policial de recepción y resguardo de la prueba de testimonios; ruedas de reconocimientos; y declaración del imputado en sede policial; el modo más fácil e idóneo, es documentando dichas pruebas por medio de grabaciones o filmaciones.

5°) La escasa capacidad, e instrucción, de la Policía Provincial para investigar y resolver hechos delictivos importantes (caso del remisero López; reciente caso del Dr. Bruno Aguilar, sobre el que no existen pistas o indicios o al menos no fueron dadas a conocer); y la falta de formación e instrucción sobre lo que es el testigo, la capacidad de memoria del testigo; el trato que debe de darse al testigo para ganarse su confianza, y su colaboración; etcétera.

6°) Los policías no tienen conocimientos sobre el modo en que se deben actuar al momento de recibir la prueba de testigos, el modo correcto de preservar los indicios y pruebas existentes en el lugar de los hechos, la forma adecuada de prestar los primeros auxilios al personal lesionado, etcétera;

7°) Los escasos medios materiales con los que se cuentan, para llevar a cabo sus labores. No existe adecuado equipamiento de computadoras, papelería, cámaras de filmación, grabadoras, etcétera.

Sería importante la creación de una sección dentro de las fuerzas de seguridad que se encargue específicamente de la represión de delitos, la que debe contar con los medios adecuados, el personal capacitado, y en un edificio cómodo, y que les otorgue tranquilidad a los participes de los hechos delictivos;

El estado provincial, no puede argumentar, para implementar las reformas necesarias la carencia de recursos (Lo que sin embargo, podría llegar a ser cierto, en un futuro no muy lejano atento a la crisis económica global), por dos razones irrefutables:

1°) La administración de Justicia (entre las cuales está la función de prevención y represión de delitos, que es una tarea propia de la entidad policial) es una de las funciones esenciales del Estado, que no pueden ser relegadas;

2°) El dispendio faraónico de fondos en obras de poca importancia (Ejemplo: La construcción del acceso a la ciudad de San Salvador de Jujuy, obra muy onerosa, y de muy poca importancia para el común de la población).

2.1.2) Abusos o inconducta policial

Sobre la base de las razones expuestas podemos afirmar que NO existe NI certeza, NI tranquilidad para el particular (menos aún para el imputado o sospechado de ser el autor del delito) de que la Policía, *per se*, se comporté en forma proba o correcta.

Ergo, el proceder policial en su conjunto, cuando entrevista a un testigo, cuando indaga al imputado, o cuando realiza la rueda de reconocimiento, al no contar con una normativa específica que le ponga límites, tampoco merecen credibilidad.

Por ello, a fin de evitar abusos, se deben suministrarse medidas o mecanismos de control de la actuación policial –el juez de Instrucción o el fiscal, NO puede estar en todo momento, y en todo lugar en que se produzcan hechos delictivos, NO es omnisciente NI omnipresente ergo, deben proveerse de normativas adecuadas–; y judicial. También los jueces son proclives a cometer abusos y equívocos.

Al respecto, resulta muy interesando lo informado por la Organización "The Innocence Project", sobre la inconducta exhibida por el Gobierno de muchos Estados Norteamericanos, en cuanto al proceder policial, y la obtención de condenas injustas de personas que luego demostraron ser inocentes.

Así se descubrió que algunas condenas erróneas o equivocadas que sufrieron particulares, fueron causadas por errores honestos –es decir, sin intención de cometerlos–, por parte de las fuerzas de seguridad.

Sin embargo en algunos casos, los oficiales de Policía, hacen actividades tendientes a obtener condenas penales, pese a la poca o escasa evidencia existente, o aún peor, aunque existan pruebas de la inocencia del imputado.

Esto se demostró en casos de personas que sufrieron condenas erróneas o injustas, porque luego de ser condenados, y con sentencia firme, lograron demostrar su inocencia mediante el empleo de pruebas de ADN.

Entre las conductas inapropiadas exhibidas por las fuerzas de seguridad podemos mencionar a las siguientes:

1°) Deliberada sugestibilidad en los procedimientos de identificación del presunto responsable mediante gestos, ademanes, palabras, etcétera;

2°) Esconder, modificar o eliminar prueba que pueda ayudar a demostrar la inocencia del imputado, para que no sea advertida por la defensa de los imputados;

3°) La coacción a la que someten a los detenidos –que puede llevar a que estos confiesen haber cometido delitos que en realidad no cometieron, o a dar información o datos para evitar ser torturados o maltratados–, que puede de ser muchos modos: incomunicación, mal trato, aislamiento, impedimento de contacto con sus familiares (del detenido) o impedirles llamar por teléfono, impedir que el mismo tenga acceso a asistencia letrada inmediata, falta de comunicación de la prueba existente en su contra, etcétera;

4°) El uso de informantes poco confiables (esto es muy común en nuestra práctica diaria), muchos informantes son presos, o detenidos, quienes muhcas veces reciben dinero, o algún beneficio procesal, para declarar en contra de otras personas. Dichos testimonios, deberían ser eliminados de la práctica judicial penal.

En nuestra provincia –aunque estimamos sucede en todo el país de igual modo–, este tipo de prácticas policiales resulta habitual, así por ejemplo, el reconocimiento llevado a cabo dentro de las seccionales de policial –hablando con total franqueza y sin eufemismos–, consiste en traer esposado, y a la fuerza al detenido por ante la víctima, o testigos, para que esta o estos lo reconozcan.

Es decir, el debido proceso, el derecho de defensa, o la presunción de inocencia, quedan sólo como palabras lindas y sin sentido, en la práctica penal diaria.

Esta sola circunstancia (ver esposado al detenido, el que fue llevado a la fuerza ante la víctima, o ante los testigos, desaliñado, con mal aliento, etcétera), crea en la memoria del testigo o de la víctima (según sea el caso, depende de quién formule el reconocimiento), una impresión muy poderosa, que luego predispone al testigo o mantener dicho reconocimiento (en sede penal), e identificar con total seguridad al presunto autor del delito, en sede penal. La imagen de dicho sujeto (Exhibido en las fotos) ingresa al recuerdo que tiene el testigo; ingresa en su memoria.

Es increíble, pero todo esto puede evitarse, con mecanismos simples, sencillos, y no demasiado costosos, es decir, mediante la filmación o grabación de la declaración de los testigos, y una adecuada preparación, y también filmación o grabación (con fotografías agregadas al expediente) de las ruedas de reconocimiento.

Además –esto lo digo como abogado litigante–, el funcionario policial, le da muy poca o ninguna importancia al estado de nervios que presentan las víctimas o testigos del hecho delictivo investigado. Salvo que se trate de alguien gravemente lesionado, que deba ser intervenido o internado en algún hospital.

Por el contrario, el procedimiento habitual que lleva a cabo la Policía local –en líneas generales– es el siguiente:

1°) Los oficiales de policía luego de sucedido un delito, el que puede ser comunicado por vía telefónica, llegan –en general tarde– a la escena del crimen;

2°) Luego de constatar el lugar de los hechos, hacen algún croquis, e identifican a las personas presentes –si es que el oficial investigador es muy prolijo–. Jamás he visto que los policías tomen el recaudo de informarles a los testigos de que deben abstenerse de hablar entre sí; *a posteriori* llevan a él o a los testigos y víctimas, directamente por ante la Seccional de Policía competente;

3°) Luego de esperar un buen tiempo (que a veces, con mucha suerte, pueden ser algunos minutos, pero en la mayoría de los casos pueden ser una o varias horas), los oficiales les reciben la declaración a dichas personas –la que se plasma en una máquina de escribir en mal estado o en una computadora vieja–, según el arbitrio y preguntas capciosas, indicativas o sugestivas realizadas por el investigador;

4°) Mientras tanto los demás testigos –en caso de ser varios– pueden comunicarse entre sí libre y espontáneamente, lo que puede provocar (estudios científicos llevados a cabo, así lo han demostrado) que los recuerdos de estas personas que se comunican entre sí, se vean afectados, o hasta se modifiquen, por efecto de los prejuicios propios de toda persona, y por la información adquirida con posterioridad a la producción del hecho.

5°) Luego el oficial a cargo de la investigación despide a los testigos, y les manifiesta que tendrán novedades más adelante.

Sobre la base de las razones expuestas es que consideramos que debería prepararse adecuadamente a una sección de la Policía, para que sea la encargada de realizar este tipo de tareas específicas. O sea, las de investigar y presentar la evidencia cuando se produce un hecho delictivo.

2.1.3) Falta de Conocimiento sobre lo que significa la memoria, sus cualidades, virtudes y defectos. Formas adecuadas de preservación de los recuerdos:

La Policía parece olvidar, que el testigo basa sus dichos sobre algún hecho visto o experimentado en la memoria.

Las fuerzas de seguridad en general DESCONOCEN qué es lo que significa la memoria; cómo funciona esta; desconocen que la memoria olvida con suma facilidad los hechos experimentados; y se olvidan lo sencillo que resulta modificar, alterar, y hasta implantar recuerdos inexistentes a una persona.

Por ello, es que considero que algunas sugerencias que se incorporan son importantes. En razón de que la memoria de las personas no es como una grabadora, o filmadora, que codifica y retiene en forma precisa (sin que sufra alteración alguna) los recuerdos vividos por una persona;

Por el contrario los científicos más notables, han demostrado con experimentos convincentes que los recuerdos almacenados en la memoria, sufren modificaciones por diversos factores.

Entre los factores que pueden modificar, alterar, o hasta implantar recuerdos irreales, se puede mencionar a los siguientes:

1°) El sexo del testigo;

2°) La inteligencia;

3°) La edad;

4°) La personalidad;

5°) El consumo de alcohol o drogas;

6°) El tiempo de exposición al evento;

7°) El estrés;

8°) La utilización de armas durante el incidente (*weapon focus*);

9°) La sugestibilidad empleada por el interrogador;

10°) La luminosidad o falta de iluminación del lugar en que se produjo el evento; etcétera.

Así lo han demostrado las investigaciones realizadas por la doctora Elizabeth Loftus y el doctor Gary Wells (dos de los más importantes científicos en la materia a nivel mundial). Como también, el notable trabajo del doctor Daniel Schacter, sobre los pecados o defectos que puede presentar toda memoria (*The Seven Sins of Memory*).

Lo más importante, y trascendente, es que diversos gobiernos de todo el mundo, han tomado conciencia de la fragilidad de la memoria del testigo, y por ello se han elaborado muchos proyectos, sugerencias, y hasta dictado leyes para mitigar los nefastos efectos de una memoria imperfecta. Ha sido pionero en ello, el Gobierno Federal de los Estados Unidos, por medio del Departamento de Justicia de dicho país, y muchísimos gobiernos locales del país del Norte.

También organismos privados, y organizaciones sin fines de lucro, han tomado cartas en el asunto, en virtud de haberse demostrado la existencia de casos, en donde se condenó a personas inocentes.

La causa más común de las condenas injustas (aproximadamente el 75% de los casos de condenas ilegales) fueron la declaraciones de testigos, que se demostró *a posteriori* eran falsas –en base a pruebas de ADN–, así lo ha informado la organización "The Innocence Project".

Al respecto resulta muy útil transcribir lo expresado por el Dr. Gary Wells, quien sostiene que: "... Los experimentos llevados a cabo con testigos oculares, que involucran la visión de crímenes demuestran que los porcentajes de identificaciones erróneas pueden ser altos (...) Los casos de la vida real en donde se han producido condenas de personas inocentes, por crímenes que no realizaron, demostraron que las erróneas identificaciones fue la principal causa que provoco ese tipo de condenas..." (Wells & Loftus, Eyewitness Memory for People and Events, Pág. 155, 156).

Esto demuestra que la evidencia de testigos, es muy fácil de ser adulterada, modificada, y hasta implantada, *ergo*, deberían adoptarse medidas legales para tratar de que dicha prueba quede libre de contaminación, para así ser más veraz, creíble e imparcial.

3. FUNDAMENTACIÓN CIENTÍFICO-LEGAL DE LAS SUGERENCIAS REALIZADAS

Entre los trabajos, que hemos estudiado, consideramos que es más atinente a la cuestión debatida en autos, el trabajo denominado "Prueba de Testigos Oculares. Una guía a seguir por parte de las fuerzas de seguridad" (*Eyewitness Evidente. A guide for law enforcement*).

Dicho libro es un manual, elaborado por las máximas autoridades en la materia –en los Estados Unidos, y Canadá–; que establece la reglamentación a seguir por parte de las fuerzas de seguridad, que ha sido publicado por el US Department of Justice, o sea, el Departamento de Justicia de los Estados Unidos, durante la gestión de la Fiscal General Janet Reno.

El manual analizado, establece o describe en forma minuciosa los tramites investigativos que debe de llevar adelante la policía, o demás fuerzas de seguridad, cuando se produce un hecho delictivo; a los fines de una correcta recepción, y posterior resguardo de la prueba de testigos, con el fin de evitar que dichos medios de prueba sean contaminados (de igual modo al que se procede cuando se recibe prueba o evidencia física, como por ejemplo, restos de semen, o tejidos orgánicos humanos, análisis de prendas usadas por la víctima, o el victimario, huellas dactilares, fibras, o cabellos encontrados en el lugar, etcétera).

Resulta muy ilustrativo transcribir un párrafo del mensaje que la fiscal general (*Attorney General*) Janet Reno, quién expresa: "... Los testigos habitualmente tienen un rol muy importante en el descubrimiento de la verdad sobre un crimen. La prueba que ellos proveen puede ser critica, en la identificación, juzgamiento, y en la condena de los presuntos criminales. Por ello, es absolutamente esencial, que la prueba de testigos sea precisa y confiable. Un modo de lograr –como investigadores–, la más precisa y confiable evidencia de parte de los testigos, es siguiendo razonables reglas o protocolos en la investigación (...) Recientes casos en donde pruebas de ADN fueron empleadas, para lograr la libertad de personas que antes habían sido condenadas, sobre la base de la prueba de testigos, nos ha demostrado que la prueba testimonial no es infalible. Aún la persona más honesta y objetiva, puede cometer errores en recordar e interpretar un hecho presenciado, es la propia naturaleza de la memoria humana. Esta cuestión ha sido el centro de investigaciones realizadas en el campo de la identificación de testigos durante la pasada década..."[305]

Lo expresado por dicha notable funcionaria excluye de cualquier otro tipo de comentarios, sobre la seriedad, y los sólidos fundamentos científicos de las investigaciones llevadas a cabo, en el país del Norte, sobre la prueba de testigos.

Lo mismo cabe decir sobre otro de los trabajos analizados (Denominado "Condenados por jurados. Liberados por la ciencia" o su denominación en inglés "Convicted by Juries. Exonerated by Science"), trabajo en el cual se hace referencia a múltiples casos concretos de los tribunales de Justicia Norteamericanos, en donde pruebas de ADN practicadas sobre material genético, existente, en los expedientes judiciales, permitieron probar la inocencia de personas que con anterioridad habían sido condenadas.

En la mayoría de los casos citados, las condenas previas, se habían basado en pruebas de testimonios, los que *a posteriori* se probaron eran falsos.

También en dicho trabajo, el mensaje de la Fiscal General, resulta muy instructivo y elocuente, dice Janet Reno: "... Nuestro Sistema Criminal de Justicia es mejor descripto como una búsqueda de la verdad. De modo creciente, el empleo forense de tecnología de ADN, ha sido un importante aliado en dicha

---

[305] Eyewitness Evidence. A Guide for Law Enforcement, Developed and Approved by the Technical Working Group for Eyewitness Evidence, October 1999, pág. III.

búsqueda (...) Al mismo tiempo las pruebas de ADN han ayudado a la búsqueda de la verdad, mediante la liberación de personas inocentes (...) Los individuos cuyas historias son mencionadas en el presente reporte, fueron condenados luego de experimentar juicios por jurados, y fueron sentenciados a largos tiempos de prisión. Ellos han desafiado, y vencido de modo exitoso sus condenas, empleando pruebas de ADN sobre la evidencia existente en los expedientes penales. Ellos han cumplido en promedio, 7 años de prisión..."[306]

También en este caso, el mensaje de dicha funcionaria, es más que elocuente, y demuestra la grandeza de dicho organismo, al reconocer las falencias del sistema penal de dicho país, y los yerros cometidos en perjuicio de personas inocentes, que lograron una vindicación pública –luego de pasar varios años en prisión– gracias a las pruebas de ADN.

Me pregunto ahora: ¿cuántas personas inocentes se encontrarán encerradas en las cárceles de nuestra provincia, y de nuestro país todo? ¿Tienen acaso dichas personas, chance o posibilidad alguna de poder demostrar su inocencia?.

Digo esto sobre la base de qué en los expedientes judiciales que se tramitan ante la justicia penal local, NO se realiza una adecuada preservación de la prueba en general; y en especial de la prueba de testigos (Incluida la rueda de reconocimientos); además el resguardo de las evidencias físicas (manchas de sangre, fibras, semen, ropas cubiertas con sangre u otras sustancias orgánicas) es muy limitado; por lo que casi no existen medios de prueba que sean susceptibles de ser analizadas mediante pruebas de ADN.

Ambos libros, tal y como lo dijimos oportunamente, fueron elaborados por el Departamento de Justicia de los Estados Unidos –US Department of Justice–, durante la gestión de la

---

[306] Eyewitness Evidence. A Guide for Law Enforcement, Developed and Approved by the Technical Working Group for Eyewitness Evidence, October 1999, pág. III.

Fiscal General Janet Reno, lo que demuestra la seriedad, y profesionalidad de dicha documentación, que puede ser aplicada por nuestra legislación local.

Citamos además como referencia libros, publicaciones, y citas de notables autores, como también sugerencias sobre proyectos de leyes, y datos estadísticos brindados por una muy prestigiosa organización privada, denominada "The Innocence Project".

Esta organización consiste en una agrupación de clínicas legales (que es algo así como una actividad académica, en donde estudiantes y graduados llevan adelante casos judiciales reales que involucran o persiguen la modificación de prácticas o leyes que limitan, destruyen o restringen la protección de derechos fundamentales de las personas) sin fines de lucro; la más importante de las clínicas mencionadas se ubica en la "Benjamín Cardozo School of Law of Yeshiva University", ubicada en la ciudad Nueva York.

Dicha entidad se encarga de defender a imputados penales muchos de ellos previamente condenados (con sentencias firmes y consentidas), que pueden demostrar en forma conclusiva su inocencia, mediante pruebas de ADN, esto teniendo en cuenta que el verdadero desarrollo de las pruebas de ADN, se inició, y profundizo durante la década de los '90 y muchas condenas penales son de fecha anterior.

Como dato estadístico importante que brinda "The Innocence Project" (algo así como Proyecto Inocencia), podemos mencionar a los siguientes: Para el mes de enero del año 2008, más de 210 personas –que previamente habían sido condenados como presuntos autores de delitos graves en los Estados Unidos–, fueron dejados en libertad, y considerados inocentes, luego de que pruebas de ADN, practicadas sobre la evidencia obrante en los expedientes penales, demostrara que estas personas no tenían vinculación con los delitos por los cuales habían sido condenados.

Entre estas personas liberadas o exoneradas, se encontraban quince individuos que previamente, habían sido condenados a la pena capital (pena de muerte).

Ahora bien, si en los Estados Unidos, han tomado conciencia de la falibilidad del sistema penal, y la posibilidad cierta de que se produzcan yerros en el procedimiento penal, pese a que dicho país cuenta con todo el avance tecnológico, con todos los medios materiales, con casi ilimitados recursos humanos, técnicos y económicos.

Haciendo un razonamiento por analogía; no es posible acaso; que pueda darse la misma situación en nuestro país, es decir, que un país como el nuestro con menos recursos económicos, jurídicos, tecnológicos y humanos, cometa los mismos o peores errores en la tarea de investigación y represión de hechos delictivos; y que puedan existir condenas injustas (aunque estén firmes y consentidas) también en nuestro país.

Con toda seguridad afirmo, que igualmente en nuestro país, deben de haberse cometido errores en la investigación y prevención de delitos, y que es muy probable que las cárceles locales y nacionales estén llenas de personas inocentes.

Es decir, la situación es análoga –desgraciadamente–, a lo que acontece en los Estados Unidos, por lo que no resulta descabellado pensar que podemos tener los mismos problemas en nuestro sistema penal, procesal penal, y hasta carcelario.

En mi opinión la única ventaja con que otros países cuentan (entre ellos los americanos), es que al menos han tomado conciencia del problema, y están aplicando medidas para afrontarlo y en lo posible superarlo, por lo que también nosotros deberíamos hacer lo mismo, es decir, tomar conciencia de ello, y tratar de darle solución al problema.

En los Estados Unidos –en nuestro país ni siquiera existe un estudio estadístico al respecto– la causa más importante que provoca condenas equivocadas de personas inocentes, es la declaración testimonial, o prueba de testigos, y entre otras cosas las ruedas de reconocimientos practicadas sobre los presuntos responsables del hecho delictivo.[307]

Las demás obras citadas, han sido publicadas por muy destacados expertos sobre la memoria, y la capacidad de memoria del testigo en particular (doctora Loftus, y doctor Wells), y tiene especial relevancia el trabajo del doctor Daniel Schacter, quien es autor de una muy destacada obra sobre la memoria, y el análisis de pecados habituales y comunes que tiene todo tipo de memoria.

3.1) De las sugerencias genéricas respecto de la mejora de la recepción, y protección de la prueba de testigos; ruedas de reconocimiento y declaración del imputado, brindadas por la organización no gubernamental "The Innocence Project"

Las sugerencias más importantes que he de realizar, son las mismas que sugiere la organización "The Innocence Project"; y otras entidades que persiguen fines similares como "The Justice Project"; con más algunas otras propuestas que he decidido adicionar, a título personal.

Las sugerencias concretas son las siguientes:

1°) Personal encargado de llevar a cabo la rueda de reconocimiento –Administrador Ciego–:

Se aconseja que el procedimiento aplicable al realizar las ruedas de reconocimiento, sea el denominado *"double blind administrator"* (Administrador doblemente ciego).

Esto significa que NI el sujeto que va a reconocer a los sospechosos (testigo ocular), NI el personal policial o judicial que administra la prueba, deben conocer al sospechoso.

Es por ello que el personal policial o judicial, que ha de cumplir con la tarea de practicar la rueda de reconocimiento en vivo, o por medio del empleo de fotografías, debe ser al-

---

[307] Ver: *http://www.innocenceproject.org/fix/Eyewitness-Identification.php*

guien que NO conozca al verdadero sospechoso de haber cometido el delito. Las investigaciones y evidencia han demostrado que esto reduce la posibilidad de identificaciones erróneas.

Según los más notables estudiosos sobre el tema, la administración ciega (*double blind administration*), lo único que hace es: "... Aplicar el método científico a las ruedas de reconocimiento, y está enraizado en una estrategia general para asegurar la objetividad de los datos que se colectan y su interpretación. El propósito de mantener a un administrador ciego, o sea, a una persona que desconozca la identidad del verdadero sospechoso, es para evitar que dicha persona (administrador) de modo no intencional o involuntario influencie los resultados del reconocimiento, a través de pistas o claves que el testigo o la víctima puedan percibir (...) Los protocolos "*double blind*" son conocidos dentro del contexto de las investigaciones farmacológicas, para probar la eficacia de una nueva droga. No sólo el paciente desconoce si recibió la droga o un placebo, sino también el médico que examina al paciente durante el estudio del mismo... Dicho procedimiento es común en dicho medio, no porque se desconfíe de la integridad del profesional involucrado, sino porque tiene en cuenta que existen factores psicológicos propios de la naturaleza humana que pueden atentar contra la objetividad (...) Del mismo modo, si la persona que tiene la obligación de administrar una rueda de reconocimientos conoce cuál de las personas que forman la rueda es el sospechoso, puede –sin quererlo– influenciar el proceso de identificación mediante actitudes o conductas verbales o no verbales..."[308]

---

[308] The Justice Project. Eyewitness Identification. A policy Review, pág. 7, 8; Eyewitness Identification Procedures: Recommendations for Line-ups and photo spread, Gary Wells, 22 Law & Human Behaviour, 603, 605 Año 1998.

La explicación científica de dichas propuestas resulta más que elocuente, y convincente, según mi modesta opinión, por lo que deberían de ser aplicadas por nuestra legislación.

2°) Adecuada composición de las personas utilizadas como rellenos o *fillers* en las ruedas de reconocimiento:
Debe tenerse en cuenta lo que se conoce –dentro del ámbito del derecho anglosajón– como "teoría de los juicios relativos" (*relative judgement theories*), esto significa, que: "... El testigo cuando ve una rueda de reconocimiento simultáneas –o sea cuando se exhiben a las personas de una sola vez y todas juntas– tiende a realizar un juicio o decisión por la cual elige a la persona que más se parece al perpetrador. Esto resulta problemático, en especial, cuando la rueda de reconocimiento, sólo contiene personas inocentes..."[309]
En contraposición a los juicios relativos, están los juicios u opiniones absolutas, o sea aquellos en los cuales: "... el testigo ocular compara cada grupo de personas que les son presentadas para reconocer, con la imagen que el testigo tiene en su memoria del presunto responsable del delito..."[310]
Al respecto las investigaciones han demostrado, que el empleo efectivo de personas de relleno, en la composición de ruedas de reconocimiento, disminuye de forma significativa la tendencia a realizar estos juicios relativos.
Para ello se aconseja que las personas que no son sospechosas de haber cometido el delito, usadas como rellenos o "*fillers*" –según su denominación en ingles–, en las ruedas de

[309] The Justice Project, Eyewitness Identification, A policy Review, pág. 7, 8; y Eyewitness Identification Procedures: Recommendations for Line-ups and photo spread, Gary Wells, 22 Law & Human Behaviour, 603, 605 year 1998.
[310] The Justice Project, Eyewitness Identification, A policy Review, pág. 7, 8; y Eyewitness Identification Procedures: Recommendations for Line-ups and photo spread, Gary Wells, 22 Law & Human Behaviour, 603, 605 year 1998.

reconocimiento; deben tener semejanzas física o exteriores importantes, con la descripción que el testigo o la víctima hayan dado respecto del perpetrador o supuesto delincuente.

Si el testigo o la víctima, NO ha dado descripción física del sospechoso, todos los individuos empleados de rellenos de las ruedas de reconocimiento, deben ser parecidos físicamente al sospechoso.

Además en dichas ruedas de reconocimiento el perpetrador, o sospechoso NO debe sobresalir, NI destacarse entre los demás individuos que forman parte de la misma (por ejemplo: El sospechoso no debe ser el único miembro de un determinado grupo racial del grupo, o el único con barba, o con cabello claro, o demasiado alto, o muy gordo, o muy petiso, o el único rengo, etcétera), por alguna particularidad física exterior visible.

Los testigos –en caso de ser varios–, NO deben ver más de una rueda de reconocimiento con el mismo sospechoso, si es que, alguno de ellos reconoció al mismo.

3°) Instrucciones que deben darse a los testigos antes del inicio de la rueda de reconocimiento:

La persona o testigo que participa de la rueda de reconocimiento debe ser informada antes de realizar el reconocimiento, de que el presunto responsable o perpetrador puede estar, o puede no estar en dicha rueda de reconocimiento.

Se le debe comunicar que independientemente de cuál sea el resultado del reconocimiento la investigación ha de continuar; también debe ser advertido de que NO tiene que mirar al policía o al funcionario que administra la rueda de reconocimiento para solicitar guía, o consejo al respecto.

Por último, se debe informar al testigo que NO está obligado a realizar una identificación si no está seguro de ello; y que NO debe discutir o comentar los resultados del procedimiento con otros posibles testigos, y/o con la prensa o con los medios de comunicación.

Según evidencia científica, existe una tendencia natural del testigo a sentirse presionado, a realizar un reconocimiento, ello porque piensan, que las personas que les son exhibidas al menos son sospechosos de haber cometido algún ilícito. Sensación que se potencia, cuando se exhibe a los sospechosos esposados, o con grilletes.

Además, se aplica, al respecto lo manifestado *ut supra*, respecto previas tienden a evitar estos.

4°) Manifestación o declaración de confianza o de certeza del reconocimiento realizado:

Inmediatamente luego de practicada la rueda de reconocimiento, se aconseja que el testigo realice una manifestación por escrito, y con sus propias palabras, sobre el nivel de confianza o seguridad con el que ha practicado el reconocimiento.

Por ejemplo debe hacer constar: Si está absolutamente seguro de que la persona que le fue exhibida fue el verdadero responsable; o bien que exprese que la persona se parece al perpetrador; que diga que el individuo no se asemeja en absoluto al responsable; etcétera.

La Corte Suprema de los Estados Unidos, explícitamente incorporó a la confianza o seguridad exhibida por el testigo durante el reconocimiento, como uno de los cinco factores que deben de ser considerados o analizados, cuando se realizan juzgamientos o sentencias sobre la precisión o certeza de la identificación realizada por un testigo.

Textualmente el máximo tribunal de los Estados Unidos, en el precedente Neil vs. Biggers, dijo: "... Los factores que deben ser considerados al evaluar la posibilidad de una identificación errónea incluyen a: la oportunidad del testigo de ver al criminal al momento de cometerse el delito; el grado de atención exhibido por el testigo; la precisión de la descripción previa que se diera del presunto criminal; el nivel de certeza o seguridad demostrado por el testigo cuando se lo confrontó con el delincuente; y el tiempo transcurrido entre el momento del crimen y la confrontación con el supuesto autor...".[311]

Por estas importantes razones científicas y legales, es que se aconseja se haga constar por escrito el grado de confianza, que el testigo tiene, sobre la identificación que realizo, durante la rueda de reconocimientos.

5°) Grabación por medio de grabación fonográfica y/o filmación de la rueda de reconocimiento:

El procedimiento identificatorio, debería ser filmado, o grabado, para dar una mayor certeza y probidad a dicho acto procesal.

Esto le da una garantía de protección a favor del imputado sobre cualquier tipo de inconducta que pueda exhibir el sujeto encargado de administrar la rueda de reconocimiento, también le da protección a la imparcialidad y legalidad del procedimiento.

Es también, es un elemento de mucha fuerza, y convicción para la fiscalía, cuando argumente o alegue ante el Juez o el tribunal de la causa.

El proyecto de Código de Procedimientos Penales, prevé que se tome una fotografía, pero consideramos, que es más seguro, e importante el grabar dicha rueda, por medio de filmación o videograbación.

A su vez, dejar constancia por medio de filmación o grabación de este tipo de prueba, sirve para evitar que la Policía, sea acusada de haber cometidos abusos, o improperios en perjuicio del imputado (con los consecuentes perjuicios económicos, y políticos que esto le apareja al Estado Provincial, tal y como lo expresamos *ut supra*).

---

[311] USSC, Ver precedente Neil v. Biggers, 1972, pp. 201, 202

6°) Ruedas de Reconocimiento secuenciales:
Está probado con evidencia suficiente que la presentación de ruedas de reconocimiento secuenciales (Un sujeto que se exhibe después de otro, y así sucesivamente), decrecen la posibilidad de que personas inocentes sean condenadas o reconocidas como posibles autores del hechos delictivos.

En contraposición a las denominadas ruedas de reconocimiento simultaneas (en las cuales se exhibe a todas las personas de una sola vez).

Ello porque la exhibición de personas en forma simultánea (en las ruedas de reconocimiento) hace que los testigos tiendan a escoger si o si, a la persona que se parece más al perpetrador, o sospechoso, aunque de hecho el verdadero responsable no se encuentre presente en dichas ruedas de reconocimiento.

"The Innocence Project", aconseja vehementemente la realización de "ruedas de reconocimiento secuenciales, llevadas a cabo a ciegas, o sea, mediante el sistema denominado *blind administrator*.

Un proyecto piloto llevado a cabo en Hennepin County, Minnesota, Estados Unidos, demostró que con este tipo de procedimiento se escogieron menos rellenos –personas inocentes–, empleados en las ruedas de reconocimientos (ver al respecto: "Improving Eyewitness Identifications: Hennepin County's Blind Sequential Lineup Pilot Project", 4 Cardozo Pub., L. Pol. & Ethics J., 381, 410, Año 2006).

En los Estados Unidos, la policía habitualmente emplea dos métodos de reconocimiento: o bien realiza una rueda en vivo, o exhibe fotografías de sospechosos, para determinar el presunto autor del delito.

En ambos casos, quién generalmente las conduce es el mismo investigador de la causa; cuando lo correcto es que las administre debería ser alguien imparcial, o ajeno a la investigación propiamente dicha. Esta persona inclusive no debería tener información alguna sobre el hecho investigado.

Como si fuera poco, en nuestra realidad judicial y policial, quien realiza los reconocimientos JAMÁS le da información adecuada y precisa al testigo sobre el hecho que está por experimentar, lo correcto sería que el administrador le informe al testigo que el sospechoso puede estar o no estar en la mencionada rueda de reconocimiento; además debería pedirle al testigo que se abstenga de mirar al administrador del reconocimiento en búsqueda de información, etcétera.

Lo que resulta altamente estresante para la víctima, o el testigo, en razón de lo cual en muchas ocasiones se cometen errores, causados por el deseo de la víctima de identificar a alguien a toda costa, o a veces también, porque la Policía –en forma intencional o no– le da pistas o sugerencias al testigo de quien podría ser el verdadero responsable del evento investigado.

A las propuestas brindadas por dicha institución he de adicionar en forma genérica algunas otras, muchas de las cuales están implícitas en las sugerencias que brindan los organismos a los que hice referencia con anterioridad, entre las cuales destaco a las siguientes:

7°) Preparación adecuada del personal judicial y/o personal policial, que tengan a su cargo la recepción por vía telefónica de denuncias de hechos delictivos. Capacitación de los encargados de las tareas de investigación y represión del delito:

Esta es quizás la más importante tarea, a la que se debe abocar nuestra policía provincial. Se debe preparar, adecuadamente, a todos los participes en la represión del delito, empezando por los telefonistas, que reciben denuncias, hasta el investigador u oficial a cargo de realizar las ruedas de reconocimiento.

De ese modo será posible recibir con mayor precisión los datos del evento, sobre el propio denunciante, y el posible autor del delito;

Luego, con la capacitación adecuada del personal encargado de recibir, y proteger las pruebas, y de investigar los hechos, podremos tener más adecuadas y consistentes investigaciones.

8°) Minimizar factores que puedan influir en la identificación realizada por el testigo:
Entre otros factores –muchos de los cuales han sido enunciados en forma específica más arriba– importantes que influyen en la identificación realizada por el testigo, y la información que el mismo brinda *a posteriori*, considero los siguientes:
a) Lugar adecuado, confortable, cómodo, y tranquilo en el que se pueda llevar a cabo la práctica del reconocimiento, preferiblemente que no sea una dependencia policial; b) Se aconseja que el administrador de la rueda de reconocimientos NO tenga ningún tipo de reacción o comunicación verbal o no verbal, respecto de la elección o actitud asumida por el testigo durante el reconocimiento; c) Impedir que el testigo vea al sospechoso llegar esposado, o en el vehículo policial al lugar en donde se lleve a cabo la práctica; d) Practicar el reconocimiento, lo más pronto posible; d) Brindar de viva voz, y hacer constar por medios escritos y visibles las instrucciones previas al reconocimiento.

9°) Grabación de toda declaración prestada por el testigo, y exigencias en la forma de formular las preguntas:
Las preguntas que formule el personal policial, serán abiertas, evitando preguntas sugestivas, indicativas o capciosas (Esto si está previsto en el nuevo código, pero la única forma de controlar el tenor, y la forma en que se formularon las preguntas es grabando o mejor aún filmando el acto del interrogatorio).
Todo el acto será grabado, por medio de filmación o grabación (Prefiero desde todo punto de vista la filmación, porque permite ver el lenguaje corporal del entrevistador y de los testigos), en lugares apropiados, esto significa que las dependen-

cias policiales o los lugares en donde se reciba el testimonio deben tener el confort, y la comodidad adecuadas.

Aunque no parezca importante, todos estos factores, influyen en la información que se puede obtener, y la veracidad de la misma.

10°) Sugerencias cuando se realicen ruedas de reconocimiento mediante la utilización o empleo de fotografías:

Cuando se realicen ruedas de reconocimientos por medio de fotografías, se emplearan fotos del mismo tipo, tamaño, y color.

Además dichas fotografías, serán en lo posible, actualizadas. Esto permitirá tener acceso a la fisonomía actual de los sospechosos.

Es increíble pero, muchas de las fotos que poseen los archivos policiales, no son actualizadas, sino que son de fecha muy anterior al momento en que se practica el reconocimiento, y en general en color blanco y negro.

11°) Hipnosis:

En casos extremos, en donde no exista evidencia alguna, ni sospechoso en la causa judicial, y por ello la investigación se encuentre estancada, se podrá recurrir a la hipnosis –siempre y cuando los testigos del evento lo acepten– como mecanismo para mejorar la concentración, y eventualmente obtención de mayor información para la investigación del delito.

En dicho supuesto, el encargado de practicar la hipnosis, será una persona con certificación de capacidad suficiente, y con fiscalización judicial directa.

Considero que los medios extremos de auxilio a la investigación (tal y como es la hipnosis), no deberían ser descartados, porque a veces, es la única pista, o indicio posible, con el que puede llegar a contar la policía.

12°) Eliminación de informantes, soplones, o testigos privados de su libertad o condenados:

No tendrán valor las declaraciones, que brindaren los soplones, informantes, o testigos que estuvieren privados de su libertad, o condenados penalmente, sobre algún hecho delictivo, como tampoco serán validas las actuaciones que se inicien a raíz de dichas expresiones.

En este caso según "The Innocence Project", aproximadamente poco más del 15% de las condenas erróneas, que *a posteriori* fueron revocadas mediante pruebas de ADN, se debieron a que informantes, soplones, testigos que están detenidos o condenados declararon en contra de los imputados.

Ello se demostró, porque dichas personas: a) Recibieron dinero para declarar; b) Declararon a cambio de ser liberados de prisión;

13°) Declaración del imputado, o sospechoso privado de su libertad:

Toda y/o cualquier declaración que prestara el sospechoso, y/o el imputado, mientras se encuentre privado de su libertad, o en cualquier acto de comparecer a la sede policial, y/o judicial, será grabada, por medio de filmaciones y/o grabaciones sonoras.

En caso de que el Estado no posea los medios adecuados, para proveer a la filmación y/o grabación de dichas entrevistas, el imputado podrá solventar y /o cargar con los costos de dicha filmación o grabación.

Las entrevistas serán breves, realizadas en forma amable, y el entrevistador no podrá realizar preguntas capciosas, ni directivas, ni indicativas. Toda entrevista debe contar —bajo pena de nulidad— con la asistencia letrada del defensor del imputado.

La razón esencial para que se graven todas las declaraciones que presta el sospechoso, sea ante la Policía, o ante el Juez de la causa, es la garantía de imparcialidad y debido proceso. Ambas garantizadas por nuestra Constitución Nacional, y Provincial, además de todos los tratados internacionales con fuerza de tales.

Muchas veces, durante el interrogatorio, el sospechoso, puede sentirse intimidado por las fuerzas de seguridad, o bien puede haberse visto sometido al uso de la fuerza, el cansancio, el estrés, o el miedo, todas estas circunstancias pueden contribuir a que el mismo, confiese haber cometido un ilícito del que no es responsable; o bien; a que brinde indicios o información inexacta para que cesen las situaciones de intimidación.

En nuestro país, es muy bajo, el porcentaje de confesiones falsas, pero en los Estados Unidos, casi el 25 % de las condenas erróneas, se debió a falsas confesiones (El restante 75% se debió a la prueba de testigos).

14°) Creación de un organismo, o entidad –dentro del poder judicial o la policía– encargado de preservar adecuadamente, la evidencia biológica, y demás elementos de prueba de hechos delictivos:

En este caso la supuesta policía judicial, cuya creación, se sugiere en el Código de Procedimientos Penales, podría ser el encargado de tener a cargo la protección y mantenimiento de esta evidencia biológica, y de las demás pruebas colectadas durante la investigación.

15°) Grabación y archivo por medio de filmación –en lo posible– o grabación de todo acto procesal:

Todo acto procesal llevado a cabo por la policía (acta circunstanciada, autopsia, declaración de testigos del hecho, declaración y aprehensión del imputado, escena del hecho, etcétera), será grabada por medio de video filmación y/o filmación.

Esto –tal y como se ha manifestado antes– garantiza el debido proceso, el derecho de defensa, y hasta el principio de inocencia, que establece nuestra constitución.

Además implica grandes beneficios económicos para el Estado Provincial, entre los que podemos mencionar a los siguientes: a) No se necesita que los oficiales preparen un reporte mediante notas; b) No existirían omisiones importantes; c) Se protege así a los oficiales, y al Estado Provincial, de reclamos y/o eventuales demandas por abuso o muertes dentro de los centros de detención (ver casos Manzoni, Ibáñez, Cuellar, Titi Guerra, etcétera); d) Es prueba más importante y fuerte, para obtener condenas criminales; e) Se ahorra tiempo; y se puede mejorar la distribución de tareas de las fuerzas de seguridad.

Sin perjuicio de las propuestas concretas y sucintas que se mencionan *ut supra*, he decidido comentar algunas de las sugerencias brindadas por dichos informes (en especial el primero de los nombrados, que trata sobre el procedimiento policial aconsejado), que se podrían aplicar al proyecto de código procesal penal de Jujuy, en especial en la parte de la recepción de la prueba de testigos, rueda de reconocimientos y declaración del imputado.

3.2) Sugerencias en concreto brindadas por el Departamento de Justicia de los Estados Unidos (US Department of Justice) que podrían ser analizadas y aplicadas para el Proyecto de Reforma del Código Procesal Penal de la Provincia de Jujuy

Las sugerencias concretas que brinda dicho organismo a través de las obras analizadas (en especial dos trabajos: "Eyewitness Evidence. A guide for law enforcement"; y "Convicted by Juries, Exonerated by Science: Case studies in the Use of DNA Evidence to establish innocence after trial"), cuentan con el respaldo intelectual de los autores citados *ut supra*, y muchos otros especialistas en materia de la memoria, y abarcan todo el proceso investigativo llevado a cabo por las fuerzas de seguridad desde el momento mismo del inicio de la investigación de los delitos.

Por ello, las instrucciones que brinda dicho manual, son muy completas y se inician con el instante en que se produce el delito, y comunica a las fuerzas de seguridad (generalmente por vía telefónica) el suceso, por parte de algún particular que tomo conocimiento del mismo, o la víctima;

Continúa con un análisis detallado de cómo deben actuar las fuerzas de seguridad cuando arriban al lugar en que se produjo el evento; la forma en que se deben asegurar las pruebas obrantes en el lugar y el trato que deben brindar a las víctimas y testigos oculares; por último el manual finaliza con sugerencias respecto de cómo debe ser el acto de la declaración del testigo en sede judicial, y reconocimiento. Si es que resulta necesario, del o de los presuntos responsables del evento.

El primer libro analizado (Eyewitness Evidence. A guide for law enforcement), es en sí un manual que pretende hacer de guía o brindar pautas a seguir por las fuerzas de seguridad, para la recolección y preservación de la prueba de testigos en cualquier tipo de procedimiento policial.

Aclaro, que las sugerencias que dichos libros realizan no son transcriptas literalmente, sino en forma genérica, sin respetar los lineamientos específicos, y secuenciales establecidos en dicha reglamentación, sin transcripciones integras, ni medulosas de cada paso del procedimiento.

Se hace una síntesis de lo que consideró es más importante y trascendente sobre cada paso del proceso de recolección y preservación de la prueba de testigos.

3.2.1) De la Recepción o Respuesta a las llamadas de emergencia por parte de las fuerzas de seguridad. Pautas de acción:

En primer lugar, se aconseja que la persona (policía) que tenga a su cargo el responder las llamadas de emergencia (en los Estados Unidos, e incluso en nuestra vecina provincia de Salta, el numero de emergencias es el 911), debe tratar de obtener por métodos no sugestivos, la más completa y precisa información respecto de quien llama; sobre el evento en sí; y una descripción o identidad del presunto participe del hecho delictivo en caso de ser posible.

Luego el telefonista debe realizar preguntas abiertas al denunciante (por ejemplo si se trata de una denuncia por un accidente de tránsito, la pregunta puede ser la siguiente: ¿Qué me puede decir sobre el vehículo? ¿De qué color eran los vehículos que participaron de la colisión?); las preguntas NO deben ser sugestivas y/o indicativas.

A posteriori, el telefonista especialmente entrenado para dicha función debe transmitir la información obtenida al oficial que debe acudir al lugar en donde se cometió el ilícito.

3.2.2) Investigación de la Escena del Crimen:

Una vez que el funcionario policial arriba al lugar, es su deber preservar y documentar íntegramente la escena del crimen, incluyendo la información sobre los posibles testigos oculares, y la evidencia física que pueda existir en el lugar.

Para facilitar el trabajo –en mi opinión–, sería importante que el mismo cuente con una cámara de fotos, o una filmadora, o bien, que se apersonen con personal policial especialmente entrenado para realizar dichas tareas, a modo estadístico, cabe acotar que –por ejemplo– en la ciudad de Perico, la cantidad de accidentes de tránsito y hechos delictivos diarios NO excede –en un promedio–, de cuatro o cinco incidentes.

De igual modo es prioritario, la atención de las posibles víctimas del hecho delictivo, por lo que dicha función es la primera que debe de realizar.

Luego el manual analizado, aconseja que el policía cumpla con los siguientes procedimientos:

1°) Identificar u obtener una descripción del presunto perpetrador, posible ubicación del mismo, y detener o arrestar al presunto autor del delito –si es que aún sigue en la escena del delito;

2°) Determinar y clasificar el hecho delictivo sucedido según su encuadramiento legal;

3°) Transmitir una detallada descripción del incidente, del presunto autor, de los testigos, etcétera;

4°) Verificar la identidad del y/o de los testigos;

5) Separar a los testigos e instruirlos para que no discutan detalles del incidente entre sí. Esto es vital, y NUNCA se realiza en nuestra jurisdicción;

6°) Recorrer el área circundante al lugar del evento, en búsqueda de información o de más testigos.

He de comentar que la separación de los testigos, y la instrucción a estos para que no hablen entre sí, es una tarea que NUNCA se realiza en Jujuy. En donde por el contrario, la gente que vio por ejemplo un accidente de tránsito, se queda comentando entre sí lo sucedido, o habla por teléfono (generalmente empleando un teléfono celular) con algún familiar para comentar el evento, mientras la policía llega e investiga el evento.

La finalidad esencial, de esta medida, es evitar que las personas se influencien entre sí, o que se produzca una alteración o modificación de los recuerdos a causa de estos comentarios.

3.2.3) Obtención de información por parte de los testigos o víctimas:

Luego, una vez que el policía procede a entrevistar a los testigos, el mismo debe seguir los siguientes pasos:

1°) Debe tratar de establecer una relación de simpatía o afabilidad para con el testigo. No como usualmente actúa nuestra Policía, que en muchos casos trata de mal modo, y hasta en forma prepotente, y poco considerada, a los testigos oculares, lo que resulta ser una de las principales razones por las cuales muchas personas no desean atestiguar ni colaborar en sede policial y/o judicial;

2°) Preguntar sobre la identidad y condición del testigo;

3°) Realizar preguntas abiertas (por ejemplo: ¿Qué me puede comentar sobre el incidente?), evitando preguntas sugestivas y/o indicativas;

4°) Clarificar –en lo posible– la información recibida por los testigos;

5°) Documentar la información obtenida de los testigos, incluyendo la descripción e identidad completa del testigo, en el informe respectivo;

6°) Sugerir a los testigos a que se contacten con los investigadores, en caso de recordar cualquier otro tipo de información sobre el incidente;

7°) Aconsejar a los testigos para que eviten tener contacto entre sí –en caso de existir más de un testigo– o con la prensa, o medios de difusión en general, evitando exponerse a declarar ante los medios sobre el incidente;

8°) Instruir a los testigos para que eviten discutir los detalles del incidente con otros potenciales testigos del hecho, en caso de existir más de un testigo.

Si bien, no está previsto, en el informe, sería muy importante, que la Policía, a través del departamento correspondiente acudiera al lugar de los hechos, con el material adecuado para filmar, y fotografiar toda la escena del crimen, y en lo posible, hasta la identidad de los testigos oculares (tal y como lo expresamos *ut supra*).

Como vemos, aunque muchas sugerencias del reporte, son básicas, muchas de ellas no se cumplen en nuestro medio (Por ejemplo: En los casos de secuestros extorsivos los primeros que declaran ante la prensa, son las víctimas del secuestro, algo ilógico, y además, la policía –en ningún lugar del país– toma los recaudos de evitar el contacto y/o que los testigos conversen entre sí. Digo esto mientras estoy viendo el caso del secuestro del empresario en Buenos Aires cuyo rescate se pagó en la costa bonaerense).

3.2.4) Exhibición de libros con fotografías de sospechosos. Elaboración de una descripción física del perpetrador:

En una segunda etapa dicho manual sugiere la exhibición de fotos de personas con antecedentes penales (Según su denominación en inglés *"Preparing mug books"*), a los testigos oculares.

Este procedimiento sólo debe emplearse en los casos en donde el sospechoso aún no ha sido identificado, y no existen otras fuentes confiables.

Este tipo de procedimientos, para no ser sugestivo debe cumplir una serie de recaudos tales y como:

1°) Exhibir fotografías de los sospechosos que sean del mismo formato, color, y tamaño. A veces la sola circunstancia de que una fotografía se destaque en relación con otras, por la razón que fuere, provoca una sugestibilidad en el testigo, y hace posible que *a posteriori* sea escogida con más facilidad;

2°) Seleccionar fotografías de individuos con características físicas similares o semejantes (ejemplo: Personas de la misma raza, de la misma edad, del mismo sexo, etcétera);

3°) Agrupar las fotografías por tipo de hecho delictivo (homicidas, abusadores sexuales, etcétera);

4°) Aconsejar que las fotografías exhibidas sean actualizadas. No demasiado antiguas porque la fisonomía del sujeto podría haberse modificado;

5°) Aconsejar que sólo una fotografía de cada individuo conste en los libros exhibidos. La exhibición reiterada de la fotografía de una misma persona, puede provocar una sugestibilidad en el testigo.

También en este caso estime –aunque el reporte no lo aconseja–, que sería de mucha utilidad la grabación por medios fonográficos, y/o –mejor aún– fílmicos de dichas entrevistas, para garantizar la claridad, debido proceso, y defensa del o los responsables.

Sería muy importante que se empleen computadoras, previamente cargadas con los archivos digitalizados, y actualizados de los sospechoso –preferiblemente cargadas de acuerdo al tipo de delitos estudiados– para serles exhibidas a los testigos.

También sería más que importante que quién tiene a su cargo, la realización de esta tarea, sea alguien ajeno, o que desconozca la identidad de sospechoso alguno.

3.2.5) Elaboración de dibujos del rostro o aspecto físico del o de los presuntos autores del hecho delictivo.

Esta técnica es muy importante en aquellos casos en donde aún no se ha podido aprehender a ningún sospechoso.

Para ello el técnico encargado de desarrollar dichos dibujos debe:

1°) Pedirle al testigo que de una descripción del perpetrador;

2°) Seleccionar el procedimiento a emplear de los que estén disponibles (ejemplo: Identikit, dibujo artístico, imágenes generadas por computadoras, etcétera);

3°) Evitar mostrar al testigo fotografías de personas, justo antes de realizar los dibujos;

4°) Realizar el procedimiento en un ambiente en donde se eviten las distracciones;

5°) Conducir el procedimiento en caso de ser necesario –si son varios los testigos–, con cada testigo por separado;

6°) Determinar junto con el testigo si el dibujo es similar o semejante al verdadero perpetrador del hecho investigado.

Tanto en el caso de que la Policía, le exhiba fotografías de personas, y/o le solicite le dé una descripción del sospechoso, para ser representada por medio de una imagen o dibujo, es obligación de esta darle una información detallada al testigo sobre el procedimiento a llevarse a cabo.

Para ello se aconseja lo siguiente:

1°) Darle la información sin que existan otras personas presentes;

2°) Describir que los *mug books* sólo poseen una colección de fotografías;

3°) Informar al testigo que la persona que cometió el delito, puede estar o puede no estar en las fotografías que se le exhiben;

4°) Aconsejar al testigo para que trate de volver hacia atrás en el recuerdo, y luego trate de recordar el evento, y su estado de ánimo al presenciar el hecho;

5°) Informarle al testigo que seleccione una fotografía sólo si puede reconocer a la persona involucrada; y que explique cómo y/o porque;

6°) Asegurarle al testigo que aunque el mismo haga o no logre realizar una identificación la investigación ha de continuar;

7°) Informarle al testigo que el procedimiento requiere que el testigo indique con sus propias palabras, cuan seguro esta de la identificación que ha realizado.

Además se aconseja, dejar constancia por escrito sobre el grado de certeza, o seguridad con el que ha realizado el reconocimiento del presunto responsable.

Se aconseja la documentación de todo el procedimiento llevado a cabo por las fuerzas de seguridad. Para ello se debe dejar constancia por escrito del procedimiento de identificación empleado, documentar los resultados del procedimiento, incluyendo las manifestaciones verbales del testigo.

Luego de esta investigación y entrevista preliminar con el testigo, se pasa a una segunda entrevista con el mismo.

3.2.6) Preparación de la entrevista preliminar con el testigo:

La preparación para la entrevista con el testigo maximiza la efectividad del testimonio que el mismo pueda brindar sobre el hecho investigado.

Para ello el investigador debe estudiar toda la información disponible, con carácter previo, a la conversación con el testigo o la víctima del hecho delictivo investigado.

Luego de lo cual el investigador debe:

1°) Rever y en lo posible estudiar toda la información disponible;

2°) Llevar a cabo la entrevista tan pronto como el testigo se encuentra capacitado física y psíquicamente;

3°) Seleccionar un ambiente que minimice las distracciones, manteniendo el nivel de confort del testigo;

4°) Asegurar la existencia de equipamiento adecuado para llevar a cabo la entrevista (En lo posible papel para anotaciones, grabador, filmación de la entrevista, etcétera);

5°) Determinar el grado de madurez del testigo, con carácter previo a la entrevista. Es decir si el mismo, es menor o mayor de edad, si es plenamente capaz, o tiene alguna discapacidad, etcétera.

3.2.7) Realización de la entrevista con el testigo:

Se debe tener en cuenta que un testigo que se encuentra cómodo, y tranquilo provee mayor información que alguien que no lo está.

Para ello, con carácter previo a la charla, el investigador debe ganarse la voluntad del testigo siendo amable, considerado, etcétera; debe preguntar sobre la naturaleza del testigo con carácter previo a la entrevista; y no debe dar ningún tipo de información sobre el sospechoso involucrado en el evento. Es importante que el policía a cargo de entrevistar a los testigos, tenga la preparación adecuada en técnicas de psicología para lograr esta finalidad de ganarse la confianza del testigo, para llevar a cabo en forma adecuada dichas conversaciones.

Por ello, para garantizar la imparcialidad, y debido proceso del imputado es importante que la entrevista con el testigo sea grabada, o mejor aun filmada (tal y como es en muchos lugares –provincias, estados, o como se denominen en cada país– de diversos países del mundo: Inglaterra, Estados Unidos, Canadá, Australia, Francia y otros, lo que es visible a través de la televisión, y no requiere demasiada investigación al respecto. Ver canal infinito, Discovery Channel, History Channel, etcétera), evitando así cualquier tipo de inconducta, por parte del investigador.

Durante la entrevista el investigador debe:

1°) Darle confianza al testigo para que voluntariamente brinde información sin incitarlo, ni sugestionarlo;

2°) Aconsejarle que brinde todo los detalles sobre el evento, aunque parezcan triviales;

3°) Realizar preguntas abiertas (ejemplo: ¿Qué me puede decir sobre el suceso?), que puedan ser ampliadas con preguntas especificas (ejemplo: ¿De qué color era el vehículo?; 4°) Evitar preguntas sugestivas o indicativas;

5°) Prevenir al testigo de que NO debe elegir y/o contestar al azar;

6°) Pedirle al testigo que mentalmente recree las circunstancias del evento;

7°) Pedirle al testigo que emplee si lo desea comunicación no verbal (Por medio de dibujos, gestos, objetos, etcétera);

8°) Evitar interrumpir al testigo;

9°) Pedirle al testigo que se contacte con los investigadores cuando recuerde más información;

10°) Informar al testigo que debe evitar discutir o conversar detalles del incidente con otros potenciales testigos;

11°) Informar y aconsejar al testigo para que evite contacto con los medios de comunicación o la prensa en general, para hablar sobre el incidente;

12°) Agradecer al testigo por su cooperación.

Se aconseja documentar en forma escrita, pero mejor aún mediante la grabación o filmación completa los dichos del testigo, para reflejar toda la información obtenida y preservar así la integridad de la evidencia.

Luego el investigador debe analizar los dichos del testigo, para ver si es coherente y consistente, y comparar dicha declaración con las demás prestadas, y con el resto de la prueba existente en la causa. Es bueno que el investigador siga en contacto con el testigo, por si recuerda alguna otra información adicional.

3.2.8) Procedimientos de identificación individuales (*Showups*)

Cuando las circunstancias lo requieren, es posible exhibir a un solo sospechoso al testigo. Exhibir a un solo sospechoso al testigo, es lo que se denominad *showup*, en el derecho anglosajón.

Si bien el procedimiento es *per se* un poco sugestivo, se puede reducir la sugestividad mediante algunos mecanismos.

Cabe agregar, que según la organización "The Innocence Project" –opinión que comparto– sostiene que este dicho de identificaciones NO debe realizarse, por ser altamente sugestivas.

En nuestro medio, este tipo de procesos de identificación individual, es muy común, y en los hechos, se desarrolla del siguiente modo: El investigador, hace comparecer por la fuerza al detenido, generalmente esposado, y con muy mal aspecto (sucio, desaliñado, con mal aliento, y mal olor en general; etcétera), en razón de haber sufrido varios días de detención; por ante la víctima, o algún testigo ocular, y le pregunta si lo reconoce, como el participe del evento investigado.

Los consejos que brinda el tabajo analizado, son los siguientes: La persona u oficial, encargado de llevar adelante la exhibición del presunto responsable del hecho delictivo, al testigo o a la víctima, debe de respetar las siguientes pautas:

1°) Determinar y documentar –con carácter previo a la exhibición del sujeto– una descripción pormenorizada del individuo que ha de ser exhibido;

2°) Se aconseja trasladar al testigo al lugar en que se encuentra el detenido para reducir el impacto de la detención; en lo posible evitar que el mismo sea exhibido con esposas o grilletes, o cualquier otro mecanismo para liminar su libertad de movimiento;

3°) Cuando existen varios testigos se aconseja: a) Separar a los testigos e informarlos para que NO discutan detalles del incidente con otros testigos, b) Si se obtiene una identificación positiva de alguno de los testigos, se aconseja el empleo de otros medios de identificación para los restantes testigos oculares.

4°) Prevenir al testigo de que la persona que se le exhibe puede que sea, o no sea, el perpetrador o delincuente;

5°) Obtener y documentar una declaración de certeza sobre la identificación o no del presunto responsable.

Se aconseja se deje constancia por medios adecuados (acta, filmación, grabación, etcétera) de los resultados de la identificación individual de algún sospechoso.

3.2.9) Procedimientos de identificación de sospechosos. Ruedas de Reconocimientos Fotográficos, y Ruedas de Reconocimientos en Vivo:

Se aconseja la elaboración de ruedas de reconocimiento justas, para que sea factible una adecuada y precisa identificación del presunto responsable.

Las ruedas de reconocimiento más comunes, son los reconocimientos fotográficos, y los reconocimientos en vivo.

El manual analizado trae una serie de recomendaciones a implementar según se trate de ruedas de reconocimientos fotográficas, y/o ruedas de reconocimientos en vivo, los que serán objeto de análisis y descripción en los capítulos posteriores.

3.2.9.1) Ruedas de Reconocimientos Fotográficos. Recaudos que deben adoptarse:

Cuando se trata de rueda de reconocimientos fotográficos el investigador debe tomar los siguientes recaudos:

1°) Incluir sólo a un sospechoso por cada rueda de reconocimiento;

2°) Seleccionar rellenos (*fillers* –según su término en ingles– o sea personas que ayudan a elaborar el reconocimiento, pero que no han tenido participación en el hecho investigado) que se asemejen a la descripción del perpetrador; cuando no exista una adecuada descripción del perpetrador las personas usadas de relleno deben ser semejantes o parecidas físicamente al sospechoso;

3°) Si existen muchas fotografías del sospechoso, debe escogerse aquella que más se parezca al sospechoso al momento de producirse el incidente, es decir, deben emplearse fotos actualizadas;

4°) Incluir un mínimo de cinco *fillers* o rellenos por cada procedimiento identificatorio –no tres tal y como lo aconseja nuestro proyecto de reforma del Código Procesal Penal local;

5°) Evitar el uso de personas de relleno, que se parezcan demasiado o sean casi idénticas, al sospechoso; de lo contrario, sería muy difícil distinguirlos;

6°) Emplear como relleno a personas que posean similares características físicas con el sospechoso, en especial en relación con características físicas especificas (ejemplo: cicatrices, tatuajes, rengueras, etcétera), o trascendentes;

7°) Se aconseja ubicar al sospechoso en posiciones diferentes en cada línea o rueda de reconocimiento, cuando son varios los testigos que han de tratar de reconocer al sospechoso;

8°) Cuando se exhiba a un nuevo sospechoso, debe evitarse emplear a las mismas personas de relleno empleadas con anterioridad;

9°) Asegurarse de que el testigo no vea o perciba escritos o informaciones sobre arrestos previos o antecedentes penales de los sospechosos que les son exhibidos;

10°) Debe preservarse el orden de los reconocimientos fotográficos, igualmente las fotografías deben preservarse en su condición original. Con los datos de las personas que figuran o salen en las fotos.

3.2.9.2) Ruedas de Reconocimiento en Vivo. Recaudos:

Cuando se realice una rueda de reconocimientos en vivo, el investigador debe:

1°) Incluir sólo un sospechoso por cada procedimiento;

2°) Seleccionar rellenos que encuadren dentro de la descripción del perpetrador, o cuando no exista una descripción precisa del mismo, los rellenos deben tener características físicas similares o semejantes al sospechoso;

3°) Considerar colocar al sospechoso en diferentes lugares en cada línea o rueda de reconocimiento;

4°) Incluir a un mínimo de cuatro personas de relleno por cada procedimiento de identificación;

5°) Cuando se exhiba a un nuevo sospechoso, se debe evitar emplear a las mismas personas usadas como relleno en las exhibiciones anteriores;

6°) Tener en cuenta que no hace falta que los individuos usados como relleno sean idénticos o muy parecidos al sospechoso, tal que resulten difícil de distinguir del sospechoso;

7°) Crear una consistente similitud entre el sospechoso, y los rellenos en relación con características inusuales o específicas del sospechoso (ejemplo: cicatrices, tatuajes, rengueras, falta de algún miembro, etcétera).

3.2.9.3) Información visible y que debe darse con carácter previo a la realización de Ruedas de Reconocimientos Fotográficos:

Se debe informar al testigo, y hacer constar ello, con carácter previo a la realización de los reconocimientos fotográficos sobre los siguientes puntos:

1°) Que se le están por exhibir una serie de fotografías de personas;

2°) Que es tan importante demostrar la inocencia de las personas, como la culpa del responsable;

3°) Que es posible que los individuos exhibidos en las fotografías no se vean idénticos a como lucían cuando se produjo el incidente;

4°) Instruir al testigo de que la persona que ha cometido el delito, puede estar o puede no estar en los juegos de fotografías que se le exhiben; es decir; aclarar que NO está compelido a reconocer sí o sí a alguna persona;

5°) Asegurar al testigo que no obstante se pueda realizar la identificación, la policía va a continuar investigando el incidente;

6°) Instruir al testigo de que el procedimiento requiere que los investigadores le pregunten al testigo para que digan en sus propias palabras, cuanta certeza o grado de seguridad tienen sobre las identificaciones que han realizado.

3.2.9.4) Información a brindarse con carácter previo a la realización de ruedas en vivo:

Con carácter previo a la realización de los reconocimientos en vivo, al testigo se le debe informar sobre los siguientes puntos:

1°) Que se le están por exhibir una serie de personas;

2°) Que es tan importante demostrar la inocencia de las personas, como la culpa del responsable;

3°) Que es posible que los individuos exhibidos en vivo no se vean idénticos a como lucían cuando se produjo el incidente;

4°) Instruir al testigo de que la persona que ha cometido el delito, puede estar o puede no estar en las personas que se le exhiben;

5°) Asegurar al testigo que no obstante se pueda realizar la identificación, la policía va a continuar investigando el incidente;

6°) Instruir al testigo de que el procedimiento requiere que los investigadores le pregunten al testigo para que digan en sus propias palabras, cuanta certeza o grado de seguridad tienen sobre las identificaciones que han de realizar, y se haga constar la respuesta por escrito mediante firma del acto de reconocimiento.

3.2.9.5) Realización del procedimiento de identificación. Fotográfico. En vivo. Simultáneo o Secuencial:

El procedimiento de identificación debe ser realizado de modo que promueva la certidumbre, justicia, y objetividad del proceso de identificación.

Cuando se realice una rueda de reconocimiento fotográfica simultánea, el investigador debe:

1°) Proveer instrucciones visibles para el testigo sobre todo el procedimiento –las que se han reseñado *ut supra* acápite 3.2.9.3) y 3.2.9.4) y demás concordantes;

2°) Asegurarse de que el testigo entiende la naturaleza del procedimiento de reconocimiento;

3°) Evitar decir cualquier cosa o realizar cualquier gesto, que pueda influenciar la selección del testigo;

4°) Si se realiza alguna identificación, se debe evitar comentarle al testigo cualquier tipo de información sobre la persona que ha sido reconocida;

5°) Se debe dejar constancia del proceso de identificación.

Además se deje dejar constancia por escrito –o mejor aún en soportes de grabación sonora o fílmica– de lo siguiente: a) Identificar todas las fotografías empleadas; b) Describir el nombre completo de todas las personas empleadas en la identificación; y c) Estampar la fecha exacta del procedimiento realizado. Se dejen adjuntar las copias de las fotografías exhibidas.

Por último, se debe comunicar al testigo que no debe discutir el procedimiento o los resultados de la identificación, con los otros testigos involucrados en el caso, y con los medios de comunicación.

Cuando se exhiban fotografías, en forma secuencial, el investigador debe:

1°) Proveer instrucciones visibles a los testigos sobre el procedimiento –respecto de las instrucciones detalladas en los acápites 3.2.9.3) y 3.2.9.4), concordantes y coincidentes;

2°) Proveer la siguiente información visible a los testigos: a) Se han de exhibir fotografías individuales una a la vez; b) Las fotografías deben estar ordenada al azar; c) El testigo se debe tomar el tiempo que sea necesario, para tomar su decisión respecto de cada fotografía; d) Todas las fotografías deben ser exhibidas, aunque se realice una identificación, o el procedimiento será detenido cuando –si lo decide la instrucción– se produce una identificación. Esto depende de lo que cada reglamentación pueda decir al respecto, lo más aconsejable, es que se exhiban igualmente todas las fotografías.

3°) Se debe tener la certeza de que el testigo comprende la naturaleza del procedimiento de exhibición secuencial de fotografías;

4°) Se debe presentar cada fotografía en forma separada, previa remoción de las fotografías exhibidas con anterioridad;

5°) Se debe evitar decir cualquier cosa al testigo que pueda influenciar la selección del testigo;

6°) Si se realiza una identificación, se debe evitar realizar cualquier tipo de comentario al testigo, sobre la persona que ha sido identificada;

7°) Se debe dejar constancia por escrito o gravada, de lo que el testigo haya manifestado sobre la certeza de los procesos de identificación;

8°) Se debe dejar por escrito y mediante fotografías o filmación de la rueda fotográfica de reconocimiento incluyendo: a) Información sobre la identificación y sobre las fotos empleadas; b) Nombres completos de las personas presentadas en las fotografías; c) Fecha y horario del procedimiento llevado a cabo.

9°) Se debe informar al testigo de que no debe discutir el procedimiento o sus resultados con otros testigos involucrados en el caso, o con los medios de difusión.

Cuando se realiza una rueda de reconocimientos simultanea. El investigador debe:

1°) Proveer de instrucciones visibles a los testigos. Ídem a los mencionados *ut supra*;

2°) Instruir a todos aquellos que están presentes en la rueda de reconocimiento, a que no sugieran de ningún modo la posición o identidad del sospechoso;

3°) Asegurarse de que las acciones llevadas a cabo dentro de la rueda de reconocimiento (ejemplo: hablar, fumar, moverse, etcétera) sean realizadas por todas las personas que participan de ella –los sospechosos, y también los rellenos;

4°) El policía o funcionario que lleva a cabo el reconocimiento debe evitar decir cualquier cosa que pueda influenciar la selección del testigo;

5°) Si se realiza alguna identificación, se debe evitar comentarle al testigo cualquier tipo de información sobre la persona que ha sido reconocida;

6°) Se debe dejar constancia de la identificación –en caso de producirse–, y el grado de certeza exhibido por el testigo;

7°) Se debe documentar la rueda de reconocimiento, incluyendo la siguiente información: a) Información sobre los participantes del reconocimiento; b) Nombre completo de las personas que participaron de las ruedas de reconocimiento; y c) Fecha y horario en que se realizo el reconocimiento.

8°) Se debe documentar la rueda de reconocimiento, por medio de fotografías o videos; la que debe ser de una calidad mínima que permita y represente el reconocimiento en forma clara y justa;

9°) Se debe instruir al testigo para que NO discuta el procedimiento de identificación con otros testigos involucrados en el caso, y/o para que evite hacer comentarios a la prensa o medios de comunicación.

Cuando se realiza una rueda de reconocimiento secuencial en vivo –que es la mejor forma posible de reconocimiento según "The Innocence Project"–, el investigador o aquella persona que la lleve a cabo debe:

1°) Proveer instrucciones visibles a los testigos, en donde conste que: a) Las personas serán exhibidas una a la vez, b) Los individuos serán presentados en forma desordenada y al azar, c) El testigo tendrá derecho a emplear el tiempo necesario, para hacer su decisión con carácter previo a pasar a mirar al siguiente individuo, d) Si la persona que cometió el delito se encuentra presente, el testigo deberá identificarlo, de lo contrario si no está seguro, no está compelido u obligado a identificar a una persona, e) Puede darse la siguiente situación o bien todas las personas serán presentadas, sin perjuicio de que se formule la identificación o no; y/o el procedimiento finalizara una vez que se produzca la identificación (Según sean las normativas aplicables en tal y/o cual jurisdicción. Reitero mi opinión en el sentido de que todas las personas deben ser exhibidas a los testigos para el reconocimiento). Esto no debería detener el proceso de identificación, y deberián exhibirse igualmente todos los sospechosos al testigo.

2°) Se inicia el acto con instrucciones a los participantes de las ruedas de reconocimiento, previo a que sean vistos por el testigo;

3°) Se ha de solicitar a todas las personas que participen de la rueda de reconocimiento, que no sugieran de ningún modo, la posición o identidad del sospechoso;

4°) Se presentaran al testigo, a las personas en forma individual, en forma predeterminada, y se sacara a las personas una vez que el testigo los pueda ver;

5°) Se ha procurar que todas las personas (que han de ser objeto de investigación) realicen las mismas actividades. Por ejemplo: si alguno de los participes de la rueda esta fumando todos deben hacerlo;

6°) Se evitara decir cualquier cosa al testigo que pueda influenciar la selección realizada por el testigo;

7°) Si alguna identificación se realiza, debe evitarse reportar al testigo cualquier información sobre la persona que ha sido seleccionada como sospechoso;

8°) Se ha de dejar constancia de los resultados del reconocimiento, y se dejara constancia de la certeza manifestada por el testigo;

9°) se documentara el reconocimiento por escrito en donde se hará constar: a) La identificación de todos los participantes de la rueda de reconocimiento, b)El nombre completo de todas las personas presentes en el reconocimiento, c) La fecha y horario en que se ha realizado el reconocimiento.

10°) Se ha de documentar la rueda de reconocimiento, por foto o video (esta última es la más aconsejable de todas). Esta documentación debe ser de una calidad tal que el reconocimiento sea lo suficientemente claro y justo, y pueda ser exhibido *a posteriori* durante el juicio. Luego se debe agregar una copia de la fotografía de los grupos de personas que participaron del reconocimiento (En forma grupal, o individual);

11°) Se instruirá al testigo para que no comente ni discuta los resultados de la misma, con otros testigos del caso, o con los medios de prensa, y/o medios de comunicación.

Por último, se aconseja se hagan constar por escrito, mediante acta, o mediante cualquier otro medio de prueba permanente (la filmación es el mejor medio disponible en mi opinión), los resultados de la identificación llevada a cabo.

Una vez concluido el procedimiento el investigador deberá:

1°) Dejar constancia por escrito las identificaciones o falta de identificación de los presuntos responsables, incluyendo las propias palabras del testigo sobre la certidumbre de los reconocimientos;

2°) Asegurarse de dejar constancia por escrito de los resultados, en donde el testigo haga constar la fecha, y su firma o rubrica respectiva;

3°) Asegurarse de que el testigo no pueda ver otros materiales, o pruebas en donde se hagan constar identificaciones previas;

4°) Asegurarse de que el testigo no escriba ni marque ningún material que pueda ser empleado en posteriores reconocimientos.

Como se puede advertir claramente, el manual analizado, más las sugerencias que brinda la organización no gubernamental "The Innocence Project", con muy valiosas, y deben ser tenidas en cuenta para mejorar el proyecto de código procesal penal de Jujuy, en materia de prueba de testigos, reconocimientos, y declaración del imputado.

Ello porque NADIE sabe lo que sucede detrás de las paredes de una seccional de policía, en donde se encuentra detenido e incomunicado un individuo, por ser sospechoso de un hecho delictivo.

Muchas veces los detenidos sufren enormes abusos físicos y psíquicos (no sólo la tortura física mediante golpes, sino también las presiones sobre su futuro, su familia, su integridad física, etcétera)

Por ello, estimamos de mucha utilidad que estos medios de prueba tan importantes sean adecuadamente resguardados, y protegidos por la ley, recordemos que en los EEUU –según "The Innocence Project"–, la prueba de testigos, y los reconocimientos inadecuados, son los causantes de aproximadamente el 75 % de las condenas injustas cometidas en dicho país.

4. COSTO-BENEFICIO DE LAS MEDIDAS PROPUESTAS. CONCLUSIONES

Sobre la base de las razones citadas *ut supra*, estimamos que los artículos art. 265 (Testigos careos), art. 266 (Obligación de testificar), art. 267 (Facultad de abstención), art. 268 (Deber de abstención), 269, 279 (Comparecencia, arresto inmediato, forma de declaración, tratamiento especial, etcétera); art. 298 (Reconocimientos), art. 299 (Interrogatorio previo), art. 300 (Forma), art. 301 (Pluralidad de reconocimientos), art. 302 (Reconocimiento por fotografías), art. 303 (Reconocimiento de cosas); art. 304 (Declaración del imputado), art. 305 (Libertad de declarar), art. 306 (Interrogatorio de identificación), art. 307 (Intimación y negativa a declarar); art. 308 (Declaración sobre el hecho), art. 309 (Forma del interrogatorio), art. 310 (Acta); art. 311 (Declaraciones separadas), art. 312 y 313 (Ampliación de declaración, y evacuación de citas); art. 372 (Policía Judicial. Actos de la policía judicial), art. 372 (Función), art. 373 (Composición), art. 374 (Subordinación), art. 375 (Atribuciones), art. 376 (Deber de información), art. 377 (Prohibiciones), art. 378 (Comunicación y procedimiento), art. 379 (Sanciones); art. 434 (Declaraciones del imputado); art. 438 (Testigos), art. 444 (Interrogatorio);

Como también cualquier otro artículo relacionado o vinculado con las pruebas respecto de las cuales hemos realizado sugerencias deberían ser analizados, y estudiados, para contener disposiciones que prevean algunas de las sugerencias realizadas en el presente.

Por ello, dichos artículos del proyecto oficial –en mi modesta opinión–, deberían ser modificados para adaptarlos mejor a los avances técnicos y las nuevas tendencias existentes en el ámbito mundial, sobre la memoria de los testigos, sobre la memoria y conducta que exhibe la víctima, sobre la sensación y la memoria que tienen los imputados; para lograr que los dichos de estos sean los más veraces posibles, más objetivos, y así se logren evitar condenas injustas.

No nos olvidemos, que "The Innocence Project", pudo realizar su sueño de lograr la libertad de personas que habían sido condenadas previamente de modo injusto, esencialmente, porque la evidencia orgánica que existía en las causas judiciales –restos de semen del o de los presuntos responsables, restos de sangre del agresor, fibras orgánicas, cabellos recolectados, huellas digitales, etcétera–, había sido adecuadamente recolectada y preservada por las fuerzas de seguridad, pudo ser objeto de análisis mediante pruebas de ADN. Esta evidencia física, reitero, es la que permitió la posterior exoneración de los condenados.

Esta misma evidencia, adecuadamente colectada, y resguardada, ha permitido la condena de famosos, y tremendos criminales en el país del Norte (a título de ejemplo podemos citar el caso del asesino del rio verde "The green river killer", Gary León Ridgeway, quién luego de estar más de 20 años libres, pudo ser condenado sobre la base de pruebas de ADN).

Si pretendemos hacer lo mismo en nuestro país, esto resultaría imposible, porque en las causas judiciales, de vieja o larga data, NO existe evidencia adecuadamente preservada; NO existen protocolos o reglas bien determinadas para la forma en que se deben recolectar restos orgánicos o fibras de cabellos, etcétera

Por ello, sería muy importante una legislación que estableciera pautas bien determinadas para la preservación de la prueba o evidencia de testigos, y para que la misma no sólo sea bien colectada, sino además sea adecuadamente preservada (para así evitar la contaminación de que puede ser objeto, al igual que cualquier otro medio de prueba que se decepciona en el expediente Penal).

En igual medida deberían reverse los artículos 255, 256257, 258, 259, 260, 261, 262, 263, 264, 265, 269 (prueba de testigos, y careos), 288, 293 –prueba de reconocimientos–, 294 y 298 (declaración del imputado), del proyecto de reforma del Código Procesal Penal, adjuntado y elaborado por el Superior Tribunal de Justicia.

Los que casi no tienen modificaciones, con relación al proyecto oficial, y por ende les son aplicables las mismas sugerencias que se hicieron respecto del proyecto oficial.

Ello porque ambos proyectos, restan importancia, y le dan plena fe a los procedimientos llevados a cabo en sede policial, respecto de la prueba de testigos, de igual modo, sucede lo mismo respecto del reconocimiento de personas (en vivo o por medio de fotografías), y de las posibles declaraciones o manifestaciones que pueda decir el imputado en sede policial.

Ello porque dichos proyectos NADA dicen respecto de la posibilidad de resguardar dichas pruebas por medios de filmaciones o grabaciones, que permitían advertir con toda claridad como fue el procedimiento de declaración de los testigos, y del propio imputado en sede policial.

También, el accionar de la Policía Judicial, creada por medio del Código de procedimientos Penales de Jujuy, antes de y desde el momento en que comparecen por ante el lugar en donde se produjo el evento, debería estar mejor legislado, y garantizar la adecuada preservación de la escena del crimen, y de los testimonios que allí pudieran recogerse, y además de la preparación y capacitación que debiera tener el personal policial encargado de las tareas de investigación de hechos delictivos.

Tal y como se demuestra con los proyectos y guías analizados, lo que nos podría poner a la vanguardia en la República Argentina, y el cono sur todo, sobre el respeto y garantía de justicia, en materia de testimonios, declaración del imputado, y rueda de reconocimientos (las pruebas más comunes e importantes de todo evento delictivo).

El costo de dichas mejoras –incorporación de soporte para grabación, y filmadoras–, el mínimo en tiempos actuales, pero la mejora sería trascendente respecto para la mejoría del servicio de justicia de nuestra provincia de Jujuy.

Aunque tal y como lo expresamos más arriba, el costo es relativo, porque el beneficio para el Estado Provincial, es enorme a largo plazo, porque le ahorraría mucho dinero, y problemas (recordemos el caso Rodríguez Laguens, sucedido en San Pedro de Jujuy; el problema en Libertador General San Martín por causa de los Sres. Ibáñez, y Cuellar –con la muerte de dos personas una detenida, y una durante la represión en la Seccional 39–; el caso de Manzoni –fallecido en su celda en Caimancito–; el caso de Titi Guerra; y muchos otros más con el enorme costo económico, y político para el Estado Provincial, todos debidos al inadecuado, e incompetente actuar de las fuerzas de seguridad de Jujuy).

Sin olvidar el costo más elevado de todos, esto es, privar de su libertad injustamente a una persona inocente, y dejar libre, y sin la adecuada represión policial a los verdaderos culpables que siguen libres e irresponsables.

No debemos olvidar, que seguramente el propio imputado, en aras de asegurar su libertad ambulatoria, y el respeto de su honor, estima, ha de colaborar sin problema alguno en la provisión de dichos elementos para la investigación.

En cuanto a los costos específicos de las mejoras que se proponen debemos mencionar que no son tan elevados, y tampoco son de difícil implementación.

Por ejemplo: El hecho, o la circunstancia de obligar a la persona que administra la rueda de reconocimientos a que instruya a los testigos con carácter previo a la realización de la misma –que se ha mostrado como bastante eficaz para evitar condenas injustas–, es sólo cuestión de cambiar el procedimiento, requiere poco entrenamiento, e implica solamente leer las instrucciones de un escrito.

El empleo de sistemas de audio o video, para grabar todo el procedimiento, es muy eficaz, y relativamente de bajo costo

(Máxime en los tiempos actuales con las facilidades de pago, y exiguo costo de equipos de alta tecnología).

La implementación de la rueda de reconocimientos a ciegas, requiere sólo el entrenamiento de algún oficial de policía, o judicial.

La exhibición de ruedas de reconocimientos fotográficas, puede ser administrada mediante una computadora, en donde se carguen las fotografías (digitalizadas), y el testigo pueda ir analizando cada una de las que les son exhibidas. Ello para ejemplificar –de modo somero– como se podrían implementar dichos mecanismos, para mejorar la recepción y preservación de dichos elementos de prueba.

Por las sólidas razones citadas a lo largo del presente trabajo, estimamos, que la legislatura provincial debería al menos analizar, y estudiar las propuestas que se elevan por la presente, y que no requieren de un costo alto, para su implementación.

5. BIBLIOGRAFÍA CITADA

"Eyewitness Evidence. A guide for law enforcement". Publicado por la Oficina de programas de Justicia dependiente del Departamento de Justicia de los Estados Unidos de Norteamérica –US Department of Justice Office of Justice Programs– durante el mandato de la Fiscal General Janet Reno, de fecha Octubre del año 1999.

Las propuestas elaboradas por la organización "The Innocence Project"; en su sitio web correspondiente. Ver el sitio web *http://innocenceproject.org* .

"Convicted by Juries, Exonerated by Science. Case studies in the Use of DNA evidence to establish Innocence after trial". Publicado por el mismo organismo *ut supra* mencionado.

"The Seven Sins of Memory". De autoría del doctor Daniel Schacter, publicado por la editorial Houghton Mifflin Company, 2001.

"Eyewitness Memory". Libro de autoría de la doctora Elizabeth Loftus, publicado por Harvard University Press, 1976. Reedición, 2006.

"Eyewitness Memory for people and events". By Gary Wells and Elizabeth Loftus. Pdf version.

Model Policy and Procedure for eyewitness identification. State of Wisconsin. Office of the attorney general. Wisconsin department of justice. Bureau of trading and standards of criminal justice. Pdf versión.

"La inseguridad policial. Violencia de las fuerzas de seguridad en la Argentina". Publicado por el CELS (Centro de Estudios Legales y Sociales) Buenos Aires, Argentina. Human Rights

Watch (HRW). New York, Washington, Londres, Bruselas. EUDEBA. 1998.

Jujuy es la provincia con mayor inseguridad. Lanacion.com de fecha 9 de agosto de 2007.

Pagina/12: El país: Otra vez la muerte pasó por Ledesma. Fecha de publicación 11 de octubre de 2003.

"Eyewitness Identification. A policy review". The Justice Project. Pdf version.

"Eyewitness Identifications Procedures: Recommendations for Line-ups and Photo spreads", Gary Wells, Mark Small, and others, Law and Human Behaviour, Vol. 22, n° 6, 1998.

"Improving Eyewitness Identifications: Hennepin County´s Blind Sequential Lineup Pilot Project", 4 Cardozo Pub., L. Pol. & Ethics J., 381, 410, Año 2006.